②

③

⑤

⑥

⑧

⑨

Ich bin eine Tochter Tibets

Rintschen Dölma Taring

Ich bin eine Tochter Tibets

Lebenszeugnisse aus einer versunkenen Welt

Scherz

Legenden zu den Abbildungen
auf dem Vorsatzpapier:

1 Die Autorin mit ihrer Tochter Ngowang
2 Seine Heiligkeit, der 13. Dalai Lama
3 Die Autorin in ihrem Haus in Indien 1986
4 Die Treppe des Potala-Palastes
5 Gyantse, Stadt und Festung
6 Der Dalai Lama zusammen mit der Autorin und ihrem Mann Dschigme, 1966
7 Die Zeremonie des Monlam-Festes im Innenhof des Jokhang-Tempels in Lhasa
8 Straße in Lhasa: Rechts die alte Residenz der Familie Tsarong
9 Die Autorin mit ihrer Nichte Tsering Yangson zusammen mit tibetischen Waisenkindern in Mussoorie, Indien

2. Auflage 1992 der erweiterten und überarbeiteten Neuausgabe.
Einzig berechtigte Übersetzung aus dem Englischen von Helga Wingert-Uhde.

1. englische Ausgabe John Murray, London 1970.
2. englische Ausgabe Wisdom Publications, London 1986.

Schutzumschlag von Zembsch-Werkstatt.

Inhalt

Vorwort
Seiner Heiligkeit des Dalai Lama

Rintschen Dölma Taring gehört zu den ersten tibetischen Frauen, die ihre Autobiographien auf englisch geschrieben haben. Ihr Bericht ist lebensnah, und sie versteht es, die Öffentlichkeit über das Leben in Tibet vor der Invasion zu informieren und über die tragischen Ereignisse, die darauf folgten und im Aufstand der Tibeter vom 10. März 1959 gipfelten.

Ich hoffe, daß die Veröffentlichung ihrer Autobiographie dazu beiträgt, daß mehr Menschen die tibetische Gesellschaft und die mit Tibet verbundenen Geschehnisse besser verstehen.

Juni 1985

Einleitung

Nur selten konnten Ausländer bisher Tibet bereisen, und die meisten von ihnen werden sich mit größter Wertschätzung an Dschigme und Rintschen Dölma Taring und ihre Gastfreundschaft erinnern. Immer herrschte bei ihnen eine ganz besondere Atmosphäre, nicht allein weil die Gastgeber selbst so glückliche und überaus aufmerksame Menschen waren – diese liebenswerten Eigenschaften zeichneten auch viele andere unserer tibetischen Freunde aus –, sondern weil sie zu den wenigen Tibetern gehörten, die westliche Lebensart kennengelernt hatten. Sie sprachen ein ausgezeichnetes, gepflegtes Englisch und waren bereits vertraut mit europäischen Verhaltensweisen und Einstellungen, die sich ja von denen der Tibeter häufig sehr deutlich unterscheiden. Daher bildeten sie eine Art Brücke zwischen diesen beiden Welten und konnten uns genauere Kenntnis über das Leben in Tibet vermitteln.

Rintschen Dölma Taring schreibt mit dem Herzen, ungekünstelt, doch ausdrucksstark und mit feinem Humor. Darin ist sie ganz Tibeterin: ruhig und gelassen, dabei sehr entschieden. Hier zeigen sich die große Liebenswürdigkeit und das Verständnis, das alle Tibeterinnen gegenüber Wünschen und Nöten aufbringen, und auch die einflußreiche Stellung, die die adligen Damen von Lhasa sanft und unaufdringlich innehatten. Zu Hause waren sie gleichberechtigte Partnerinnen, und auch wenn sie nicht die öffentliche Aufmerksamkeit genossen, so stand es doch in ihrer Macht, strenge amtliche Maßnahmen zu lindern.

Das einfache, warmherzige Leben in einer Großfamilie wurde oft genug von Tragödien überschattet. Rintschen Dölma erlitt schon in jungen Jahren viel Schweres; aber jeder, der sich in Tibet aufhielt, erlebte die unerschütterliche Standhaftigkeit, tiefe Humanität und aufrichtige Toleranz der Tibeter, die zu jeder Zeit auf dem unbeirrbaren Glauben und Vertrauen in die Religion basierten.

Die Gesellschaft von Tibet war eine kleine, festgefügte Welt. Die Kinder der Adligen und die der Diener und Leibeigenen wuchsen zusammen auf und teilten daher so viele Erfahrungen miteinander, daß die daraus entstehende Verbundenheit wie selbstverständlich zum Leben gehörte. Sie bewirkte einerseits ein Beschützerverhalten, andererseits Ergebenheit und für beide Seiten eine starke Zuneigung. Dies alles wird in diesem Buch deutlich und straft die kommunistische Propaganda Lügen, die Tibet als unterdrückenden und ungeliebten Feudalstaat darstellt. Gerade dieses festgefügte Verantwortungsgefühl machte es nicht nur möglich, sondern geradezu zwingend notwendig, daß Rintschen Dölma – in einem zweiten Leben, wie ich immer sage – Heimmutter der tibetischen Kinder in Mussoorie wurde.

Die Geschichte der Übergangsperiode zwischen dem alten und dem neuen Leben und der Anpassung, die das Regime der fremden kommunistischen Besatzer den Tibetern abverlangte, ist besonders interessant, wenn man das alte Tibet kannte. Die Chinareisen, die sie in dieser Zeit unternahm, zeigen trotz der knappen Schilderung sehr anschaulich, wie sich die Tibeter den veränderten äußeren Bedingungen anpaßten, ohne die eigenen Festpunkte im Inneren aufzugeben. Dann ereignete sich wieder eine Tragödie, die noch schlimmer war als alles, was die junge Rintschen Dölma bereits erlebt hatte, denn nun war das ganze Volk betroffen. Als die Tibeter in dem blutigen Aufstand vom März 1959 in Lhasa zu den Waffen griffen und sich verzweifelt gegen die zunehmende Unterdrückung zur Wehr setzten, bedeutete dies für Rintschen Dölma die Trennung von Ehemann und Kindern, von Gefolgsleuten und Freunden. In bewegenden Worten berichtet sie von der gefahrvollen und entbehrungsreichen Flucht über die Pässe des Himalajas, auf den Spuren des Dalai Lamas und seiner Begleiter.

Unweigerlich bedauert Rintschen Dölma auch heute noch, was sie alles zurücklassen mußte; doch am Ziel ihrer Reise traf sie wieder mit ihrem Ehemann zusammen und konnte in Indien ein neues Leben beginnen, durch das sich der Kreis ihrer Freunde und Bewunderer um Menschen aus der ganzen Welt erweiterte. Weit besser als ich wissen andere, mit welcher Hingabe und wie erfolgreich sie sich um die Kinder der tibetischen Flüchtlinge in Mussoorie bemühte und ihnen half, sich in einer neuen Umgebung zurechtzufinden und dabei das Beste aus der früheren Welt zu bewahren – vor allem ihre ausgeprägte Individualität und Selbstachtung. Ich selbst habe dieses Werk nur in seinen ersten Anfängen des Jahres 1960 gesehen, als der Exodus aus Tibet noch unvermindert anhielt. Doch bereits damals war es bereichernd, Rintschen Dölma und Dschigme Taring, die wieder zusammen waren, in ihrem unablässigen, mutigen Einsatz für den Dalai Lama und das tibetische Volk zu erleben. Die Häuser in Mussoorie sind eines der wichtigsten Zentren geworden, in denen eine neue Generation zum Wohle Tibets heranwächst.

In der Direktheit dieses Buches, die sich mit ruhiger Gelassenheit, fast schon Untertreibung, verbindet, und in seiner warmen, herzlichen Menschlichkeit zeigt sich deutlich, daß dies ein Werk von Rintschen Dölma Taring ist. Niemand sonst hätte es schreiben können. Es ist ganz ihre Stimme.

Hugh M. Richardson

1 Meine Familie

Mein Vater, Tsarong *Schap-pē* Wangtschuk Gyalpo, stammte von Yuthok Jonten Gönpo ab, dem ersten und berühmtesten tibetischen Arzt, der etliche klassische medizinische Bücher schrieb und während der Herrschaft des Königs Trisong Detsen (755–797 n. Chr.) lebte. Jonten Gönpo soll Indien besucht und an der Universität von Nalanda die Sanskrit-Medizin studiert haben. Eine 149 Seiten starke handgedruckte Biographie befand sich in der Staatlichen Medizinischen Akademie zu Lhasa; darin stand, er sei 125 Jahre alt geworden. Diese Biographie enthielt außerordentlich interessante graphische Darstellungen und Zeichnungen von Jonten Gönpo, und es wurde darin erwähnt, daß Götter und Dämonen ihn mit einem immensen Reichtum an Türkisen und anderen Edelsteinen beschenkt hätten, die sie einfach auf dem Dach seines Hauses anhäuften. Daher stammt auch der Name Yuthok (*Yu* = Türkis; *Thok* = Dach).

Meine Mutter, Jangtschen Dolma, kam auch aus einer Familie mit dem Namen Yuthok, die von Tsultrim Gyatso, dem 10. Dalai Lama, abstammte. Dessen Familie nannte sich allerdings nach einer Brücke in Lhasa, in deren Nähe die Familie wohnte und die ein Dach aus Türkisziegeln trug.

Meine Eltern hatten fast ein Dutzend Kinder, von denen zehn das Säuglingsalter überlebten. Tschime Dolkar, die sehr schön war, starb im Alter von sechzehn Jahren an Pocken, dann folgte Samdup Tsering, der älteste Sohn. Pema Dolkar erkrankte ebenfalls schwer an Pocken und behielt viele Narben zurück; eine ihrer Enkelinnen heiratete Losang Samten, den dritten Bruder Seiner Heiligkeit, des 14. Dalai Lama.

Norbu Yudon, die nur wenige Pockennarben zurückbehielt, wurde bereits in jungen Jahren Nonne, sie verließ jedoch später das Kloster und heiratete Thedschi Delek Rabten, einen mittleren Beamten des Pantschen Lama.

Tseten Dolkar heiratete zweimal und hatte neun Kinder.

Kelsang Lhawang war sehr entstellt durch Pockennarben; schon als kleiner Junge wurde er als Lama-Inkarnation des Drepung-Klosters erkannt.

Taschi Dhöndup starb im Alter von acht Jahren an Pocken.

Die nächste Schwester kam mit einer Hasenscharte zur Welt und starb ein Jahr später.

Ich war das neunte überlebende Kind und wurde im Jahre 1910 geboren, meine Mutter war damals 38; die Jüngste war Tschangtschup Dölma, die zwei Jahre nach mir zur Welt kam. Wir beide waren unzertrennlich, weil zwischen uns und den anderen Geschwistern ein großer Altersunterschied bestand.

Mein Vater war ein hochgewachsener, gutaussehender Mann; er malte vorzüglich und beherrschte viele Instrumente, wie zum Beispiel *Damnyen, Piwang* und *Lingbu* (Banjo, Geige und Flöte).

Das Tsarong-Haus, in dem wir Kinder allesamt geboren wurden, war ein dreigeschossiges Steingebäude. Im ersten Stock des Ostflügels lag die Zimmerflucht meiner Mutter: ein kleiner Gebetsraum, Wohnzimmer, Schlafzimmer, Ankleideraum, Toilette und eine Halle, in der sich die Diener aufhielten. Vom Ankleideraum führte eine Geheimtreppe zur Schatzkammer. Im Zentrum des Gebäudes – das wie alle tibetischen Häuser nach Süden, zur Sonne ausgerichtet war – lag der private Gebetsraum meines Vaters, in dem er gewöhnlich Besucher empfing. An der Westseite gab es eine weitere Zimmerflucht, das *Gonkhang* (Haus der Götter), noch ein Besuchszimmer und eine kleine Halle, von der aus eine Treppe zum Boden führte.

Die Haupttreppe gabelte sich im zweiten Stock, in dem die Gästezimmer lagen, die Unterkünfte der Dienstboten, eine Küche, eine Teeküche, Vorratsräume und eine große Halle, *Tsomtschen* genannt. Ein riesiges Abbild des Tsongkhapa befand sich in dieser Halle, in der Neujahrszeremonien, Hochzeitsfeste und andere wichtige Feiern abgehalten wurden. Buddhisten glauben, daß die Gebete heiliger Menschen stets erhört werden, und deshalb luden wir Mönche der verschiedenen Klöster ein, die dort Gebete sprachen, um Glück und Wohlstand für das Haus zu sichern.

Im Gebetsraum meines Vaters stand an der den Fenstern gegenüberliegenden Wand ein großer Altar, dessen Mittelpunkt eine Buddha-Statue bildete, vor der den ganzen Tag über Weihrauch brannte. Die Regale zu beiden Seiten waren gefüllt mit Büchern über den Buddhismus; vor dem Altar trug ein kunstvoll geschnitzter Tisch aus Walnußholz schwer an 108 Silberschalen mit Wasseropfern und mehreren silbernen Butterlampen. Der einen halben Meter hohe Sitz meines Vaters stand der Tür gegenüber an der Wand und war drapiert mit einem herrlichen rechteckigen tibetischen Teppich mit einem quadratischen Mittelteil aus Satin. Vor dem Sitz standen auf einem kostbaren geschnitzten Lacktisch, auf kleinen weißen Deckchen, ein silberner Spucknapf, eine Tischglocke und eine Teeschale aus Jade mit silbernem Fuß und Deckel. Auf einem Beistelltisch befanden sich das silberne Tintenfaß meines Vaters und ein lackierter Federkasten. Unter dem Fenster, an der Wand entlang, lief eine Sitzbank, die etwa dreißig Zentimeter hoch, neunzig Zentimeter tief und fünfeinhalb Meter lang war. Man hatte Mattengeflecht mit Haaren von Moschustieren ausgestopft und die Bank mit kostbaren Teppichen bedeckt; satinbezogene Kissenrollen dienten als Polster. Auf drei kleineren Lacktischen stand jeweils wenigstens eine Teeschale mit silbernem Fuß und Deckel bereit, damit man Gästen sofort Tee servieren konnte. Die Wände schmückten erlesene *Thang-kas* (Tempelbanner, die Mönche mit religiösen Themen bemalten).

Der stets glänzende Fußboden war aus besonderen Steinen zusammengesetzt und wurde jeden Tag gründlich gereinigt. In der Mitte lag ein Teppich.

An diesen Raum schloß sich eine kleine Halle an, in der sich die Zimmerdiener aufhielten; der Erste Diener mußte sofort erscheinen, wenn die Glocke ertönte.

Jeden Morgen bei Sonnenaufgang betete mein Vater etwa eine Stunde lang, dann wurde ihm das Frühstück serviert. Danach kamen Besucher, um Geschäfts- oder Staatsangelegenheiten zu besprechen. Die Teeschale, die mein Vater in seinem Gebetszimmer benutzte, mußte immer bereitstehen; im Wohnzimmer meiner Mutter, das ähnlich wie seines eingerichtet war, gab es noch eine Schale für ihn. Den größten Teil seiner Freizeit verbrachte er bei meiner Mutter, wenn er nicht von Gästen in Anspruch genommen wurde, und sie half ihm täglich, bevor er in den *Kaschag* (Ratsversammlung) ging, die offizielle Tracht anzulegen.

Ein eisenbeschlagenes Doppeltor aus massivem Holz führte von der Straße in den mit Steinplatten gepflasterten Haupthof. Um den Hof herum gruppierten sich Ställe für fünfzehn Pferde, Heuschober, die Unterkunft für die Pferdeknechte und der *Tschang*-Raum, in dem unser *Tschang*-Mädchen das Bier für die Familie braute. Vor den Häusern der Tibeter sind quadratische Sockel zum Besteigen der Pferde in den Boden eingelassen. Auf der Straße vor unserem Haupttor gab es zwei, ein weiterer Sockel stand im Hof, und bis zu diesem Stein ritten alle Angehörigen des Haushaltes und wichtige Besucher. Wurden hohe Lamas oder sehr bedeutende Beamte erwartet, nahm ein Familienmitglied Abschied oder kehrte von einer langen Reise zurück, dann breitete der Pferdeknecht einen speziell für diesen Zweck bestimmten Satinteppich über den Stein.

Unser Landsitz lag in der Nähe von Sakya in Westtibet, eine Zwölftagereise zu Pferde von Lhasa entfernt. Die tibetischen Familiennamen stammen von den Gütern, und der Tsarong-Besitz hatte sich seit vielen Generationen vom Vater auf den

Sohn vererbt, die Familie hatte jedoch nie dort gewohnt; stets hatte ein Verwalter, der unter den Gefolgsleuten ausgewählt wurde, den Besitz beaufsichtigt. Jedes Jahr zur Erntezeit begab sich ein Familienmitglied auf das Gut, kümmerte sich um die Gersten-, Weizen- und Erbsenernte und überprüfte die Bücher; später kam dann der Verwalter nach Lhasa und erledigte die Jahresabrechnung. Überschüssiges Getreide wurde für uns und unsere Gefolgsleute für den Fall einer Hungersnot in Speichern gelagert. Zweimal jährlich brachte man Getreide- und Molkereiprodukte vom Gut auf Maultieren und Eseln für den Eigengebrauch ins Tsarong-Haus.

Das Tsarong-Gut war nur von mittlerer Größe, und wir waren niemals reich; dennoch war unser Name berühmt, weil wir von Jonten Gönpo, dem Arzt aus dem achten Jahrhundert, und von Kelsang Tschodak, dem *Tschi-Kjap-Khempo* (Haushofmeister) aus dem 18. Jahrhundert abstammten. Unsere Familie lebte schon seit einigen hundert Jahren in Lhasa, weil die Männer jeder Generation immer sehr viel im Dienst der Regierung arbeiteten. Mein Großvater, *Tsi-pon* Tsarong, war seinerzeit eine der eindrucksvollsten Erscheinungen des tibetischen Adels.

Im Jahre 1886 entsandte ihn die Regierung an die Grenze Sikkims, um die Demarkation unserer Grenze zu bestätigen; es gab damals nämlich Unstimmigkeiten mit den Engländern. Er starb unmittelbar nach seiner Ernennung zum *Schap-pē* (Kabinettsminister), noch bevor er seine Ernennung feiern konnte.

Unser Landsitz war ein großes dreistöckiges Gebäude mit riesigem Hof. Einige Zimmer, darunter der Gebetsraum, blieben in unserer Abwesenheit unbenutzt, der Verwalter hielt sie sauber, und sie standen jederzeit für uns bereit.

Die Tsarongs waren Schutzherren des nahe gelegenen Sakya-Klosters, und wir empfanden große Achtung vor dem Sakya Lama. Unter den vier Linien des tibetischen Buddhismus besteht keine religiöse Rivalität. Diese vier Linien sind: Nyingmapa (das bedeutet «die Alte», sie befolgt die Lehren Padmasambhawas); Kagyüpa (die Linie des Marpa, dem großen Übersetzer und Lehrer von Milarepa); Sakyapa (die Linie des Übersetzers Sakya Pantschen, als «gütiger Lehrer» Tibets bekannt) und schließlich die Gelugpa (die Linie des Tsongkhapa, der Reformer des tibetischen Buddhismus), der der Dalai Lama und die meisten Tibeter angehören. Tsongkhapa wurde in der nordöstlichen Provinz Amdo geboren. Einer seiner größten Schüler war Gedum Drup, der erste Dalai Lama und Erbauer des Taschi-Lunpo-Klosters, Sitz des Pantschen Lama. Zwar wurde die Lehre der Gelugpalinie zur Staatsreligion erhoben, die anderen drei Linien genossen jedoch dieselbe Achtung. Ihre Auffassung über die Art und Weise, wie man zur Erleuchtung kommt, unterscheidet sich geringfügig, aber für alle gelten die Grundlehren Buddhas über Ursache und Wirkung, und alle ihre Anhänger glauben, daß man unmöglich seinem Karma entgehen kann. Die Mönche der Gelugpalinie bleiben unverheiratet und trinken keinen Alkohol, auch viele Angehörige anderer Linien übernehmen diese Gelübde. Tausende der Gelugpa-Anhänger studieren eingehend die Lehren von Nyingmapa, Sakyapa und Kagyüpa. Alle Tibeter glauben, daß der Dalai Lama die Reinkarnation von Tschenresig ist, dem Herrn des Erbarmens, der Karmagottheit des Schneelandes, und wenn erst einmal die echte Inkarnation gefunden ist, glaubt jedermann an ihn, ohne die geringsten Zweifel zu hegen. Der Dalai Lama studiert die Lehren aller religiösen Linien und achtet sie gleichermaßen; es gibt praktisch keine Zwistigkeiten. All die großen Gelehrten der vier Linien haben zu verschiedenen Zeiten auf verschiedene Weise zur Stärkung des tibetischen Buddhismus beigetragen, und im Dschokhang, dem Haupttempel in Lhasa, befanden sich Statuen aller vier Linien. Die alte Bönreligion existiert noch immer in Tibet, allerdings in sehr geringem Umfange, und ihre Geister gelten als Beschützer des Buddhismus.

Auf unserem Gut Tsarong stand der Heiltempel – das Hauptsymbol unserer Abstammung von dem berühmten Arzt –

auf einem Hügel, in einiger Entfernung vom Wohnhaus. In ihm befand sich ein Abbild von Jonten Gönpo, der bis heute von allen Tibetern verehrt wird. Wir waren für die Unterhaltskosten verantwortlich und bewahrten dort unsere Kostbarkeiten auf; unsere größten Schätze waren der Schädel von Jonten Gönpo, seine medizinischen Bücher, seine Arzttasche, ein hölzernes Trinkgefäß und eine Gebetsschnur. Des weiteren besaßen wir sehr alte Raritäten, die niemals nach Lhasa mitgenommen wurden, unter anderem religiöse Gegenstände, die den frühen tibetischen Königen gehört hatten, und sorgfältig beschriftete Geschenke verschiedener Dalai Lamas.

Das gesamte Land gehörte der tibetischen Regierung. Adlige Familien und Klöster, manchmal auch Nichtadlige, pachteten die Güter und entrichteten ihre Steuern direkt an den Staat. Die großen Klöster erhielten Ländereien, damit sie ihre Unkosten bestreiten konnten, aber einige kleine Klöster besaßen kein Land und waren auf die Mildtätigkeit wohlhabender Gönner angewiesen. Solange es in den adligen Familien in jeder Generation einen Laien gab, der für die Regierung arbeitete, behielten sie ihre Landgüter oftmals jahrhundertelang. Die Regierungsbeamten bezogen kein Gehalt, weil sie ja ein Einkommen von den Gütern hatten; allerdings konnten einige Ländereien den Lebensunterhalt der Familie nicht decken, und deswegen befaßten sich viele Adlige mit Handel. Die Größe der Landsitze war unterschiedlich, denn vielen Adligen war als Belohnung für Verdienste am Staat Land übereignet worden. Auch gab es Großgrundbesitzer, die durch Heirat zwei, drei oder mehr Güter vereint hatten. Man bewahrte alle Familiendokumente außerordentlich sorgfältig auf, und so konnten diese Güter wieder aufgeteilt werden, sobald die entsprechenden Besitzer nicht miteinander auskamen; Zusammenschlüsse und Aufteilungen verursachten kaum Mühe, weil die Regierung sich hier nicht einmischte. Um die Familienzusammengehörigkeit zu festigen, waren Polygamie und Polyandrie beim Adel und bei der Landbevölkerung keine Seltenheit.

Wir fanden es sehr zuvorkommend von der Regierung, daß sie uns Landsitze verpachtete, und alle tibetischen Adligen dienten ihrem Land, so gut sie konnten.

Die Regierungsabgaben waren in Form von Getreide, Butter, Wolle, Fleisch, Öl, Papier, Käse und Geld zahlbar. Wurde eine Familie durch die örtliche Steuerbehörde von einer bestimmten Abgabe befreit, weil die Ernte mißraten oder das Bewässerungssystem zusammengebrochen war, mußte das *Tsikhang* (die Finanzbehörde) in Lhasa benachrichtigt werden. Alljährlich veranstaltete das *Tsikhang* einen Wettbewerb, bei dem es darum ging, welcher *Dzong* (Verwaltungsdistrikt) die besten Ernten herausgewirtschaftet hatte. Derjenige *Dzongpon* (Distriktsgouverneur), der am besten abgeschnitten hatte, erhielt etliche Preise. Das Land war in ungefähr 70 *Dzongs* eingeteilt. (Tibet ist ein großes Land von über zwölf Millionen Morgen Land, aber es war nur dünn besiedelt. Zwar gab es niemals eine Volkszählung, aber wir waren immer der Überzeugung, daß es sechs oder sieben Millionen Tibeter geben müsse.)

Alle Güter unterstanden der Gerichtsbarkeit ihres *Dzongpon*, der Streitigkeiten schlichtete und Steuern kassierte. Damit die Verwaltung reibungslos funktionierte, wurde jeder *Dzong* von einem Mönchs- und einem Laienbeamten verwaltet. Beutete ein *Dzongpon* das Volk aus, zog entweder eine größere Gruppe von Männern nach Lhasa, um sich bei der Regierung zu beschweren, oder man machte eine Eingabe. Die Regierung beauftragte dann besonders befähigte Beamte, die eine Untersuchung anstellten und der Ausbeutung Einhalt geboten. Waren die Untersuchungsbeamten nicht neutral, konnte man sich über sie beschweren, und es kam vor, daß eine Kommission abgelöst wurde. Häufig wurden derartige Streitigkeiten durch Verwandte oder Freunde beigelegt, weil es manchmal mehrere Jahre dauerte, bis alle Formalitäten der Untersuchung abgeschlossen waren; beide Parteien hatten dann inzwischen das Interesse an dem Streit verloren und große Verluste erlitten, weil die Regierung meistens die Scheunen des entsprechenden Gutsbesitzers und seiner Gefolgsleute versiegeln ließ.

Das tibetische Feudalsystem wurde vor etwa tausend Jahren von den Gottkönigen Tibets eingerichtet. In den dreizehn Gesetzen des Königs Srongtsan Ganapo sind alle nötigen Vorschriften enthalten; der Grundtenor war, daß die Adligen sich als Eltern ihrer Gefolgsleute betrachten und danach handeln sollten. Die Theorie war gut, die Praxis sah unterschiedlich aus. Wenn Familienangehörige auf dem Gut wohnten, entwickelte sich zwischen ihnen und dem Gesinde im allgemeinen ein Gefühl der Zusammengehörigkeit; waren die Güter allerdings verpachtet oder standen unter der Obhut eines Verwalters, wurden die Leute im allgemeinen ausgebeutet. Als der heutige Dalai Lama noch minderjährig war und sich die beiden Regenten um die Macht stritten, verpachteten viele Beamte ihre *Dzongs*, und die Pächter beuteten die Armen schamlos aus.

Anstatt Pacht zu entrichten, mußten die Gefolgsleute die Felder ihres Herrn bestellen, denn er hatte schließlich ihr Land von der Regierung gepachtet und leistete dafür Schwerarbeit als Beamter. Für diese Arbeit erhielten sie Geld und Lebensmittel, und man hatte es so geregelt, daß ihre eigene Arbeit und der Dienst für den Besitzer an verschiedenen, festgelegten Tagen geleistet wurde, sogar das Wasser in den Bewässerungskanälen teilte man entsprechend ein. Mußten Regierungsgüter nach Lhasa transportiert werden, so waren die Gefolgsleute verpflichtet, dies zu übernehmen, und die Waren wurden zum Weitertransport auf alle Höfe eines *Dzong* aufgeteilt. Die Verwalter sorgten dafür, daß ihre Bauern nicht überlastet wurden. Des weiteren mußte jedes Gut Rekruten für die Armee stellen. Die Soldaten wurden von der Regierung bezahlt, für die Ausrüstung jedoch mußten die Gefolgsleute sorgen; sie gaben jedem Soldaten selbstgefertigte Kleidung, ein Paar Stiefel und etwa vier Pfund Sterling für das eine Jahr, das er diente.

In Tibet herrschte ein besonderes Feudalsystem, das in keinem anderen Land je praktiziert wurde. Interessant dabei ist, daß das Volk zufrieden war, obwohl der Unterschied zwischen dem Leben des einfachen Volkes und dem der Adligen so groß war. Buddha lehrte die Religion der Tat und deren Wirkung; wie unwissend Tibeter auch sein mögen, diese Lehre gehört zu ihrem Leben, sie werden sie stets verstehen.

Die Tibeter glauben, je mehr Reichtum und Glück jemand hat, desto besser müßten seine Taten in den früheren Leben gewesen sein. Menschen, die nicht wissen, was sie mit ihrem Reichtum anfangen sollen, gelten als große Märtyrer, ein zufriedener armer Mann ist glücklicher als ein mißmutiger reicher. Unzufriedenheit mit dem Leben ist eine große Sünde. Die Tibeter glauben an ihr Karma und sind bestrebt, in der nächsten Inkarnation ein besseres Leben zu erreichen.

Die Diener in den Häusern Lhasas waren Leibeigene von den Landsitzen; sie wurden gut bezahlt und ernährt. Sollten die Kinder des Gesindes Mönche oder Nonnen werden, erhielten sie ohne weiteres eine schriftliche Zustimmung ihres Herrn, und wenn der intelligente Sohn eines Leibeigenen Mönch wurde, konnte er als Regierungsbeamter auch die höchsten Ränge erreichen. Heirateten der Sohn eines Leibeigenen oder seine Tochter in eine adlige Familie, konnten sie ihre Freiheit erlangen und geadelt werden. Es gab aber auch viele Freie, die nicht zum Adel gehörten. Eine große Gruppe Tibeter, die «Indischen Khampas», kauften in Indien ein und verkauften ihre Waren in Tibet, sie und ihre Kinder waren absolut frei. Die tibetischen Frauen der nepalesischen und moslemischen Händler in Lhasa zahlten jährlich eine geringe Steuer an das *Nyertsang Lekhung* (die städtische Behörde) und waren dann frei; ihre Kinder waren von der Abgabe befreit. Die Tanzgruppen unterlagen an und für sich der Besteuerung durch das *Nyertsang Lekhung*, aber sie zahlten lediglich etwa neun Pennies pro Jahr. Auch die Bettler waren vollkommen unabhängig. Sie betrieben zum Teil neben der Bettelei Heimarbeit in ihren Zelten, um möglichst viel Geld zu bekommen.

Die *Ragyapa*, eine spezielle Gruppe von Bettlern, waren sehr mächtig. Sie hatten eine eigene Gilde, und ihnen oblag die schwierige Aufgabe, in Lhasa die vier riesigen Masten für die Gebetsflaggen der Stadt aufzurichten und niederzuholen. Unter anderem fiel ihnen auch recht unangenehme Arbeit zu, so mußten sie alle Leichen, um die sich niemand kümmerte, beiseite schaffen, die Mönche mit menschlichen Schädeln und Oberschenkelknochen für bestimmte Riten versorgen, den Verbrechern, die sehr schwere Strafen erhielten, die Augen ausstechen oder die Glieder abhacken und außerdem gelegentlich dafür sorgen, daß unerwünschte Bettler bei festlichen Anlässen nicht allzusehr störten. Überall wo gefeiert wurde, sogar in Trauerhäusern, verlangten sie hohe Geldsummen, grölten lautstark, sie hätten ein Recht darauf aufgrund ihrer großen Verantwortung, und weigerten sich fortzugehen, bis man sie bezahlt und ihnen eine Menge Bier ausgeschenkt hatte. Sie gingen stets ziemlich betrunken nach Hause und waren mit ihren Geschenken zufrieden. Den *Ragyapa* ging es gut, sie bettelten nie wie die übrigen Bettler, die wirklich arm waren.

In Tibet gab es kein Kastensystem wie zum Beispiel bei den Hindus, denn im Buddhismus werden alle Menschen als gleich angesehen. Der Buddhismus lehrt auch, daß «derjenige, der ein Lebewesen verletzt oder ihm ein Leid zufügt und dem jedes Mitleid für die Kreatur fehlt, ausgestoßen sein soll». Aus diesem Grunde würde keine Tibeterin wissentlich einen Schlachter oder Schmied heiraten. Die tibetischen Schlachter webten zu Hause Gürtel und Wollstoffe, aus deren Erlös sie einen Nebenverdienst hatten. Männer und Frauen aus den Familien der Schlachter und Schmiede heirateten untereinander. Die meisten Leute aßen Fleisch, obgleich sie Buddhisten waren, aber das Klima war sehr rauh und es war schwer, genug Getreide anzubauen; kein gewöhnlicher Tibeter würde jedoch ein Tier wegen seines Fleisches schlachten, dazu wurden Schlachter gedungen.

Die Männer, die die Leichen fortschafften, galten ebenfalls

als von geringem Stande, denn diese Arbeit wurde bei den einfachen Leuten von Armen erledigt, die dafür die Kleider des Toten und eine gute Bezahlung erhielten. Um tote Adlige kümmerten sich die eigenen Leute, Diener oder Freunde. Allerdings galt nicht die Arbeit selbst als unwürdig, lehrt doch unsere Religion, daß man sich dabei nicht schmutzig fühlen soll.

Alle tüchtigen Handwerker wurden vom Volk und von der Regierung außerordentlich geachtet, und sogar der Vorstand der Schmiedezunft besaß den fünfthöchsten Rangtitel des *Letsanpa*, saß mit all den anderen Beamten in den Hallen des Potala- und Norbu-Lingka-Palastes und aß dieselben Speisen wie sie. Es gab *Letsanpas* der verschiedenen Gilden, der Goldschmiede, Gießer, Schuhmacher, Schneider, Künstler, Zimmerleute und Maurer. Diese Männer übten einen enormen Einfluß auf die jeweilige Gruppe aus, und sie rangierten über den jüngeren Beamten aus adligen Familien. Jede Gilde hatte ihre eigenen sehr strikten Regeln; *Letsanpas* verhängten Strafen, wenn es nötig war, und kontrollierten ihre Männer derart, daß die Regierung sie ohne weiteres im Griff hatte. Sie gingen nur vor Gericht, wenn es sich um sehr schwerwiegende Dinge handelte. Alle Mitglieder dieser Gilden waren reich – sogar reicher als einige Regierungsbeamte, weil sie eine Menge verdienten und keine öffentlichen Verpflichtungen hatten. Ungeachtet ihres Reichtums verhinderten adlige Familien im allgemeinen nach Möglichkeit, daß ihre Kinder in diese Kreise einheirateten, das Gesetz allerdings legte derartigen Verbindungen, die gelegentlich vorkamen, nichts in den Weg. Die Söhne tüchtiger Leute, auch die Bauernsöhne, konnten durch den Stand des Mönchsbeamten in den Regierungsdienst treten und dann direkt bis an die Spitze gelangen. War ein Mann dieser Herkunft erst einmal ein einflußreicher Beamter, hatte niemand mehr etwas dagegen einzuwenden, wenn er in eine adlige Familie einheiraten wollte – obgleich er Mönch war.

Überall in Tibet lebten Nomaden, die Klöstern, Gütern oder speziellen Regierungsstellen wie der Unteren und Oberen

Schatzkammer unterstanden. Den reichsten Familien gehörten ein paar tausend Schafe und acht- oder neunhundert Yaks, und es war ein herrlicher Anblick, die jungen Tiere an den grünen Hängen spielen zu sehen. Die meisten der hohen Berge im Norden sind zwar kahl, bieten jedoch vorzügliches Weideland; in Südtibet sind die Berghänge baumbestanden, und das Klima ist wesentlich wärmer.

Das wasserdichte, feste Tuch der Zelte, in denen die Nomaden lebten, war aus Yakwolle gesponnen; wohlhabende Familien besaßen große Doppelzelte, die zusätzlichen Schutz vor der Kälte und etwa 100 Personen Platz boten. Als Brennstoff benutzten die meisten Nomaden kleine wilde Azaleenbüsche und Yakdung, der außerordentlich gut brennt. Ihre Hauptnahrung waren *Tsampa* (geröstete Gerstenkörner, die zu Mehl gemahlen werden), Fleisch, Butter und Käse. Das wichtigste Handelsgut waren Butter und Wolle. Die Besitzer gaben ihren Nomaden Tiere und erhielten dafür Abgaben, die auf zwei verschiedene Arten bezahlt werden konnten: Einige Nomaden lieferten jährlich pro Kopf der Hälfte der *Dri* (weibliche Yaks, nur die Hälfte der Tiere gab zur gleichen Zeit Milch) in der Herde etwa 30 Pfund Butter ab, und selbst wenn durch Todesfälle Verluste eintraten oder durch Geburt die Zahl der Tiere stieg, blieben die Abgaben unverändert. Wolle und Käse gehörten den Nomaden. Die zweite Möglichkeit war, dieselbe Menge Butter pro Kopf zu bezahlen, allerdings unter Berücksichtigung der Todesfälle und Geburten. In diesem Falle gehörten Wolle und Käse dem Eigentümer, der Ersatz leisten mußte, wenn Tiere bei Epidemien starben. Die Besitzer zählten regelmäßig ihre Tiere, denen man mit Brenneisen Zeichen in die Hörner brannte. Das Weideland war zwar gut markiert, aber gelegentlich kam es doch zu Zwistigkeiten, und die Nomaden zogen dann nach Lhasa, um sie von der Regierung schlichten zu lassen.

Die Yaks waren ein wahres Geschenk für Tibet. Sie dienten als Pack- und Reittiere, sie lieferten vorzügliche Milch und köstlichen Käse. (Die wenigen Tiere ohne Hörner waren die ruhigsten Reittiere, die man sich denken kann, und alle Yaks bewältigten mit erstaunlicher Sicherheit die unwegsamsten und steilsten Pfade.) Ihr Fleisch ist eine Delikatesse, das sich bei sachgemäßer Behandlung als Trockenfleisch ein Jahr und länger hielt. Besonders auf Reisen war es sehr bequem, denn zu Puder zermahlen, mit Salz und rotem Pfeffer gewürzt, konnte man es mit *Tsampa* verzehren, ohne daß ein weiteres Nahrungsmittel nötig war. Aus Yakhörnern wurden Wasserflaschen, Tintenfässer und Schnupftabakdosen geschnitzt, die manchmal 25 cm lang waren und herrlich aussahen, wenn sie mit Korallen, Türkisen und Bernstein besetzt waren. Die Hufe des Yak aß man, aus der Wolle wurden feste Stoffe und sehr haltbare Seile gefertigt, die normalen Schwänze wurden als Staubwedel benutzt, während die weißen Schwänze in Indien als Fliegenwedel sehr begehrt waren und selbst bis nach Amerika gelangten, wo man aus ihnen Bärte für den Weihnachtsmann herstellte.

Die Nomaden verkauften Butter, Käse, Salz und Borax und erstanden für den Erlös Getreide, das auf ihren hochgelegenen Weiden nicht gedieh. Sie verpackten die Butter derart komprimiert in feuchte Häute, daß sie sich etwa ein Jahr lang hielt. Eine Last wog 80 englische Pfund, und ein Yak oder ein anderes großes Packtier konnte zwei Lasten tragen. Kleine Butterstücke zwischen vier und acht Pfund wurden in Yak- oder Schafsmägen gepackt und auf dem Rücken der Schafe transportiert. Wenn die Nomaden in die Stadt kamen, um ihre Steuern zu entrichten, wohnten sie stets bei eigenen Wirtsleuten, deren Frauen ihnen beim Verkauf ihrer Erzeugnisse behilflich waren. Von ihrem Verdienst konnten sie dann Baumwolle, Tee, Streichhölzer und Seife für den Eigengebrauch erstehen, einige kauften auch Haushaltsgeräte, religiöse Dinge und silberne Ständer samt Deckel für die hölzernen Teeschalen. (Manche besaßen sogar Schalen aus Porzellan.) Viele kauften Gold und Silber für Schmuck, damit ihre Frauen glücklich und zufrieden waren und sie selbst das beruhigende Gefühl hatten, ihr Geld gut angelegt zu haben. Korallen- und Bernsteinketten, die die Frauen um den Hals oder im Haar trugen, waren besonders beliebt. Die Nomaden fürchteten die Hitze und bekamen sie tüchtig zu spüren, wenn sie nach Lhasa oder Schigatse kamen, denn sie trugen Schafpelze, die mit knallrotem, blauem und grünem Tuch gesäumt waren und mit der Wollseite auf der Haut getragen wurden. Ihre Babys transportierten sie im *Ambak*, einer Tasche, die durch eine Falte im Gewand gebildet wurde, oder in Körben, die mit Schaffell gefüttert waren, wobei dann jeweils zwei Babys an den Seiten eines Yaks hingen.

Früher verlangten die heiligen Lamas von ihren Schülern, daß sie die Unbilden eines Besuches bei den Nomaden auf sich nahmen, um sie zu segnen, ihnen zu predigen und Zeremonien durchzuführen. Tausende von Nomaden flüchteten vor den Chinesen ins Exil, und es ist sehr traurig für sie, daß sie ihre herrliche Heimat verlassen mußten. Das Leben in Tibet war zu der Zeit, als ich Kind war, für die meisten Menschen unbeschwert und glücklich.

2 Die Verschwörung gegen meinen Vater

Im Jahre 1642 wurde der 5. Dalai Lama Führer der tibetischen Regierung und gleichzeitig religiöses Oberhaupt; seit jener Zeit, bis hin zur kommunistischen Invasion im Jahre 1950, unterstand jedem Dalai Lama (oder Regenten) ein Verwaltungsapparat mit zwei Abteilungen, der ihn bei der Regierung des Landes unterstützte. Der einen Abteilung unterstanden 175 speziell ausgebildete Mönche (Mönchsbeamte), der anderen 175 adlige Laien. Der *Kaschag* (Ratsversammlung) war die wichtigste Einrichtung der tibetischen Regierung. Normalerweise bestand er aus vier Mitgliedern, drei adligen Laien und einem Mönch von hohem Rang, den man als rangältestes Mitglied respektierte. Diese Ratsmitglieder hießen *Schap-pē*, das bedeutet soviel wie «Lotosfüßiger», und sie trugen gemeinsam die Verantwortung für alle Entscheidungen. Ihr Amt unterschied sich von dem westlicher Kabinettsminister, die jeweils einem speziellen Ressort vorstehen – die *Schap-pēs* teilten dem Dalai Lama ihre Ansichten über alle Regierungsangelegenheiten mit und fungierten daneben als Gerichtshof, dessen höchster Richter der Dalai Lama war. Die vier Männer konnten all diese Aufgaben bewältigen, weil die Regierungsgeschäfte sehr einfach waren.

Der ranghöchste religiöse Beamte unter dem Dalai Lama war der *Tschi-Kjap-Khempo* (Haushofmeister, Kämmerer), der dem Privathaushalt Seiner Heiligkeit vorstand, den Privatschatz sowie den Staatsschatz des Potala verwaltete.

Dem *Tschi-Kjap-Khempo* folgte der *Jik-tsang* (Mönchsrat), dessen vier Mitglieder Mönche waren und Tausende von Klöstern in ganz Tibet überwachten. Sie wählten auch junge Mönchsbeamte aus, schulten und unterwiesen sie.

An nächster Stelle rangierten vier Laien-*Tsi-pons*, die die Hauptverantwortung der Regierung trugen und junge Laienbeamte ausbildeten. Des weiteren gab es Regierungsstellen für Politik, Finanzen, Religion, Erziehungs- und Militärwesen, Gemeindeverwaltungen und Gerichte; hierbei teilten sich jeweils ein Mönchs- und ein Laienbeamter die Arbeit. Alle Beamten arbeiteten sechs Tage in der Woche von neun bis siebzehn Uhr. Die Regierungsstellen blieben an den Tagen der Woche geschlossen, die für den regierenden Dalai Lama als ungünstig galten.

Der *Tsongdu* (Nationalversammlung) bestand aus etwa 50 Mitgliedern und wurde nur gelegentlich vom *Kaschag* einberufen, wenn sehr wichtige Angelegenheiten zu diskutieren waren. Die Äbte der drei großen Klöster von Lhasa – Ganden, Sera und Drepung – übten einen großen Einfluß auf die Versammlung aus; denn sie repräsentierten etwa 20 000 Mönche. Auch viele der höheren Beamten nahmen teil, den *Schap-pēs* jedoch war es nicht gestattet, anwesend zu sein. Allerdings erhielten sie nach jeder Zusammenkunft ausführliche Berichte, die sie an den Dalai Lama weitergaben. Wenn es um außergewöhnlich wichtige Dinge ging, nahmen Abgeordnete aller Klassen teil – Adlige, Händler, Mönche, Handwerker, Bauern, Bootsführer, Schmiede, Nomaden. Der *Tsongdu* war verantwortlich für die Wahl eines Regenten nach dem Tod des Dalai Lama und verhielt sich gegenüber allen chinesischen Versuchen, die Herrschaft auf Tibet auszudehnen, ablehnend.

Mein Vater war von 1903 bis 1912 rangältester Laien-*Schap-pē* im *Kaschag*. Zuvor war er *Dapon* (General) gewesen, und im Juli 1903 sandte man ihn nach Khampa Dzong, an der Grenze nach Sikkim, wo er mit der Handelsmission von Oberst Francis Younghusband verhandeln sollte. Lord Curzon, der

Vizekönig von Indien, hatte uns diese Mission geschickt, denn er hatte Gerüchte vernommen, nach denen Tibet dicht vor dem Abschluß eines Geheimvertrages mit Rußland stand. Die Engländer befürchteten, es würde Unruhen entlang der Nordgrenze Indiens geben, wenn Rußland in Tibet zu großen Einfluß bekäme. Lord Curzon wollte also mit uns Freundschaft schließen, reguläre Handelsbeziehungen zwischen Tibet und Indien vereinbaren und verabreden, daß ein britischer Vertreter in Lhasa wohnte. Zu jener Zeit hielten die drei mächtigen Klöster Lhasas die Engländer für Feinde des Buddhismus. Sie überredeten also Seine Heiligkeit, den 13. Dalai Lama, meinen Vater und einen Mönchs-Generalsekretär des *Jik-tsang* nach Khampa Dzong zu schicken – das zwanzig Meilen vor der Grenze nach Sikkim lag – und die Engländer zu bitten, Gespräche nur an der Grenze tibetischen Staatsgebietes abzuhalten. Die beiden Abgesandten erhielten außerdem die Instruktion, eine Verzögerungstaktik anzuwenden, was dazu führte, daß die britische Mission ungefähr sechs Monate aufgehalten wurde und ziemlich verärgert war.

Mein Vater begab sich danach auf sein Gut Tsarong, das vier Tagesritte von Khampa Dzong entfernt lag. Dort erhielt er einen Brief von der Regierung, die ihn anstelle des Schatra *Schap-pē*, der mit seinen drei *Kaschag*-Kollegen im Norbu Lingka inhaftiert war, zum *Schap-pē* ernannte. Die früheren *Kaschag*-Mitglieder wurden im Sommerpalast des Dalai Lama gefangengehalten, weil sie geäußert hatten, es sei nötig, eine friedliche Regelung mit den Engländern herbeizuführen, weil England so mächtig sei.

Erhielt ein neuer *Schap-pē* seine Ernennungsurkunde, so galt das Schreiben als ein sehr wichtiges, glückbringendes Dokument. Mein Vater empfing seine Ernennungsurkunde feierlich von dem Sonderkurier, legte sie auf einen Altar und warf sich dreimal zu Boden, bevor er das Schreiben öffnete. Dann reiste er nach Lhasa, um seine Ernennung in aller Öffentlichkeit zu feiern.

Der Posten eines *Schap-pē* war recht anspruchsvoll. Abgesehen davon, daß der Anwärter die nötigen Fähigkeiten für die Verwaltungsarbeit besitzen mußte, oblagen ihm eine Menge aufwendiger Pflichten. So mußte er zum Beispiel alle vier Jahre ein großes Fest für sämtliche Regierungsbeamten geben; jedes Jahr während des Großen Gebetsfestes 24 Kavalleristen in voller Ausrüstung mit guten Pferden bereitstellen, sieben berittene Diener halten und jährlich am fünfzehnten Tag des ersten Monats ein großes Butteropfer darbringen. (Diese Opfergaben aus massiver Butter waren etwa zwölf Meter hoch und wurden von künstlerisch begabten Mönchen mit farbiger Butter verziert.) Außerdem mußte ein *Schap-pē* seine Ernennung feiern, indem er den Statuen der Hauptgottheiten im Dschokhang (Lhasas bedeutendstem Tempel) neue Kleider schenkte. 15 Schneider nähten einen ganzen Monat, um diese Kleider aus Brokat, Satin, Seide und Baumwolle anzufertigen, die etwa 800 Pfund Sterling kosteten. Eine weitere Ausgabe war das Geschenk an die Hauptstatue Buddhas im Dschokhang – ein silbernes oder goldenes Rad, das Rad des Erhabenen Gesetzes. Die Speichen des Rades symbolisieren die Reine Führung, Gerechtigkeit ist ihr gleiches Längenmaß, Weisheit der Radkranz, Mäßigung und Rücksicht bilden den Punkt, an dem die unbewegliche Achse der Wahrheit befestigt ist. Dieses Rad kostete, wenn es aus Silber bestand und vergoldet wurde, etwa 150 Pfund Sterling. Auch die vielen Brokatgewänder für die allmonatlichen Regierungsfeierlichkeiten und Zeremonien kosteten viel Geld, das Gehalt eines *Schap-pē* aber war nur gering. Manchmal konnte man sich die notwendige Kleidung leihen, aber die Erträge des Gutes mußten die meisten Sonderausgaben decken, und von Tsarong erhielten wir nur etwa 3060 *Maunds* Getreide, 20 *Maunds* Butter und 50 *Maunds* Wolle pro Jahr. (Ein *Maund* sind etwa 80 englische Pfund.)

Im Jahre 1904 wurde die britische Handelsmission zur Militärexpedition, erzwang sich einen Weg nach Lhasa und tötete viele Hunderte der schlecht ausgerüsteten tibetischen Soldaten, die versuchten, die Engländer aufzuhalten. Bevor sie Lhasa erreichte, floh Seine Heiligkeit, der 13. Dalai Lama, in die Mongolei und erhielt bald darauf vom letzten Mandschu-Kaiser eine Einladung nach Peking.

Mein Vater war einer der vier *Schap-pēs*, die im Jahre 1904 im Potala-Palast das Abkommen mit England unterzeichneten. Dieser Vertrag, der uns verbot, irgendwelche Beziehungen zu einer fremden Macht zu unterhalten – England ausgenommen –, machte ganz deutlich, daß England uns als ein unabhängiges Land behandelte, über das China keinerlei Kontrolle besaß; man vereinbarte, daß britische Handelsmärkte in Gyantse und Gartok in Westtibet eingerichtet werden sollten. (Seit 1893 besaßen die Engländer einen Markt in Yatung.) Überdies verlangte man im Vertrag von Tibet eine halbe Million Pfund Sterling als Entschädigung; der Minister für Indien hielt diese Forderung allerdings für sehr ungerecht, und so wurde sie später auf 166 000 Pfund Sterling reduziert, zahlbar in 25 Jahresraten.

Im Jahre 1907 reiste mein Vater nach Indien, um die erste Rate abzuliefern. Während seines Aufenthaltes lernte er, wie man eine Kamera und eine Nähmaschine bedient, und er nahm einige dieser Geräte mit nach Hause. Bisher hatte man in Tibet derartige Dinge nicht gekannt. Er brachte außerdem einige Schachteln «No. 999»-Zigaretten mit und führte den süßen Tee aus Indien ein. Er war ein hervorragender Organisator, der seine Indienreise dazu benutzte, Tibet zu modernisieren, indem er einen muslimischen Büchsenmacher und einen tüchtigen Lohgerber nach Lhasa zurückbrachte. Er richtete eine staatliche Gerberei und eine Gewehrfabrik in der Nähe Lhasas ein, und kurze Zeit später wurde eine Schuhfabrik eröffnet, denn es gab ja große Mengen haltbares Yakleder. Er konnte verschiedene Knoten knüpfen und lehrte meine Schwestern diese Fertigkeit.

Der tibetischen Regierung war nicht bekannt, daß England und China im Jahre 1906 ein Abkommen unterzeichnet hatten, das den Vertrag von Lhasa aus dem Jahre 1904 ratifizierte.

Am 20. April 1908 wurde dieser Vertrag in Kalkutta ergänzt,

und zwar in Anwesenheit meines Vaters, der unsere Regierung vertrat. Seine Feinde behaupteten damals, er habe die sogenannte «Tibetische Handelsordnung von 1908» unterzeichnet, ohne Seine Heiligkeit zu konsultieren, der sich zu jener Zeit in China im Exil befand. Der Dalai Lama wußte jedoch, daß mein Vater ein loyaler Tibeter war. Als Seine Heiligkeit nach der chinesischen Invasion im Jahre 1910 erneut aus Lhasa fliehen mußte, ernannte er ihn zu einem der Laienassistenten des Regenten Tri Rimpotsche Tsemönling.

Nur wenige Monate nach der Rückkehr des Dalai Lama aus seinem sechsjährigen Exil in der Mongolei und in China griffen chinesische Truppen aus Szetschwan Lhasa an. Sie erschienen an einem Neujahrstag, als ich noch ein Säugling war, und töteten einige Leute auf dem Barkor; meine Mutter und meine älteren Schwestern sahen die Schießerei mit eigenen Augen vom Fenster unseres Hauses mit an. Dann ging das Gerücht um, die Chinesen beabsichtigten, den Dalai Lama gefangenzunehmen und als Geisel nach China zu bringen. Zum Besten Tibets beschloß also Seine Heiligkeit, nach Indien zu fliehen. Die Reisevorbereitungen wurden bei Nacht getroffen, er verließ Lhasa im 13. Februar 1910. Sobald die Chinesen seine Flucht entdeckten, machten sich die Soldaten an die Verfolgung. Sie hatten den Befehl, ihn tot oder lebendig zurückzubringen.

Zu jener Zeit war Tschensal Namgang der Favorit Seiner Heiligkeit. Als er später durch die Einheirat in unsere Familie adlig wurde, nahm er den Beinamen Tsarong an; er erhielt die Vornamen Dasang Dadul, und Seine Heiligkeit verlieh ihm den Titel eines *Dzasa* (vergleichbar etwa dem englischen Grafentitel). Tschensal Namgang wurde im Jahre 1885 als Sohn einer Bauernfamilie in Phenpo nördlich von Lhasa geboren, wo sein Vater einen kleinen Bauernhof hatte und Pfeile herstellte. Er diente dem Vorsteher der Potala-Schule für Mönchsbeamte, als er wegen seiner Klugheit zum Favoriten Seiner Heiligkeit wurde. 1903 begleitete er den Dalai Lama ins Exil. Als Seine Heiligkeit zum zweitenmal nach Indien floh, war es

Tschensal Namgang, der die chinesischen Verfolger zwei Tagesritte von Lhasa entfernt, bei Tschaksam Ferry, aufhielt. Umgeben von seinen treuesten Begleitern und einigen tapferen Soldaten – bewaffnet mit 34 Gewehren – blieb er hinter dem Gefolge des Dalai Lama zurück. Spätabends erreichte er mit seinen Leuten das Tschaksam-Kloster am Tsangpo-Fluß, besetzte die Fähren und legte sich schlafen. Mitten in der Nacht weckte ihn jemand mit einem festen Schlag ins Gesicht. Er blickte aus dem Fenster und sah, daß die Chinesen das Kloster erreicht hatten, nachdem sie auf riesigen Baumstämmen den Fluß überquerten. Trockenes Gesträuch war bereits gesammelt, sie begannen gerade, das Gebäude in Brand zu stecken; Tschensal Namgang weckte rasch seine Männer und führte sie hinter den Hügel oberhalb des Klosters. Von der Kuppe aus feuerten sie auf die Chinesen, und bei Tagesanbruch waren die meisten der 200 Verfolger tot. Tschensal Namgang ritt mit einigen Begleitern nach Indien, die übrigen Männer ließ er in den umliegenden Dörfern zurück.

Seine Heiligkeit hatte auf dem Wege nach Indien alle Dorfvorsteher gebeten, Tschensal Namgang zu helfen. In Khangmar erfuhr Tschensal Namgang, daß jeder britische Staatsbürger, dem er begegnete, ihm nach besten Kräften helfen würde. In Phari begab er sich direkt ins britische Gasthaus, wo er vom Dorfvorsteher erfuhr, daß die Chinesen bereits im Orte seien, um ihn zu verhaften. Ein britischer Postbeamter, der sich zufällig im Rasthaus aufhielt, schlug vor, falls Tschensal Namgang sich tapfer genug fühle, solle er die Uniform des Beamten anlegen, eine Sonnenbrille aufsetzen und mit einem Postangestellten reiten, der Phari morgens verlassen würde, wenn auch die Chinesen aufbrächen, um ihn zu suchen. Tschensal Namgang akzeptierte den Plan und ritt am nächsten Morgen auf engem Pfad, Schulter an Schulter mit den Chinesen, hinab ins Tschumbi-Tal. Viele Jahre später gestand er mir, daß er in der Nähe des Ortes Yatung solche Angst hatte, erkannt zu werden, daß er sein Pony mit einem Diener zurückließ und seinen Weg durch die Wälder zu Fuß fortsetzte. In Yatung verbarg ihn David MacDonald, der britische Handelsagent, in seinem Lagerraum, und schlug vor, er solle sich als britischer Postläufer verkleiden, bevor er den Selapla, den Grenzpaß, überschritt. Am nächsten Morgen, als das Horn zum Abschied blies, mischte sich Tschensal Namgang unter die Läufer und gelangte nach einem anstrengenden Aufstieg zu dem 4800 Meter hohen schneebedeckten Paß sicher über die Grenze von Tibet nach Indien.

In Nakthang warteten Diener und Ponys, die Seine Heiligkeit geschickt hatte, auf den Helden von Tschaksam und brachten ihn zum Dalai Lama nach Kalimpong. In späteren Jahren begleitete Tschensal Namgang Seine Heiligkeit auf Pilgerfahrten zu heiligen Stätten des Buddhismus.

Als die Chinesen im Jahre 1910 Lhasa besetzten, gab es allerhand Aufruhr in der Stadt, und meine Mutter suchte mit ihren Töchtern und Rigsin Tschödon, der Frau meines ältesten Bruders, Schutz im Taschi Khangsar, einer Lehranstalt des Drepung-Klosters, zu dem auch Frauen Zutritt hatten. (Drepung liegt ein paar Meilen außerhalb Lhasas und war mit 7700 Mönchen das größte Kloster in Tibet.) Man hat mir später erzählt, daß wir Lhasa mitten in der Nacht verlassen mußten; mein Geschrei weckte die chinesischen Wachtposten, und ein paar Schüsse wurden abgefeuert.

Wir blieben etwa zwei Jahre in Drepung, während die Chinesen Lhasa besetzt hielten. Mein Vater und Samdup Tsering, mein ältester Bruder, blieben im Tsarong-Haus und gingen jeden Tag zu ihrer Regierungsstelle. Samdup Tsering war 1910 dreiundzwanzig Jahre alt – ein begabter junger Mann, der trotz seiner Jugend bereits *Kadon* (Sekretär des *Kaschag*) war. Rigsin Tschödon war seine zweite Frau; die erste war kurz nach der Hochzeit gestorben, weil ihr Vater ihr zerstoßene Juwelen zu essen gegeben hatte, damit sie kräftiger würde. Während dieser zwei Jahre arbeitete mein Vater sehr schwer, und als Seine Heiligkeit ihn bat, zu Beratungen nach Indien zu kommen, wollte ihn der Regent nicht fortlassen, weil ihre gemeinsame Verantwortung sehr groß und mein Vater ein äußerst geschickter Diplomat war. Er hatte die Situation in der Hand und vermied Blutvergießen, auch verhinderte er die Zerstörung der Tempel, der Klöster und des Potala-Palastes durch die Chinesen. Aber nicht alle waren mit seiner Politik der Kompromisse einverstanden, und schon kurz darauf ballte sich eine schreckliche Wolke des Unglücks über unserer Familie zusammen.

1911 wurde der Mandschu-Kaiser gestürzt, im Januar 1912 ernannte Seine Heiligkeit Tschensal Namgang zum Oberbefehlshaber der tibetischen Truppen und schickte ihn aus Kalimpong zurück nach Lhasa, damit er bei der Vertreibung der Chinesen helfen konnte – die durch die Revolution in China entscheidend geschwächt waren.

Damals gab es viele eifersüchtige Reibereien unter den tibetischen Beamten. Aus Kalimpong hatte der Dalai Lama die Bildung eines Geheimen Kriegsdepartments angeordnet, das vom Generalsekretär Tschamba Tendar und *Tsi-Pon* Trimon geleitet wurde und den gewaltsamen Sturz der chinesischen Militärdiktatur plante. Das Kriegsdepartment hatte direkte Verbindung mit Seiner Heiligkeit, aber der *Kaschag* wurde nicht um Rat gefragt, da die Taktik des Departments im Gegensatz zur vorsichtigen Politik der *Schap-pēs* stand. Aber auch Seine Heiligkeit wurde nicht immer konsultiert, weil Tschamba Tendar und Trimon sehr ehrgeizig waren.

Als Tschensal Namgang nach Lhasa zurückkehrte, mußte er mit dem Kriegsdepartment zusammenarbeiten, das gerade gegen den *Kaschag* konspirierte. Freunde warnten meinen Vater vor der Verschwörung und rieten ihm, zu Seiner Heiligkeit nach Indien zu gehen, aber er weigerte sich fortzugehen und sagte: «Weißes Blut wird fließen, sollte mein Kopf jemals fallen.»

Einige Monate später beriefen Tschamba Tendar und *Tsi-Pon* Trimon eine geheime Zusammenkunft des *Tsongdu* ein, bei der man die Festnahme aller Beamten, die als prochinesisch galten, beschloß, einschließlich der vier *Schap-pēs*, von denen drei nach der chinesischen Invasion in den *Kaschag* berufen worden waren. Mein Vater war der einzige, der von Seiner Heiligkeit ernannt worden war, und seit der Flucht des Dalai Lama im Jahre 1910 hatte er alles darangesetzt, um die Chinesen zu vernichten.

Am 28. Tage des dritten Monats im Eisen-Schwein-Jahr (1912) begab sich mein Vater zum Netschung-Tempel – direkt unterhalb des Drepung-Klosters –, wo die Hauptgottheiten der Regierung verehrt und von etwa 100 Mönchen gewartet wurden. Auch das Staatsorakel residierte hier. Einmal im Monat pilgerten die *Schap-pēs* abwechselnd nach Netschung und opferten im Namen des Staates der Gottheit, die Beschützer der Religion war, und an jenem Tage brachte mich mein Kindermädchen zum Tempel, damit ich meinen Vater sah. Aber ich erinnere mich nicht an unsere Begegnung, denn ich war damals erst zwei Jahre alt.

Wenige Tage später wurde mein Vater bei seiner Arbeit im Potala-Palast verhaftet, mit roher Gewalt eine lange, steile Steintreppe hinuntergezerrt, bis vor das Magistratsgebäude, und dort ermordet. Seine Leiche wurde nicht einmal der Familie übergeben, und lange Zeit konnten meine älteren Schwestern den Anblick des Potala nicht ertragen. Für mich jedoch wurde der große Palast noch heiliger, weil ich spürte, daß der Tod meines Vaters ein bedeutendes historisches Ereignis und eine Ehre für die Familie war.

Am Morgen desselben Tages kam ein Beamter namens Kjüngram ins Tsarong-Haus und sagte, er wolle mit Samdup Tsering zur Regierung reiten. Als Kjüngram eintrat, sagte mein Bruder zu ihm: «Ich hatte vergangene Nacht einen bösen Traum.» Aber er lachte nur und erwiderte: «Träume sind Schäume.» Einer unserer Diener, Nyerpa Dordsche, hörte das Gespräch mit an, als er Samdup Tsering den Gürtel, die Stiefel und den Hut reichte, und erzählte es mir viele Jahre später.

Kjüngram und mein Bruder ritten dann zum Potala, und als sie die Yuthok Sampa – die Brücke mit dem Türkisdach – erreichten, erschien plötzlich ein Trupp Männer aus Kongpo im südlichen Tibet, mit Dolchen bewaffnet. Samdup Tsering trug eine Pistole bei sich, aber der Überfall kam so unerwartet, daß er sich nicht verteidigen konnte; er wurde auf der Stelle erdolcht. Man überwältigte auch seine Diener und verhaftete sie. Rigsin Tschödon erzählte mir, er sei in einer solchen Wut gestorben, daß er lange Zeit seine Reinkarnation nicht finden konnte. Seine Seele verweilte bei Gjaltschen (einem der Staatsorakel), durch den er häufig sprach, wenn der Prophet in Trance war.

Die Nachricht vom Tode ihres Mannes und ihres Sohnes wurde meiner Mutter im Drepung-Kloster durch den Kämmerer meines Lama-Bruders überbracht, und dieser Mann, ein Khampa, wußte nicht, wie er ihr die Botschaft behutsam überbringen sollte. Atemlos betrat er den Raum und sagte: «*Sawang Tschenpo* (Seine Exzellenz) ist heute morgen ermordet worden.» Als meine Mutter fragte: «Was ist mit meinem Sohn?» erwiderte er: «Sej Kuscho (der Prinz) wurde auch ermordet.» Sie fiel in Ohnmacht und kam erst wieder zu sich, als man ihr heißen Teig auf den Kopf legte und Weihrauch verbrannte. Sie konnte meine jüngste Schwester Tschangtschup Dölma, die damals etwa vier Monate alt war, nicht mehr stillen, wir nahmen deshalb eine Amme. Alle Klosterinsassen versuchten nach Leibeskräften, ihr zu helfen, aber meine arme Mutter hatte einen großen Schock erlitten und blieb den Rest ihres Lebens traurig und kränklich.

Es hieß, Tschensal Namgang sei einer der Verschwörer gewesen, obgleich er mit Samdup Tsering befreundet war und häufig ins Tsarong-Haus kam, um bei meinem Vater Unterricht im Fotografieren zu nehmen. Später erzählte er Rigsin Tschödon, er habe von der Verschwörung gewußt, jedoch nichts unternehmen können, weil man ihm mit Haft gedroht hatte, falls er die Sache vereiteln sollte.

Zwei wichtige Sekretäre, ein Schatzmeister und ein Mönchsbeamter wurden am gleichen Tage getötet; die drei anderen *Schap-pēs* und sieben Bedienstete meines Vaters wurden ins Gefängnis geworfen. Für die Diener forderte man eine Kaution, aber all unsere Verwandten waren zu sehr verängstigt und wagten nicht, ihnen zu helfen. Das Oberste Tantra-Kloster (Gyuto Dhatsang) bürgte schließlich für die Diener, und sie wurden freigelassen.

Nur wenige Menschen kennen die Wahrheit über diese Verschwörung des Kriegsdepartments. Jahre später erfuhr ich, daß alles vermutlich von den *Schap-pēs* angezettelt worden war, die abgesetzt wurden, als mein Vater das Amt übernahm; denn alle wurden später wieder eingesetzt. Man beschuldigte unsere Familie häufig, Ausländern gegenüber zu freundlich zu sein. Aber wir waren der Meinung, man müsse allen Fremden gegenüber gastfreundlich sein. Als ich älter wurde, hieß es, wir verhielten uns gegenüber den Engländern und Amerikanern zu entgegenkommend. Samdup Tsering sprach fließend Chinesisch, aber damals gab es viele gebildete Tibeter, die gut Chinesisch sprachen und auch die Schrift beherrschten. Ich glaube, die Verschwörer ließen ihn aus Angst vor seiner Rache ermorden. Wäre Kelsang Lhawang, mein jüngerer Bruder, nicht eine Lama-Inkarnation gewesen, hätte man ihn womöglich auch umgebracht. Alle Tibeter, die meinen Vater und meinen Bruder kannten, waren sehr betrübt über ihren grausamen Tod.

Ein Jahr später brachte uns meine Mutter zurück nach Lhasa. Man feierte das Ende des Exils Seiner Heiligkeit, die Vertreibung der Chinesen und die tibetische Unabhängigkeitserklärung; es war sehr schade, daß mein armer Vater, der all die Jahre so schwer für sein Land gearbeitet hatte, dies alles nicht mehr erleben durfte.

Aber der Dalai Lama vergaß seine Treue nicht und war meiner Mutter gegenüber außerordentlich teilnahmsvoll. Während einer Audienz segnete er sie mit den Händen, obgleich das bei Frauen normalerweise mit einer seidenen Quaste geschah, und er gestattete ihr, in der Nähe des Haupttores von Norbu Lingka einen *Mani*-Tempel zu erbauen, der Tsarong Mani Lhakhang genannt wurde. Für die Deckung der Unkosten schenkte meine Mutter dem Dalai Lama einen Teil unseres Schmucks; viele Jahre später schickte jedoch der private Schatzmeister Seiner Heiligkeit dem Tsarong-Gut eine stattliche Rechnung, die mit großer Ehrerbietung beglichen wurde.

Bei seiner Rückkehr aus Indien im Jahre 1913 wartete der Dalai Lama einige Zeit in Tschokhor Yangtse, zwei Tagesritte von Lhasa entfernt, während seine Truppen die Chinesen vollständig aufrieben. Zum Gefolge Seiner Heiligkeit gehörte der inkarnierte Lama Tsawa Tritrul, ein sehr kluger Mann, der zu den Favoriten des Dalai Lama zählte. Tsawa Tritrul war der Bruder von Delek Rabten, dem Mann meiner Schwester Norbu Yudon.

Bald darauf schrieb Tsawa Tritrul an meine Mutter und das Gesinde von Tsarong und machte den Vorschlag, sie sollten Seine Heiligkeit um seine Zustimmung dafür bitten, daß Tschensal Namgang Rigsin Tschödon zur Frau nahm und den Namen Tsarong verliehen bekam. Mein Bruder Kelsang Lhawang war Mönch, und wenn es in einer tibetischen Familie keinen verheirateten Sohn gab, konnte man den Bräutigam einer Tochter – oder mehrerer Töchter – bitten, den Familiennamen anzunehmen. War nämlich kein Laienmitglied aus der Familie im Regierungsdienst, konnten Verwandte Anspruch auf das Gut erheben, oder die Regierung übereignete es womöglich einem Kloster oder jemand anderem, der es verdiente. Mutter akzeptierte Tsawa Tritruls Vorschlag, sie konnte sich dabei auf die Zustimmung des Gesindes im Tsarong-Haus und unserer Verwalter auf dem Tsarong-Gut stützen. Tschensal Namgang wurde also in unsere Familie aufgenommen und erhielt die Namen Dasang Dadul Tsarong. Von jetzt an werde ich ihn Tsarong nennen.

Späterhin streuten seine Feinde das Gerücht aus, Tsarong

habe absichtlich nichts unternommen, um das Leben meines Vaters und meines Bruders zu retten, weil er plante, ihre Familie zu übernehmen. Aber wir alle vertrauten ihm und wußten, daß er kein Intrigant war, sondern ein junger, gutaussehender, tapferer, ehrlicher, treuer und offener Mann – eine ausgeprägte Persönlichkeit in guter Position, sehr geschätzt von Seiner Heiligkeit. Als Belohnung für seine Tapferkeit bei Tschaksam Ferry hatte er Lhanga als sein eigenes Gut erhalten, und obgleich viele Damen ihn gern in ihrer Familie gesehen hätten, führte ihn das Schicksal durch den Einfluß Tsawa Tritruls in unsere Familie.

Die Tsarong-Diener und Verwalter waren jedoch nicht völlig zufriedengestellt, weil Rigsin mit den Tsarong nicht blutsverwandt war. Wenige Monate nach der Heirat baten sie meine Mutter, dafür zu sorgen, daß Tsarong eine zweite Frau nahm und eine ihrer Töchter heirate. (In Tibet galt die Meinung des Gefolges viel. Wenn sie an wichtigen Familienangelegenheiten interessiert waren, hielten die Leibeigenen Versammlungen ab und stellten fest, was die Mehrheit von ihnen wünschte. Dann wählten sie einen Repräsentanten, der ihren Entschluß der Familie überbrachte. Auf jedem Gut gab es eine eigene kleine Schule, die meisten Männer konnten lesen und schreiben.) Rigsin Tschödon war eine charmante, freundliche Frau und hatte nichts gegen diesen Vorschlag einzuwenden, nur ihre Mutter, die alte Dame von Delek Rabten, war sehr dagegen, weil sie fürchtete, die Position ihrer Tochter würde geschwächt. Dennoch wurde meine älteste Schwester Pema Dolkar die zweite Frau Tsarongs, und viele Jahre lang lebten sie und Rigsin Tschödon glücklich zusammen im Tsarong-Haus.

Rigsin Tschödon hatte keine Kinder, aber sie liebte Pema Dolkars Kinder sehr, und sie nannten sie *Ama Ayala*, das bedeutet Stiefmutter. Sie gehörte zu den nettesten Menschen, die ich je gekannt habe, sie war ungewöhnlich freundlich und aufgeschlossen, sehr belesen in Religion, Geschichte und Politik und von bemerkenswert gutem Aussehen. Sie war ein Jahr jünger als Pema Dolkar und erwies ihr stets den nötigen Respekt, weil das Alter, selbst wenn es sich nur um ein Jahr Unterschied handelte, in Tibet große Bedeutung hatte. Bei Zeremonien im Tsarong-Haus oder bei offiziellen Anlässen mußte sie als rangältere *Lhatscham* (Dame) den ersten Platz einnehmen, aber zu Hause war sie sehr nett zu Pema Dolkar, und sie kleideten sich wie Zwillinge, selbst die Farbe ihrer Sonnenschirme stimmte überein. Tsarong verlor in jungen Jahren häufig die Geduld; bei dieser Gelegenheit erteilte sie ihm häufig sehr wertvolle Ratschläge. Im Alter von etwa 37 Jahren wurde Rigsin Tschödon Nonne und kehrte nach Lhuling zurück, auf das entlegene Gut ihres Bruders, vierzehn Tagesritte von Lhasa entfernt.

Zur Zeit seiner ersten Heirat waren Tsarongs Mutter und Schwestern Leibeigene einer Familie namens Matscha, und als er Rigsin Tschödon heiratete, erhielt er sie von ihren Besitzern geschenkt – schriftlich, um für die Zukunft jede Unklarheit über ihren Status auszuschließen, und so wurde die gesamte Familie adlig.

3 Kindheit in Lhasa

Nach dem Tode meines Vaters und meines ältesten Bruders erholte sich meine Mutter nie wieder vollständig; aber die religiösen Unterweisungen, die sie stets befolgte, halfen ihr in ihrem Leid und befähigten sie, für alle Lebewesen Verständnis zu haben. Ihr schlechter Gesundheitszustand hinderte sie oft daran, sich zu konzentrieren, aber stets fand sie die Kraft zu meditieren, die Schriften zu studieren und ihre täglichen Gebete zu verrichten.

Als ich etwa sechs Jahre alt war, erkrankte ich an einem Nierenleiden; mein Gesicht und meine Glieder schwollen an, und Mutter rief ihren Arzt und pflegte mich selbst. Sie trug mich ans Fenster, eingehüllt in Wolldecken, die mit grüner Seide bezogen waren, sie zog die Vorhänge zurück, so daß mich die Sonne bescheinen konnte. Dann saß sie den ganzen Tag an meinem Bett, erzählte mir religiöse Geschichten und flocht hin und wieder ein, ich würde einmal fromm und glücklich werden. Sie gab mir in Butter und Zucker gekochte *Tsampa* – eine Leckerei, die ich gern aß –, und ich durfte mit ihrer goldenen Kette spielen, an der Zahnstocher hingen, und mit ihrem Ohrreiniger, der einen herrlichen Jadeanhänger trug. Dieses Schmuckstück ging eines Tages verloren, aber sie suchte nicht danach; denn sie war überzeugt, durch den Verlust würde die böse Störung aus meinem Leben verschwinden und ich würde schnell genesen. Ihre liebevolle Pflege und die sanften Hände, die sie mir lindernd auf Kopf und Wangen legte, waren so wohltuend, daß ich mich auch heute noch ganz genau daran erinnere. Nach und nach ging es mir besser, und der Arzt erzählte mir später, ich hätte mit gefalteten Händen immer wieder gesagt, der Güte Buddhas, meiner Mutter und dem Arzt sei es zu verdanken, daß ich mich wieder erholt hätte.

Ich liebte meine Mutter so sehr, daß ich ihr überallhin folgte wie ein kleiner Hund, bis ich in die Schule kam. Sie litt sehr unter Verstopfung – wegen der schweren Speisen, die sie zu sich nahm, wie ich heute weiß –, und ich wartete geduldig auf sie, wenn sie zur Toilette ging. Ich fertigte für sie Toilettenpapier, indem ich das Papier, das aus Seidelbastrinde hergestellt wurde, in Quadrate schnitt, ein Loch für den Bindfaden, den ich ebenfalls aus Papier drehte, hindurchbohrte, und es an die hölzerne Blende hängte, die die Toilette abschirmte. Jeder Tibeter, der Toilettenpapier benutzen wollte, mußte es zu Hause selbst herstellen. Ich hatte noch andere Lieblingsbeschäftigungen: Ich wusch Mutters Taschentücher, säuberte ihren silbernen Spucknapf, reichte ihr die Gegenstände, die sie bei ihren Gebeten benutzte, hielt die Vorhänge zurück, wenn sie von einem Zimmer ins andere ging, legte ihr den Mantel um die Schulter und reichte ihr Tee mit Milch in einer schönen Jadeschale mit silbernem Fuß. Ich legte meine Stirn gegen ihre, wie man sich im Westen küßt, und reichte ihr die Schale mit beiden Händen. Sie neckte mich oftmals wegen meinem großen Kopf: «Ich habe immer gebetet, ich möge ein Mädchen mit mongolischem Kopf bekommen», pflegte sie zu sagen, «und dann kamst du, Liebes.» Sie besaß einen großen, in rote Seide gehüllten Stein, der, wenn man ihn schüttelte, ein Geräusch verursachte, als sei er mit Wasser gefüllt. Mutter sagte einmal zu mir, ich solle zu diesem Stein beten, wenn ich etwas haben wolle, mein Wunsch würde sich erfüllen. Als ich mein Gebet beendet hatte, fragte sie, was ich mir gewünscht hätte, und ich erwiderte: «Eine silberne Münze.» Sie sagte: «Bitteschön, hier hast du eine silberne Münze», und reichte mir eine.

Die meisten Tibeter schlafen auf etwa 30 Zentimeter hohen

Matten, die mit Rotwildhaaren oder Stroh ausgestopft sind; ich aber schlief mit meiner Mutter in einem *Dopi*, einem hohen chinesischen Bett mit vier Pfosten und Baldachin; darüber lag ein grüner Seidenüberwurf mit roten Fransen. (Später bekamen wir Blusen aus dieser herrlichen grünen Seide.) Manchmal hatte ich ein wenig Angst, wenn Mutter schnarchte, ich stand auf und küßte sie, dann hörte sie auf zu schnarchen.

In jenen Jahren verließ meine Schwester Tseten Dolkar häufig das Haus ihres Mannes und kehrte zurück ins Tsarong-Haus. Sie spielte oft stundenlang mit mir. Sie war ein großes, hübsches Mädchen und sah sehr gut aus. Im Alter von sechzehn Jahren hatte sie Horkhang *Dzasa* geheiratet. Sein Vater war Horkhang *Schap-pē*, der Selbstmord beging, als man ihn zur Zeit der Younghusband-Mission beschuldigte, ein Freund der Engländer zu sein, und mit seinen drei *Kaschag*-Kollegen ins Gefängnis warf. (Der Titel *Dzasa* ist einem englischen Grafentitel vergleichbar und war einer der wenigen erblichen tibetischen Titel; der Erbe übernahm ihn, wenn er alt genug war, um einen Regierungsposten bekleiden zu können. Die meisten tibetischen Titel wurden einzelnen Personen als Anerkennung für persönliche Verdienste auf Lebenszeit verliehen.) Der Horkhang-Besitz war groß, und Horkhang *Dzasa* war ein aufgeschlossener, großzügiger, lustiger Mann, obgleich er nicht viel las. Aber Tseten Dolkar liebte ihn nicht, und sie kehrte häufig nach Hause zurück. Ihr Mann schickte ihr dann schöne Geschenke und bat sie, zu ihm zurückzukehren, aber sie tat es stets nur widerwillig. Er ging fast jeden Tag am Tsarong-Haus vorbei, auf dem Weg ins Amt, und manchmal schaute meine Mutter aus dem Fenster und sagte: «Was für ein hübscher Mann geht da vorüber!» Einmal sah Tseten Dolkar hinaus – aber als sie Horkhang *Dzasa* erkannte, warf sie sich auf Mutters Bett und verbarg ihr Gesicht in den Kissen. Sie kehrte jedoch schließlich zu ihm zurück und gebar ihm zwei Kinder.

Damals gab es keine öffentlichen staatlichen Schulen in Lhasa. Beamte wurden in der Tse-Schule und im Tsikhang ausgebildet, die für junge Mönche und Laien bestimmt waren. Zwar mußten alle Laienbeamten der Regierung aus der Aristokratie stammen, Mönchsbeamter hingegen konnte jeder Mann werden, und dieser Rang galt stets höher als der der an sich gleichgestellten Laienkollegen. Die Mönchsbeamten hatten das Recht, zuerst zu sprechen, aber gelegentlich verzichteten sie zugunsten eines Laien von außergewöhnlichen Fähigkeiten auf dieses Privileg.

Alle privaten Tagesschulen in Lhasa wurden von guten, frommen Männern geleitet, die kein Geld forderten, sondern um der Ehre willen lehrten. (Buddhisten halten es für sehr verdienstvoll, wenn man Bildung, die auf der Religion basiert, weitervermittelt.) Diese Schulen nahmen sowohl Kinder von adligen als auch von armen Familien auf, und alle wurden gleich behandelt; ein armer Junge konnte Klassenordner werden und Söhne und Töchter der Adligen schlagen. Allerdings konnte man sich über diese Ordner beim Vorsteher beschweren, die Sache wurde untersucht und der Schuldige bei berechtigter Klage bestraft. In Lhasa gab es etwa 50 Privatschulen mit jeweils 75 bis 100 Jungen und Mädchen. Einige Schüler besuchten die Schule fünf Jahre, andere nur zwei oder drei Jahre, je nach Begabung. Jungen und Mädchen lernten dasselbe, die Mädchen verließen die Schule allerdings meistens früher, weil man der Ansicht war, sie brauchten nicht soviel Bildung, da sie doch nicht in den Regierungsdienst treten würden – obgleich viele Frauen ihre Männer, die Beamte waren, beeinflußten. Wollten die Schüler nach Schulabgang noch mehr lernen, mußten sie sich selbst einen Lehrer suchen, entweder in einem Kloster oder bei den Beamten, je nachdem, welchen Beruf sie ergreifen wollten – Medizin, Astrologie, Kunst oder Handel. In diesem Stadium war Grammatik, die in den Schulen so gut wie überhaupt nicht gelehrt wurde, am wichtigsten.

Wenn die Eltern einen Lehrer gebeten hatten, ihr Kind in seine Schule aufzunehmen, wählten sie einen Tag, der für die Aufnahme des Kindes günstig war, und bereiteten Geschenke für die Aufnahmezeremonie vor – die prunkvoll oder schlicht war, je nach dem Stand des Kindes. Die einzigen wesentlichen Ausrüstungsgegenstände waren eine runde Matte, auf der man saß, eine hölzerne Tafel, eine Bambusfeder, braune Tinte aus gebrannter Gerste und schwarze Tinte aus Ruß.

Als ich acht Jahre alt war, besuchte ich die Kyire Labtra Schule, an der Gendak Ugen La lehrte. Tsarong hatte bereits ein Dutzend Jungen bei uns im Haus untergebracht, Söhne von Hörigen der beiden Güter Tsarong und Lhanga, die auch zu dieser Schule gingen. Einer der Älteren, Sohn des Verwalters vom Tsarong-Gut, war bereits Ordner. Einige dieser Jungen wurden später Verwalter, Schreiber und Händler.

Am Tag der Aufnahme wurden die Kinder der Mittelklasse (Händler) und der Armen von ihren Eltern zur Schule gebracht, die Kinder der Adligen begleitete ein älterer Diener. Alle trugen ihre besten Kleider, und die Familie des neuen Schülers lieferte für alle, einschließlich des Lehrers und seiner Familie, Tee und ein Gericht, das aus Reis, Zucker, Butter und Rosinen bestand. Gewöhnlich schmeckte der Reis der Händler am besten, weil er nicht von Dienern zubereitet war. Der neue Schüler schenkte dem Lehrer einen glückbringenden Schal und breitete seine Geschenke auf dem Fußboden aus. Der Lehrer begann mit dem Unterricht, indem er das Kind ein herrliches Gebet zum Preise Dschampal-Yangs, des Gottes der Weisheit, nachsprechen ließ. Dschampal-Yang wird mit einem Buch auf der linken Schulter dargestellt, in der Rechten hält er ein Schwert empor, um damit die Unwissenheit der Menschen auszurotten. Dieses Gebet mußten wir auswendig lernen und jeden Tag hersagen.

Danach saß das Kind direkt vor dem Lehrer und wandte ihm den Rücken zu, während er das gesamte Alphabet niederschrieb, wobei seine Hand die des Kindes führte; in den folgenden Tagen vertrat ein älterer Schüler den Lehrer, und zwar so lange, bis das Kind die Buchstaben allein schreiben konnte. (Eine deutliche Handschrift galt als Voraussetzung für die Regierungsarbeit.) Nachdem der neue Schüler das Alphabet einmal laut vorgelesen hatte, aß man gemeinsam, und zu Ehren des Anlasses gab es einen Tag schulfrei für alle.

Ich ging fünf Jahre lang in Lhasa zur Schule. Am ersten Tag begleitete mich der Verwalter, und der Lehrer und seine Familie erhielten Geschenke – einen Sack Reis, einen Sack Tee, zwei Längen Satin, weiße und rote Seide für Kleider, Hemden und Gürtel, einen Hut für den Lehrer, eine Schürze für seine Frau, einen Schal für beide und einen für den Klassenordner. Ich absolvierte die üblichen Zeremonien, und am folgenden Tage half mir ein gelähmtes Mädchen bei den Schreibübungen. Weil sie gelähmt war, lehnte sie sich mit ihrem ganzen Gewicht an mich, und das war eine solche Qual, daß ich es lange Zeit nicht vergessen konnte. Ich lernte jedoch gut und war sehr glücklich; Mutter freute sich sehr über meine Fortschritte. Aber manchmal war ich faul und bekam Schläge. Einmal hatte ich meine schriftlichen Aufgaben noch nicht fertig, als plötzlich das Fenster des Lehrers aufgestoßen wurde – ein Zeichen dafür, daß er unsere Aufgaben vor der Mittagspause nachschauen wollte. Jeder Schüler mußte seine Arbeit vorzeigen, und als ich an der Reihe war, packte ich die Tafel eines anderen Kindes und zeigte sie vor. Der Lehrer schaute mir ins Gesicht und sagte, ich solle am Nachmittag weiterschreiben. Ich hatte solche Angst, daß ich meine jüngere Schwester bei der Hand nahm und zum Haus einer Verwandten ging, anstatt zur Schule zurückzukehren. Ich hoffte, in der Zwischenzeit würde der Lehrer die Angelegenheit vergessen. Aber am nächsten Morgen, als alle Schüler laut vorlasen, rief er mich zu sich und sagte, die außerordentlich ungezogene Tochter der Tsarong sei ohne eine tüchtige Tracht Prügel nicht im Zaum zu halten. Er bestimmte zwei Jungen, die mich, wie es üblich war, an den Armen und Beinen festhalten sollten. Aber ich sagte, ich könne die Prügel auch so ertragen, legte mich auf die Erde und zog die Hosen herunter. Nach vier oder fünf Schlägen sprang ich auf und rannte davon. Einige Jungen sollten mich zurückholen, aber ich versteckte mich in einem dunklen Bäckerladen, wo sie mich nicht fanden.

Die Kinder mußten täglich abwechselnd die Schule säubern. Man konnte sich jedoch dieser Pflicht entziehen, indem man einen geringen Geldbetrag an alle anderen Schüler zahlte. Nur wenige taten das, aber die Kinder aus vornehmen Häusern schickten ihre Diener zum Saubermachen. Einige Kinder brachten stets Süßigkeiten und andere Leckereien mit in die Schule, die sie mit denen teilten, die nichts hatten. Wir mußten strikte Ruhe einhalten, aber wenn der Lehrer, seine Familie und der Ordner einmal fortgingen, waren wir sehr ausgelassen. An sieben Tagen in der Woche fand Unterricht statt, lediglich am 15. und 30. Tag eines Monats, am Neujahrstag (im Februar oder März), während der großen religiösen Feste und des einwöchigen, alljährlich stattfindenden Schulpicknicks hatten wir frei.

Es gab zwei untere Klassen, in denen auf Tafeln geschrieben wurde, und zwei höhere, in denen man Papier benutzte. Zweimal im Monat, am 14. und am 29. Tag, wurden wir geprüft. Der Lehrer verteilte Zensuren und Plätze, und dann mußten wir uns alle der Reihe nach aufstellen; der Junge mit den besten Zensuren schlug alle übrigen Jungen mit einem flachen Bambusstock auf die aufgeblähten Wangen. Der zweite Junge schlug alle, die schlechtere Zensuren hatten als er – und so weiter. In einer Reihe von zwanzig Schülern erhielt der letzte also neunzehn Schläge, und diese Züchtigung veranlaßte alle, in Zukunft eifriger zu lernen. Der Klassenletzte mußte auf eine leere Blechdose schlagen, um damit die Aufmerksamkeit auf seine Schande zu lenken. Mädchen erhielten Schläge auf die Handflächen.

Hin und wieder schwänzte ich die Schule, dabei hatte ich die Schwester meines Vaters, Yudon Nampon, die allen Leuten in Lhasa als Nampon *Mola* (Großmutter) bekannt war, auf meiner Seite. Sie pflegte bei diesen Gelegenheiten einen Diener mit irgendeiner Entschuldigung zur Schule zu schicken, und der

Lehrer akzeptierte sie. Yudon Nampon war eine große rundliche Frau, freundlich und fromm, und ich nannte sie Nampon Ani La (*Ani* bedeutet Tante väterlicherseits). Sie klatschte nie und hatte über jeden, den sie kannte, etwas Gutes zu berichten. Sie schätzte meine Mutter, meine Schwestern und Rigsin Tschödon sehr und hatte Freunde bei Bauern, Händlern und Adligen. Weil sie kinderlos blieb, adoptierte sie den Sohn ihres Neffen und verteilte im übrigen ihre Liebe gleichmäßig unter die dreißig Großneffen und -nichten, wodurch sie alle Herzen gewann. Wann immer wir Zeit hatten, besuchten wir unsere Tante und brachten ihr Geschenke mit, und obgleich sie wohlhabend war, bereitete es uns viel Spaß, für sie zu nähen. Ich spielte ihr besonders gern kleine Solostücke vor und brachte sie damit zum Lachen. Sie schalt mich niemals, lobte mich stets und schickte fast täglich ihre Dienerin mit getrockneten Aprikosen, Datteln und weißem Kandiszucker, in grüne seidenbestickte Servietten eingewickelt, in die Schule. Später lachten wir viel über meine Jugendstreiche.

Der Unterricht begann im Morgengrauen, und wir durften in derselben Reihenfolge heimgehen, in der wir angekommen waren. Einige Kinder erschienen deshalb bereits im Mondenschein und schliefen auf der Straße, bis die Tür geöffnet wurde. In den Straßen bellten uns die großen, furchterregenden Hunde an, aber wir adligen Kinder wurden zum Glück stets von einem Diener begleitet. Nachdem wir viele Gebete auswendig kannten, lernten wir die Gesetze und die Regeln der Grammatik, Astrologie und Medizin; dann gingen wir nach Hause, um zu frühstücken: *Tsampa*-Teig mit geriebenem Käse und Zucker, *Thukpa* (dicke Suppe), manchmal gekochte Eier und hin und wieder Omelettes. Nach der Rückkehr in die Schule übten wir Schönschrift, wobei wir mit gekreuzten Beinen auf der Erde saßen. Die hölzernen Tafeln wurden mit weißem Kalkstaub bedeckt und mit einem Faden liniiert, der durch einen kleinen Wollsack mit Kreidestaub gezogen worden war. Mittags wurde die Anwesenheitsliste verlesen, und nach dem Essen lernten wir weiter bis Sonnenuntergang.

Kurz nachdem ich zur Schule gekommen war, unternahm Mutter eine Pilgerfahrt zum Medizintempel auf dem Tsarong-Gut; meine jüngere Schwester, die noch nicht zur Schule ging, begleitete sie. Tschangtschup Dölma erhielt eine komplette kleine Pelzausstattung, gefüttert mit hellgrünem Satin, und ihr kleines Maultier trug einen Spezialsattel für Kinder. Mutters Abschied ging mir sehr nahe, und ich beneidete meine Schwester sehr. Mutter schenkte mir Süßigkeiten und Silbermünzen und versprach, aus Schigatse *Tschithang Kotse* (eine Spezialität aus in braunem Zucker gerösteten Nudeln) und vom Tsarong-Gut *Sentschang* und *Do-Yo-Ngarmo* (getrockneten *Tschang*-Teig und süßen gerösteten Weizen) mitzubringen.

Auf dieser Reise mußte meine Mutter ihren vollständigen Kopfschmuck und ihre Festgewänder tragen. Sie ritt auf einem Maultier, das zwei Seidenquasten unter dem Kinn trug, weil sie die *Lhatscham* eines *Schap-pē* war. Sechs Diener, ein Koch und ein Kämmerer begleiteten sie und sorgten unterwegs für die Unterkunft. Eine kleine Karawane von Maultieren trug Bettzeug, Kleiderschachteln und Lebensmittel.

Während der Abschiedszeremonie in der Kapelle schenkte ihr der gesamte Haushalt Schals und wünschte ihr alles Gute. Danach wurden Tee, Reis und *Schethuk* (Nudeln) serviert, die eine glückliche Heimkehr bewirken und dafür sorgen sollten, daß sie alle bei bester Gesundheit vorfinden würde. (*Thuk* bedeutet «begegnen», und aus diesem Grund wird *Schethuk* stets vor einem Abschied gereicht.) Dann suchte sie die Kapelle unserer Schutzgottheiten Palden Lhamo und Tschugyu Gyalpo auf.

Auf dem Wege nach Tsarong wurde meine Mutter in Schigatse vom Pantschen Lama mit den gleichen Ehren empfangen, die einem *Schap-pē* zuteil geworden wären. In Delek Rabten wohnte sie bei meiner Schwester Norbu Yudon, und nachdem sie das Tsarong-Gut besucht hatte, ritt sie weiter nach Sakya, wo sie der Sakya Lama freundlich aufnahm. Er schlug vor, sie solle einen *Dumo* (weiblicher Dämon) von Sakya betreuen, der sie dann auf ihren vielen Reisen beschützen würde. Sie übernahm die Betreuung von Hrikyila und erhielt eine kleine Maske dieses *Dumo* nebst Anweisungen, wie der Dämon durch das Verbrennen von *Tsampa* und Kräutern zu ernähren sei. Der Lama sagte, meine Mutter besitze genug Macht, um Hrikyila zu kontrollieren. In Sakya befanden sich in einem besonderen Tempel viele *Dumos*. Manchmal nennt man sie auch *Khandoma*, das bedeutet Engel und ist eine etwas höflichere Anrede. Es waren die Seelen von Frauen, die im Zorn gestorben und nach Sakya gekommen waren, weil nur dieser Lama sie kontrollieren konnte; unter seiner Anleitung erlangten einige von ihnen nach und nach die Erleuchtung und wurden gereinigt. Eine unserer Bekannten aus Nanghatse kam nach ihrem Tode nach Sakya. Alle *Dumos* hatten eine eigene Statue, die mit dem persönlichen Schmuck verziert war, den die Angehörigen nach Sakya schickten, und sie unterstanden strikt den Anweisungen des Lamas; gelegentlich allerdings waren sie ungehorsam und gingen nach Lhasa oder anderen Orten. Dann rief man den Lama, der sie zurückholte. Wenn sie sich der Kontrolle entzogen, wurden sie leicht ein bißchen furchterregend.

Mutter brachte die Maske der Hrikyila in einer kleinen silbernen Zauberschachtel zurück ins Tsarong-Haus. Am letzten Tag ihrer Reise übernachtete sie in Gyatso, einige Meilen außerhalb Lhasas, bei meiner Schwester Pema Dolkar und Tsarong. (Damals wohnte Tsarong vorübergehend in Gyatso, als er an der staatlichen Münze arbeitete.) Am nächsten Morgen fragte Tsarong, was sich in der Zauberschachtel befände, die auf der Vorderseite ein Bild des Palden Lhamo trug. Als er sie öffnete, erblickte er die fürchterliche Maske. Pema Dolkar sagte, in der Nacht habe ihr geträumt, ihre kleine Tochter hätte an ihrer Brust getrunken, aber ihr Gesicht hätte jener Maske geglichen. Mutter erzählte ihnen, daß sie Hrikyila lediglich auf

Anraten des Sakya Lama als Schutzgottheit übernommen habe.

Als Mutter wieder ins Tsarong-Haus zurückgekehrt war, befand sich Hrikyila stets in der kleinen Halle. Sie erhielt Nahrung, indem man vor der Maske eine Mischung aus Mehl verbrannte, und alle hatten ein bißchen Angst vor ihr. Aber niemand brachte den Mut auf, Mutter zu bitten, sie wieder nach Sakya zurückzubringen.

4 Der Tod meiner Mutter

Als ich zehn Jahre alt war, erkrankte meine Mutter an einer schweren Kolik. Der Arzt fing zwei dicke schwarze Käfer, tötete sie, indem er sie unter dem Spucknapf zermalmte, entfernte ihre Gliedmaßen, rollte sie in Butter und gab sie meiner Mutter zu essen. Ich schaute zu, wie sie sich erbrach; die Käfer schwammen in der Schale. Als sie sie entdeckte, war sie sehr traurig darüber, daß der Arzt ihnen das Leben genommen hatte, um ihre Schmerzen zu lindern, und erst nachdem sie für die armen Käfer gebetet hatte, fühlte sie sich ein bißchen besser.

Als in jenem Jahr die Zeremonie des sommerlichen Kleiderwechsels der Beamten nahte, die stets in Anwesenheit Seiner Heiligkeit am achten Tage des dritten Monats stattfand und bei der neue Beamte ernannt wurden, faßte Tsarong den Entschluß, mein Bruder Kelsang Lhawang, der Lama war, solle als Mönchsbeamter in den Regierungsdienst treten. Er war der einzige echte männliche Nachkomme der Tsarongs, und obgleich er ein unsteter junger Mann war, hoffte man, er würde später seinem Vater ähnlich werden. Bei derartig wichtigen Anlässen bat man im allgemeinen einen fähigen Verwandten oder Freund, die Vorbereitungen zu treffen. Zwei Gruppen hoher Beamter sollten der Zeremonie beiwohnen – eine begleitete Tsarong als den Oberbefehlshaber, die andere meinen Bruder als neuen Regierungsbeamten. Beide Männer trugen ihre besten offiziellen Wintergewänder, und sie wurden von einer Eskorte von etwa fünfzehn berittenen Dienern begleitet, die die Sommergewänder bei sich führten. Sobald der Norbu-Lingka-Palast erreicht war, wechselten sie die Kleider.

Die winterliche Kopfbedeckung der hohen Beamten war aus schwarzem Fuchspelz gefertigt, die für den Sommer aus Brokat. Die pelzgefütterte Winterkleidung war mit zentimeterbreiten Streifen aus Otterfell besetzt, die leichteren Sommergewänder waren ungefüttert.

Im Winter war es in Lhasa sehr kalt, allerdings nicht so eisig, wie es sich manche Europäer vorstellen; die Sommer sind heiß, Frühling und Herbst gemäßigt. Im Winter trugen Männer und Frauen aller Klassen pelzgefütterte Kleidung. Am beliebtesten war das erschwingliche Lammfell, aber diejenigen, die sich luxuriöse Pelze leisten konnten, wählten Luchs, Fuchs oder Kaninchen. Im Sommer trugen die Frauen leichte ärmellose Kleider, im Frühling und Herbst wattierte Kleider aus Wollstoff oder Serge, im Winter kamen noch Blusen mit langen Ärmeln hinzu. Unsere Blusen waren sehr farbenprächtig, dazu hatten wir Schürzen mit einem Muster aus schmalen, vielfarbenen Streifen und brokatbesetzten Seitenteilen. Die Schuhe aus rotem, feinem Wollstoff waren mit herrlichen Blumenmustern bestickt, und unter unseren langen Kleidern trugen wir Tweedgamaschen, die von Strumpfbändern gehalten wurden. Die Kleidung der Männer war von einheitlicher Länge, aber die meisten Leute – Mönche ausgenommen – rafften sie bis zum Knie, die Beamten trugen knöchellang. Die hohen Stiefel der Beamten zierte blaue und weiße Stickerei. Beamte oberhalb des vierten Ranges trugen rote, junge Beamte braune Stiefel.

Als Tsarong und mein Bruder an jenem Tage das Haus gegen neun Uhr früh verließen, war meine Mutter, die ihre Krankheit gerade einigermaßen überwunden hatte, aufgestanden und hatte ihre besten Kleider angezogen. Ich erinnere mich noch sehr gut an ihr dunkelgrünes Satinkleid mit der roten Seidenbluse und dem mächtigen Kopfputz mit Perlen und

Korallen. Mit Hilfe ihres Spazierstockes unternahm sie einen kleinen Ausflug auf die Terrasse; sie sagte mir, sie sei glücklich darüber, daß sie nicht gestorben sei und zwei junge Töchter ohne Mutter zurückgelassen habe. Ich hielt ihre Hand, wie es meine Gewohnheit war, und nahm ihre liebevollen Worte tief in meinem Herzen auf.

Dann legte sie sich wieder ins Bett, meine beiden Tanten – ihre Schwester und die Schwester meines Vaters – waren bei ihr. Tschangtschup Dölma, ich und die übrigen Kinder hatten schulfrei, und ich ging zum Spielen in die Küche im zweiten Stock. Viele Verwandte und Freunde waren im Haus, um meinem Bruder zu seiner Ernennung zu gratulieren, und die Köche hatten mit der Zubereitung spezieller Gerichte alle Hände voll zu tun. Die Dienerinnen trugen ihren besten Kopfschmuck, die Ohrringe hingen bis auf ihre Brüste hinab. Etwa um drei Uhr nachmittags, als ich gerade *Scho* (Würfelspiel) spielen wollte, bemerkte ich große Unruhe. Die Diener liefen verstört treppauf, treppab und trugen Feuer in kleinen Gefäßen, mit dem man Weihrauch entzündet. Alle machten einen verängstigten Eindruck, und ich fragte mich, was wohl geschehen sein konnte. Ich ging in das Zimmer meiner Mutter, um zu fragen, was los sei, und sah, daß sie im Sterben lag. Ich rannte auf sie zu, wollte sie umarmen, aber die Verwandten brachten mich hinaus, und ich sah meine geliebte Mutter niemals wieder. Tschangtschup Dölma und ich kamen sofort in das Haus einer Tante; Tibeter vermeiden nach Möglichkeit, daß eine Sterbende das Weinen ihrer Kinder hört, weil sie dadurch in ihrer Meditation außerordentlich gestört werden kann. Mutter hatte sich intensiv damit befaßt, wie man erreicht, daß sich der Körper von der Seele trennt, denn das beeinflußt die nächste Inkarnation; jegliche Störung durch irdische Dinge jedoch kann verhindern, daß die erstrebte Reinkarnation erreicht wird.

Mutter war im Alter von 48 Jahren einem Herzanfall erlegen. Pema Dolkar erzählte mir oft von einem Traum, den Mutter kurz vor dem Tode meines Vaters hatte, als sie im Drepung-Kloster wohnte. Sie träumte von einer grüngekleideten Dame, die all ihren Schmuck trug und tot auf ein Bett sank. Dieser Traum, so hieß es, habe meiner Mutter den eigenen Tod vorhergesagt.

Alle Freunde der Familie halfen, wie es üblich war, bei den Vorbereitungen zur Trauerfeier und unterzogen sich den entsprechenden Riten; sie brachten Opfer dar und schenkten den Armen Almosen, um Verdienste für die Verstorbene zu erwerben. Man befragte einen Astrologen, wie lange die Leiche im Hause bleiben müsse, denn das konnte zwei, drei oder mehr Tage dauern. Wir lassen unsere Verstorbenen so lange unberührt ruhen, bis ein sehr heiliger Lama die Seele vom Leib erlöst hat. Treten Feuchtigkeit aus Nase und Mund, so bedeutet es, daß der Geist den Körper endlich verlassen hat. Der Leichnam wird dann mit Heilkräutern und Gewürzen gewaschen, in weißen Musselin gehüllt, mit den besten Gewändern der Verstorbenen bekleidet; auf den Kopf setzt man einen Schmuck aus fünf Götterbildern, und umgeben von einem Wandschirm hockt der Leichnam dann im Lotossitz in einem Hauptraum des Hauses. Man entzündet Hunderte von Butterlampen; Freunde und Verwandte liefern die Butter dafür, opfern Schärpen und verneigen sich ehrerbietig vor dem Leichnam. Lamas werden eingeladen, um Gebete zu verrichten, deren Anzahl sich nach dem Status des Verstorbenen richtet; die heiligen Männer wachen Tag und Nacht bei der Leiche, bis die Beisetzung stattfindet.

Am Tage vor der Beerdigung erhielten alle umliegenden Klöster eine Botschaft, in der sie gebeten wurden, Butterlampen anzuzünden und Weihrauch zu Ehren des Verstorbenen zu opfern. Diese Zeremonie wurde von Freunden organisiert, die Geld und Butter beisteuerten; die Butter wurde in großen Kesseln geschmolzen, und einen Tag, bevor die Leiche aus dem Haus gebracht wurde, trugen frühmorgens viele Diener kleine Eimer mit Butteröl in die Klöster und Tempel. Als Opfergaben nahmen sie außerdem die Habseligkeiten des Verstorbenen mit – hauptsächlich Kleider, die verpackt und beschriftet waren und die an so viele Lamas wie möglich verteilt werden sollten; manchmal erhielten bis zu tausend Lamas Kleider.

Es war sehr wichtig, daß man alle Kleider des Toten an die Lamas schickte, die sie dann vor die Butterlampen legten und für den Verstorbenen beteten. Die Lamas teilten später der Familie mit – entsprechend ihren Visionen oder Prophezeiungen –, sie solle Bilder oder Statuen Buddhas oder einer anderen Gottheit herstellen lassen. Der Schmuck des Toten wurde manchmal verkauft, um spezielle Opfer darzubringen, meistens jedoch unter die Kinder verteilt oder als Familienschmuck aufbewahrt. Lag kein Testament vor, hatte das rangälteste Familienmitglied die Freiheit, nach Gutdünken zu entscheiden. (Lamas hinterließen gewöhnlich Testamente, andere Leute nur selten. Mutters Schmuck wurde zwischen mir und Tschangtschup Dölma aufgeteilt.)

Mutters Wunsch war es gewesen, im Ratsak-Tempel, der ihrer Familie gehörte, eingeäschert zu werden, aber ihr Wunsch wurde nicht erfüllt, und das bedauere ich zutiefst. In Tibet wurden Menschen, die während einer Epidemie starben, vergraben, die Mehrzahl der Toten jedoch wurde den Geiern vorgeworfen. In der Regel wurden nur Lamas eingeäschert. Nach dem Tode meiner Mutter war die Familie zu erschüttert, um überhaupt Entscheidungen treffen zu können, und unsere Freunde veranlaßten die üblichen Zeremonien. Als der Astrologe das genaue Datum und die Stunde genannt hatte, brachten die Diener den Leichnam nach Ratsak. Pema Dolkar führte die Prozession eine kurze Wegstrecke an, weil wenigstens ein Familienmitglied diese Pflicht erfüllen muß.

Es ist ein schrecklicher Anblick, wenn eine Leiche den Geiern vorgeworfen wird; als ich erwachsen war, wohnte ich dieser Zeremonie einmal bei. Eines Morgens ging ich mit Freunden an einen Ort in der Nähe des Sera-Klosters, wo die Leichen von drei einfachen Leuten, die Freunde auf ihrem Rücken dorthin getragen hatten, auf einem riesigen Felsbrocken lagen. (Verwandte waren bei dieser Zeremonie niemals anwesend, man bat Freunde, sie zu vertreten.) Die sechs Männer, die die Leichen zerteilen sollten, saßen auf dem Felsen und tranken *Tschang*, bevor sie eine der Leichen aufdeckten und flach, mit dem Gesicht nach unten, auf den Fels legten. Etwa zwölf Meter weiter warteten Hunderte von Geiern; diese disziplinierten Vögel rühren sich nicht, bevor sie gerufen werden. Dann wurden die Glieder abgehackt und das Haar samt Kopfhaut abgezogen. Es ließ sich sehr leicht entfernen und sollte später verbrannt werden – zurück blieb der bleiche Schädel. Als die Eingeweide entfernt und verborgen worden waren, rief man die Geier, und während sie fraßen, zupften die Männer ihnen die großen weißen Schwanzfedern heraus, aus denen später Federbälle für die Kinder gefertigt wurden. Dann befahl man den Vögeln, sich wieder zurückzuziehen und zu warten. Nach einer Weile wurden sie erneut gerufen und durften die sterblichen Überreste vertilgen. Schließlich zermalmten die Männer die Knochen und vermischten sie mit Gehirn und Eingeweiden. Es ist wichtig, daß auch nicht das geringste vom Körper zurückbleibt. Nachdem die Männer ihre schwere Arbeit getan hatten, setzten sie sich und aßen und tranken, ohne sich vorher die Hände zu waschen.

Der Anblick dieses Rituals war ein schreckliches Erlebnis für mich. Dennoch wollte ich unbedingt einmal dabeisein, weil es heißt, eine derartige Erfahrung sei für die geistige Entwicklung sehr wichtig. Es spielt keine Rolle, wie glücklich und erfolgreich man ist, eines Tages stirbt man doch. Einige Tibeter bewahrten in ihrem Haus ein Skelett auf als ständige Erinnerung daran, daß wir alle sterben müssen. Wenn man an den Tod denkt, hat man weniger hochtrabende Wünsche und Pläne. Tagelang nach diesem Erlebnis konnte ich nichts essen, und fast einen Monat lang rührte ich kein Fleisch an, weil ich immerzu daran denken mußte. Noch Tage später schmerzten all meine Gelenke, und ich konnte mein Haar nicht kämmen, weil meine Kopfhaut so empfindlich war.

Die beschriebene Zeremonie gilt für die sterblichen Überreste eines Armen. Für reiche Leute wurde eine große Feier abgehalten. Man lud viele Lamas ein, die für den Toten beteten, und die Leiche wurde an einen abgeschiedenen, einsamen Ort auf einem höheren Berg gebracht.

In den sieben Wochen nach dem Tod eines Familienmitglieds wird das Essen wie üblich im Wohnraum des Verstorbenen serviert, und der sehr heilige Lama, der die Zeremonien zur Lösung der Seele vom Leib abgehalten hat, spricht Gebete. War der Verstorbene ein Mann, finden an jedem siebten Tag spezielle Riten statt, war es eine Frau, an jedem sechsten Tag. Wir glauben, daß die meisten Menschen nach 49 Tagen ihre Inkarnation gefunden haben, sehr frommen Menschen gelingt es früher, bei sehr sündigen dauert es länger. Die Statuen und Gemälde, die den Verstorbenen Verdienste einbringen sollen, müssen vor dem neunundvierzigsten Tag vollendet sein. Nach zwei oder drei Wochen, je nach den Berechnungen des Astrologen, muß sich die Familie das Haar waschen und ein Bad nehmen; Freunde und Verwandte schenken neue Toiletten- und Frisierutensilien wie Quasten und Perücken. Sogar die Banner und Gebetsflaggen des Hauses müssen ausgewechselt werden. All diese Ausgaben übernehmen Freunde, die dann später die gleiche Hilfe erwarten dürfen. Die offizielle Trauerzeit ist am neunundvierzigsten Tag vorüber. Ein Jahr später kommen Freunde mit Schärpen, um so den ersten Todestag zu würdigen.

In Tibet galten bei arm und reich dieselben Sitten. Die Hinterbliebenen waren im allgemeinen eifrig darauf bedacht, die gesamte Habe des Verstorbenen für diese Zeremonien herzugeben, und gelegentlich mußte man sie davon abhalten, daß sie in ihrer Trauer zu freigebig waren. Wohlmeinende Freunde bewahrten sie vor Schulden und nachträglichen Sorgen; einige Leute waren besonders dafür bekannt, daß sie die Hinterbliebenen in derartigen Situationen beraten konnten. Bei den Handwerkerzünften gab es besondere Komitees, die diese Zeremonien und Feierlichkeiten aus Anlaß eines Trauerfalles regelten – das galt auch für freudige Anlässe wie Geburt oder Hochzeit. Diese Komitees sammelten Geld, das dann für die ganz Armen gespendet wurde.

Nach dem Tode meiner Mutter behauptete der Astrologe, ihr Tod sei dadurch beschleunigt worden, daß sie einen untergeordneten Geist – Hrikyila – auf eine Ebene mit ihren eigenen Schutzgottheiten gestellt hatte. Als ich das hörte, wurde ich sehr böse auf die Dämonin und ging, unterstützt von den Schuljungen, die im Tsarong-Haus wohnten, mit einem Stock in der Hand in Mutters leeres Zimmer. Hrikyilas Maske war noch da, und wir schrien, sie solle das Haus verlassen. Tsarong lud einen anderen Sakya Lama in unser Haus ein und bat ihn, die Maske ins Sakya-Kloster zurückzubringen. Inzwischen lastete über dem Haus nicht länger die beängstigende Atmosphäre, und wir wußten, daß Hrikyila bereits von selbst in ihren Tempel zurückgekehrt war.

Nach Mutters Tod wuchs ich bei meiner Schwägerin Rigsin Tschödon auf. Ich war nicht gerade das, was man ein «sittsames Mädchen» nennt, liebte Jungenspiele über alles, und am liebsten trug ich Jungenkleider, die Rigsin Tschödon mir gab. Ich wollte immer ganz besonders gern ein kleiner Khampa-Junge sein. Ich trug also ein weißes Bure-Khampa-Gewand, ein Paar Kongpo-Stiefel, einen Filzhut und einen kleinen Dolch. Niemand vermutete in mir ein Mädchen, und bei Festen nannten mich die Gäste immer *Sekuscho* (Prinz). Zu meinen Schulkameraden gehörten Surkhang *Schap-pē*, Phala *Schap-pē*, Neshar *Schap-pē*, Yuthok Lhacham, Kundeling *Schap-pē* und Surkhang *Dapon* – und alle necken mich noch heute wegen meiner Khampa-Ausrüstung.

Wir waren nun Waisen, und ich mußte für mich selbst und Tschangtschup Dölma sorgen. Tsarongs Kämmerer überwachte die Lebensmittel des Haushaltes, und wir erhielten das gleiche schlechte Essen, das man den Handwerkern auftischte, die für uns arbeiteten – zum Beispiel Omeletts in ranziger Butter gebacken. Einmal warf ich ein ganzes Tablett durchs Fenster in den Hof, das beinahe einen Diener am Kopf traf. Jedermann war der Überzeugung, ich sei sehr jähzornig, aber in Wirklichkeit konnte ich nur auf diese Weise etwas erreichen. Der Tee, der uns jeden Morgen in die Schule geschickt wurde, war lieblos zubereitet. Als wir ihn einmal mit dem unserer Freunde verglichen, ihn so lange umrührten, bis er steif werden mußte, blieb unser Tee schwarz, der der anderen Kinder jedoch war cremig. Die anderen Kinder hatten schließlich noch Eltern, die sich um alles kümmerten. Ich wurde sehr wütend, lief nach Hause und hatte eine heftige Auseinandersetzung mit dem Kämmerer. Ich sagte ihm, er solle erst einmal beweisen, daß wir nicht die Kinder des verstorbenen Tsarong *Schap-pē* seien, und drohte ihm, falls der Tee nicht besser würde, meine kleine Schwester bei der Hand zu nehmen und bei unseren Verwandten betteln zu gehen. Der Mann fürchtete, daß er Ärger bekommen würde – unser Tee wurde wesentlich besser, das Omelett nicht mehr in ranziger Butter gebacken.

In den vornehmen Häusern Tibets reichte man bereits frühmorgens Buttertee, viele Leute aßen dazu *Tsampa* und geriebenen Käse. Erwachsene Tibeter nahmen täglich zwei Hauptmahlzeiten ein, eine etwa um neun Uhr morgens, die andere um fünf Uhr nachmittags, vor dem Zubettgehen aß man etwas Leichtes oder trank nur Tee. Zum Frühstück gab es *Tsampa*-Teig und in vornehmen Familien vier oder fünf verschiedene Gänge, unter anderem Trockenfleisch und süßen Käse. Das Abendessen war die eigentliche Hauptmahlzeit, sie bestand aus Reis oder *Tsampa* mit zwei oder drei Fleischgerichten und Gemüse wie Kartoffeln, Rettich, Kohl oder Möhren. Seit 1930 züchtete man in Lhasa auch Blumenkohl und Tomaten. Verwandte und gute Freunde blieben zu den Mahlzeiten, wenn sie Lust hatten, und sie konnten alles fordern. Es gab stets verschiedene Süßigkeiten, die Besuchern zum Tee angeboten werden konnten.

In den Stadthäusern der Adligen gab es fünfzehn bis zwanzig Bedienstete, je nach Größe der Familie – einen Kämmerer, einen Koch, einen Teekoch, einige *Tschang*-Mädchen (die Bier brauten und ausschenkten), zwei Stallknechte, einen Wasserträger, einen Kehrer, ein halbes Dutzend Dienerinnen und, wenn zum Haus ein Garten gehörte, einen oder zwei Gärtner. Ärmere Leute hatten nur zwei oder drei Diener, die keine Bezahlung erhielten, sondern gemeinsam mit der Familie arbeiteten und speisten.

Zu dieser Zeit lebte Pema Dolkar in Gyatso, und Rigsin Tschödon verbrachte die meiste Zeit auf den Landgütern. Im Tsarong-Haus lag also alles in den Händen der Dienstboten. Unsere Tanten luden uns allerdings regelmäßig zu sich ein und schickten uns Süßigkeiten, und alte Freunde unserer Eltern schenkten uns oft Geld, wenn wir sie trafen. Das war sehr nützlich, weil ich gelegentlich in Schulden geriet. Auf dem Schulweg lag nämlich ein Bäckerladen, der einigen Khampa-Frauen gehörte, und die älteste von ihnen, Nya Adon, bereitete köstliche Pasteten, die in Öl gebacken und mit braunem Zukker gefüllt waren. Alle Kinder kauften das Gebäck, und es war meine liebste Leckerei. Gewöhnlich hatte ich Kredit, ich malte einfach einen Strich an die Wand. Danach machte ich mir Sorgen, weil ich kein Geld hatte, und wartete sehnlichst darauf, Detuk *Dzasa* zu begegnen, einem netten Mönchsbeamten, der ein Freund meines Vaters gewesen war und in der Nähe der Schule wohnte. Er schenkte mir stets zwei oder drei weiße *Tamkas*, wenn wir uns sahen. (Der *Tamka* war damals etwa neun Pennies wert.) War ich zu tief in Schulden geraten, machte ich einen Umweg um Nya Adons Laden – sie war zwar stets sehr freundlich zu mir und forderte nie ihr Geld, aber mir war immer sehr elend zumute, wenn ich meine Schulden nicht begleichen konnte. Täglich erhielten wir zwei *Tamkas* als Taschengeld, aber ein Teil davon war für Tinte und Papier bestimmt. Ich verdiente mir zusätzlich Geld, indem ich selbstgefertigte Fibeln verkaufte. Ich hob die Zettel auf, die Pema Dolkar von Rigsin Tschödon erhielt, und schrieb sie etliche Male ab: «Liebe Schwester, ich schicke Dir durch Polala zwei Ziegel Tee, einen Kuchen Butter, zwanzig Bündel *Phing* (Nudeln), ein Paket Streichhölzer, zwei Pakete Kerzen, sechs Stück Seife. Bitte quittiere den Empfang. Alles Liebe, hochachtungsvoll Rigsin Tschödon. Lhasa-Haus.» Ich wurde niemals deswegen zur Rede gestellt, obgleich viele Schüler laut aus diesen einfallslosen Fibeln vorlasen – alle hatten denselben Wortlaut. Ich verkaufte sie zu je einem *Schokhang*, von drei *Schokhang* gab ich einen für Papier aus, der Rest war Verdienst.

Auch nachdem Kelsang Lhawang Mönchsbeamter geworden war, blieb er das schwarze Schaf der Familie. Er war etwa zehn Jahre älter als ich. Als ich zehn Jahre alt war, brachte er mich einmal in Schwierigkeiten, weil er mich zu einer Tanzvorführung mitnahm, als die Familie gerade um den Herzog von Lhalu trauerte, der zum Haus des 12. Dalai Lama gehörte und ein guter Freund Tsarongs gewesen war. Als Tsarong abends erfuhr, daß wir ausgegangen waren, wurde er sehr zornig. Er ließ mich kommen und fragte, ob ich bei der Veranstaltung gewesen sei. Ich erwiderte: «Ja, Kelsang Lhawang hat mich mitgenommen.» Da packte mich Tsarong bei den Ohren, klemmte meinen Kopf zwischen seine Knie und verprügelte mich. Pema Dolkar war außer sich und sagte, ich hätte keine Schläge verdient, weil ich ja noch ein Kind sei, und schließlich habe mich ein Erwachsener mitgenommen. Tsarong wollte auch Kelsang Lhawang verprügeln, aber der entkam seiner Strafe, weil er das Weite gesucht hatte. Tsarongs Jähzorn verflog stets sehr schnell.

Kelsang Lhawang war über einssiebzig groß und sah gut aus, obgleich er durch Pockennarben sehr gezeichnet war. Er war freundlich und höflich, lustig und liebenswert – und hatte wie ein echter Lama überhaupt kein Verhältnis zum Geld. Als Reinkarnation eines Lama von Drepung war er im Alter von vier Jahren ins Kloster gekommen, wo ihn sein strenger Erzieher so heftig schlug, daß er kaum Fortschritte im Lernen machte. (Alle inkarnierten Lamas bekommen Prügel. Selbst die Dalai Lamas werden von ihren Tutoren geschlagen, die sich allerdings zuvor dreimal vor ihren Schülern verneigen müssen.) Als Junge kam mein Bruder nur zum jährlichen Monlam-Fest nach Hause; dann wurde er mit großer Achtung behandelt, und man servierte ihm die Mahlzeiten auf einem besonderen Tablett. Aber Mutter besuchte ihn alle paar Wochen im Kloster.

Kelsang Lhawang war zwanzig, als Tsarong beschloß, er solle Mönchsbeamter werden und ins Tsarong-Haus zurückkehren. Im allgemeinen wurden inkarnierte Lamas keine Beamten und lebten auch nicht außerhalb des Klosters; aber Tsarong hoffte, wenn Kelsang Lhawang einen Regierungsposten innehabe, würde sich sein Charakter festigen.

Wie unser Vater war auch mein Bruder ein vorzüglicher Musiker, er spielte ausgezeichnet Banjo. Er hatte überdies eine gute Stimme und komponierte viele bekannte Lieder; eines davon, *«Kelsang Lhawangla»,* wird noch heute von den Tibetern gesungen. Manchmal verletzten seine satirischen Worte bestimmte hohe Beamte, aber in Tibet waren solche Lieder etwas Ähnliches wie die «freie Presse» in anderen Ländern, und niemand übte eine Zensur aus. Kelsang Lhawang war durch und durch sorglos. Tag und Nacht besuchten ihn seine Freunde, junge Mönchsbeamte wie er, in seiner Wohnung, und sie hatten viel Spaß miteinander. Einige von ihnen spielten hervorragend Geige und Flöte, und oft konnten Tschangtschup Dölma und ich nicht einschlafen, weil sie musizierten und lärmend auf den Dielen tanzten. Ich war wütend, weil wir wegen der Schule so früh aufstehen mußten, aber es war uns verboten, seine Wohnung zu betreten. Wenn ich mich ärgerte und Krach schlug, hatten alle ein bißchen Angst vor meinem Jähzorn, und mein Bruder kaufte uns dann alles, was wir uns wünschten – zum Beispiel neue Brokathüte.

Die erste Zeit nach seiner Ernennung hatte Kelsang Lhawang keine besonderen Aufgaben, und er genoß weiterhin sein Leben; Tsarong glaubte daher, wenn er irgendeine wichtige Verantwortung übernähme, bekäme er mehr Interesse an der Arbeit, und er sorgte dafür, daß man ihm die äußerst unbeliebte Aufgabe eines *Tsamschepa* übertrug. Während des alljährlichen Großen Gebetsfestes mußte der *Tsamschepa* drei Wochen lang täglich eine Kupfermünze an zwanzigtausend Mönche zahlen. Um diese Summe aufzubringen, mußte er eine besondere Steuer eintreiben, aber als Ausgleich für die schwere Arbeit überließ man ihm für drei Jahre ein ertragreiches Gut zu geringer Pacht. Seine Aufgabe war sehr wichtig, weil die Mönche ohne Verzug bezahlt werden mußten. Die beiden obersten Mönche des Drepung-Klosters hatten die Macht, den *Tsamschepa* mit einer beliebigen Strafe zu belegen, wenn er seine Arbeit nicht ordnungsgemäß erledigte. Kelsang Lhawang wußte das alles, und doch vertat er den größten Teil des Geldes, das er gesammelt hatte; lediglich die Treue seiner Diener rettete ihn vor Strafe, denn sie liehen ihm die fehlende Summe. Die größte Begabung meines Bruders war das Komponieren von Liedern und das Vergnügen.

Danach versuchte Tsarong auf andere Weise, Kelsang Lhawang zu bessern, indem er ihm nämlich das Amt des Privatsekretärs Seiner Heiligkeit – der ein netter, verständnisvoller Mann war – verschaffte. Der Dalai Lama war einverstanden, und man setzte den Tag fest, an dem Kelsang Lhawang seine neue Arbeit beginnen sollte. An jenem Morgen wartete Tsarong vergebens darauf, ihn zum Norbu-Lingka-Palast begleiten zu können – mein Bruder war nicht im Hause. Sofort wurden Diener auf die Suche geschickt, und sie fanden ihn im Bett eines schlecht beleumdeten Mädchens. Das arme Ding kam ins Gefängnis, weil es sich mit einem Mönchsbeamten eingelassen hatte, der Keuschheit gelobt hatte, und auch mein Bruder wanderte für einige Zeit hinter Gitter. Tsarong verprügelte ihn in meiner Gegenwart, und ich war traurig und weinte, weil ich glaubte, all das könne nur geschehen, weil wir unsere Eltern so früh verloren hatten. Man überbrachte Seiner Heiligkeit die Nachricht, daß Kelsang Lhawang fortan kein Mönchsbeamter mehr war, weil er das Zölibat mißachtet hatte.

Danach zerbrach sich die Familie den Kopf darüber, was werden sollte, und als ich etwa zwölf Jahre alt war, beschloß man die Heirat zwischen Kelsang Lhawang und Tsarongs Nichte Tsewang Dölma, einem netten, hübschen, schlanken Mädchen. Nach der Hochzeit wollte Kelsang Lhawang Polizeioffizier werden, und er gefiel sich dann auch recht gut in der schmucken Uniform, aber ein Jahr später mochte er die Arbeit nicht mehr und quittierte den Dienst. Dann verkündete er, er wolle gern Handel treiben, und Tsarong gab ihm zwanzigtausend Rupien Kapital, damit er nach Indien reisen konnte. Ich glaube, er vergnügte sich bereits in Yatung und Kalimpong, denn als er nach zwei Monaten zurückkehrte, brachte er nur ein paar Stahlkoffer voller minderwertiger Waren mit, die nicht mehr als fünftausend Rupien wert sein konnten. Das übrige Geld hatte er verschwendet. Er spielte gern und trank viel, so daß er später auch etliche Schmuckstücke seiner Frau versetzte.

Im Jahre 1910 leistete Powo Kanam Gyalpo, der Oberste der Poyul in Südosttibet, erfolgreichen Widerstand gegen die chinesische Invasion. Danach wurde er überaus ehrgeizig und weigerte sich, die üblichen geringfügigen Steuern an die tibetische Regierung zu entrichten, und hinderte tibetische Beamte am Betreten seines Gebietes. Die Poyul webten wunderschöne Wollstoffe und tauschten sie in Lhasa und anderswo gegen Reis, Pfeffer, Pflanzenfarben, Moschus, Rotwild- und Fuchsfelle. Tsarong wollte den Streit auf friedliche Weise beilegen, zum Nutzen aller Beteiligten. Als die Unstimmigkeiten sich fast zehn Jahre hingezogen hatten, beschloß er, es könne vielleicht gut sein, wenn seine Schwester Tsering Dölma den häßlichen Häuptling der Poyul heiratete. Alle fanden das sehr grausam, weil die Poyul ziemlich unzivilisiert waren, und Tsering Dölma, die neun Jahre älter war als ich, tat mir entsetzlich leid, denn sie war stets freundlich zu mir gewesen, obgleich ich nur ein Kind war. Sie hätte sich weigern können, den Häuptling zu heiraten, aber Tsarongs Angehörige waren mit der Heirat sehr zufrieden; seine Geschwister verehrten ihn wie einen Gott und hätten sich seinen Plänen niemals widersetzt.

Powos Brautzug kam nach Lhasa, und die Leute sahen höchst furchterregend aus: Das Haar hing ihnen lose über die Schultern, sie trugen Mäntel und Hüte, hohe Khampa-Stiefel, und an der Hüfte hingen lange Dolche. Sie wohnten im Tsarong-Haus, und wir Kinder machten uns häufig über sie lustig. Tsarong bestimmte, daß sein Bruder Kyenrab den Brautzug aus Lhasa hinausgeleitete, und es war ein trauriger Anblick, Tsering Dölma mit den Poyul fortreiten zu sehen.

Schon bald riet Tsarong seiner Schwester, sie solle ihren Mann überreden, nach Lhasa zu kommen, und die Regierung bitten, sein Territorium zu übernehmen und ihm als Ersatz dafür einen Landsitz zu geben und ihm den Titel eines *Dzasa* oder *Thedschi* zu verleihen. Ich erinnere mich noch daran, wie Kanam Gyalpo, Tsering Dölma und ihr Gefolge zu uns ins Haus kamen, um Tsarongs Vorschlag zu besprechen. Die Regierung jedoch hielt Powo Gyalpo für einen kleinen Fisch, mit dem man jederzeit ohne weiteres fertig werden könne; man schlug Tsarongs Rat in den Wind und handelte sich viel Ärger für die Zukunft ein.

5 Schultage in Darjeeling

Bevor Mutter starb, sagte ich häufig zu ihr, ich wolle gern in das Land der Orangenbäume reisen. Sie erwiderte, dieses Land sei Indien, und um dorthin zu gelangen, müsse man einen schneebedeckten Paß überqueren, der der Heimat eines Zauberers gliche; ich solle mir den Gedanken aus dem Kopf schlagen, denn Kinder könnten die schwierige Reise nicht überstehen.

Im Jahre 1920 kam Sir Charles Bell, Regierungsvertreter in Sikkim und enger Freund des 13. Dalai Lama, nach Lhasa, um Seiner Heiligkeit einen Besuch abzustatten. Da Sikkim seit vielen Jahren britisches Protektorat war, holte die Regierung des Landes bei jeder wichtigen Angelegenheit den Rat des ständig dort anwesenden britischen Regierungsvertreters ein. Er verhandelte im Namen Englands auch mit der tibetischen Regierung, und der Dalai Lama lud ihn häufig nach Lhasa ein, um mit ihm über Handelsangelegenheiten oder andere Dinge zu sprechen.

Sir Charles wurde von David MacDonald begleitet, dem britischen Handelsagenten in Yatung und Gyantse, der seinerzeit mit der Younghusband-Expedition nach Lhasa gekommen und in Tibet sehr beliebt war. Man gab für die beiden Männer einen Empfang im Tsarong-Haus, und Tschangtschup Dölma und ich warteten aufgeregt auf Sir Charles, von dem es hieß, er habe ein rotes Gesicht, blondes Haar und seine Nase gliche der Tülle einer Kanne. Er war der erste Europäer, den wir sahen, und alle beobachteten ihn verstohlen unter Gekicher und Flüstern. Weil er aus gesundheitlichen Gründen auf die tibetische Küche verzichten mußte, reiste der Koch voraus und bereitete ein Huhn zu. Er buk auch Korinthenbrötchen, die wir für unser Leben gern gekostet hätten, aber wir mußten damit warten, bis der Empfang vorüber war. Mr. MacDonalds Mutter stammte aus Sikkim, und so sah er mit seinem Schnurrbart, der an beiden Enden emporragte, einem Tibeter ähnlich. Er sprach fließend Tibetisch und verließ während der Gesellschaft den Saal, um lange Zeit mit meiner Schwester und mir zu spielen. Er schenkte uns Geld und sagte immer wieder: «Ihr beide solltet nach Indien kommen und mit meinen Töchtern die englische Schule in Darjeeling besuchen.»

Tschangtschup Dölma war sehr schüchtern, aber ich stellte viele Fragen, zum Beispiel, ob wir in Darjeeling Orangen, englische Kekse und Schokolade bekämen, und er versicherte uns, daß es dort mehr gäbe, als wir uns vorstellen könnten. (Zu jener Zeit versuchte Tsarong gerade, die tibetische Wirtschaft zu stabilisieren und über den Goldhandel mit Indien eine Nationalreserve aufzubauen. Als Tschangtschup Dölma und ich noch klein waren, mochte er uns sehr gern und schenkte uns oft «Huntley and Palmers»-Kekse und «King-George»-Schokolade, die nepalesische Goldhändler aus Indien mitgebracht und ihm geschenkt hatten.)

Etwa ein Jahr nachdem Sir Charles Bell und Mr. MacDonald Lhasa verlassen hatten, fragte man uns beide, ob wir Lust hätten, nach Darjeeling zu gehen. Tschangtschup Dölma zeigte kein Interesse, aber ich wollte gern dorthin, und man sagte mir, daß man mich im nächsten Herbst zur Schule schicken würde. Mutters Freunde meinten allerdings, das Ganze sei nur ein Experiment, weil meine Eltern nicht mehr am Leben seien. Ich war sehr aufgeregt und rannte sofort in die Schule, um meinen äußerst überraschten Klassenkameraden die Neuigkeit mitzuteilen.

Rigsin Tschödon übernahm alle Vorbereitungen, und ich

begann derweil, englische Wörter von leeren Keksdosen und Schokoladenpackungen abzuschreiben, um vor meinen Freunden damit zu prahlen, daß ich die englische Schrift schon beherrschte, noch bevor ich überhaupt in Darjeeling war. Ich sagte Rigsin Tschödon, daß ich lieber auf einem Pferd als auf einem Maulesel reiten wolle; denn nur sehr gute Maultiere sind schnell, außerdem sind sie viel heimtückischer als Pferde. Hat zudem ein Maultier seinen Reiter abgeworfen, tritt es ihn erst einige Male, bevor es davonläuft.

Man richtete sich nach meinem Wunsch, und als der Tag der Abreise nahte, waren meine Sachen gepackt. Einer der vier Diener, die mich begleiten sollten, war Nyerpa Dordsche, der schon für meinen ältesten Bruder gesorgt hatte. An jenem Morgen war ich sehr traurig. Ich weinte sehr, und um den wahren Grund zu verbergen, gab ich vor, meine Dienerin nicht mitnehmen zu wollen, sie folgte uns deswegen in einigem Abstand und gesellte sich erst am Ende der ersten Etappe zu uns.

Es dauerte etwa drei Wochen, bis wir Yatung, an der Grenze nach Sikkim, erreichten. Dort sollte ich so lange bei den MacDonalds bleiben, bis ihre Töchter nach Ablauf der Winterferien wieder in die Schule zurückkehrten. Ich fühlte mich sehr glücklich auf meinem Schimmel, der einen mongolischen Silbersattel und eine Seidenquaste unter dem Kinn trug, ein Zeichen dafür, daß ich ein Kind aus adliger Familie war.

Am ersten Tag ritten wir fünfzehn Kilometer bis nach Nethang, wo wir in einem einfachen Rasthaus übernachteten. Sobald wir abends unseren Bestimmungsort erreicht hatten, holte Nyerpa Wangyal aus den Tragkörben die Speisen hervor, die man speziell für unsere Reise zubereitet hatte: *Khabse* (Pastete), Süßigkeiten und viele andere tibetische Delikatessen, auch *Bhuram Garma*, unsere berühmten Buttertoffees aus braunem Zucker.

Abends bekam ich getrocknete Nudeln, getrocknetes Yak-

Fleisch, gekochte Zunge und Hammelfleisch, gefolgt von gesalzenem Buttertee oder süßem Tee, je nach Wunsch. Meine Dienerin saß neben mir, und wir speisten gemeinsam, die übrigen Diener aßen draußen.

Nyerpa Wangyal hatte Unterkunft und Verpflegung ausgezeichnet vorbereitet. Jedesmal, wenn ein Familienmitglied auf Reisen ging, war er dabei und hatte demzufolge eine große Erfahrung. Er war seinerzeit der Leibdiener meines Vaters gewesen und war außerordentlich zuverlässig.

Morgens mußten wir vor Sonnenaufgang aufstehen, damit wir unser Tagesziel bis vier Uhr nachmittags erreichten. Die Nächte verbrachten wir in Dörfern, wo es Nahrung, Futter und Unterkunft gab. Es war Herbst, eine äußerst angenehme Jahreszeit zum Reisen. Wenn Nyerpa Wangyal uns den Morgentee serviert hatte, ritt er schnell davon, um an einem geeigneten Ort das Frühstück zu bereiten, das wir im allgemeinen gegen zehn Uhr einnahmen. Wangyal hatte dann bereits Matten und einen Tisch an ein sonniges Plätzchen gestellt und servierte uns Tee, *Tsampa,* Eier, gekochtes Fleisch und Zunge. Die Pferde wurden abgezäumt und gut gefüttert. Nach einer Stunde etwa ritt Wangyal wieder weiter, und wir folgten ihm. Wir legten täglich zwischen zwanzig und fünfundzwanzig Meilen zurück, je nach Beschaffenheit des Weges.

Am dritten Tage überquerten wir den Fluß Kyitschu in Fellbooten. Im Herbst führt der Fluß Hochwasser, und die Tiere mußten hinüberschwimmen; Sättel und Lasten nahm man ihnen ab und lud alles in Boote.

Am nächsten Morgen überschritten wir den ziemlich hohen Nyapsolapaß. Das dauerte fünf Stunden, denn der Weg war so steil, daß man nicht reiten konnte, und Wangyal trug mich deshalb auf seinem Rücken. (Als Kind war ich recht gehfaul und mußte oft die Treppen im Tsarong-Haus hinauf- und hinuntergetragen werden. Der Wasserträger wartete gewöhnlich nach Schulschluß am Tor und trug mich die beiden endlosen Treppen hinauf.) Vom Paß aus hatte man einen ausgedehnten

Blick über den zauberhaften Yamdok-See, der weit und friedlich vor den einsamen Schneebergen liegt, die fern im Hintergrund in den blauen Himmel ragen. In jener Nacht blieben wir in dem Dorf Pede, das direkt am See liegt, und wir sahen häufig Bauern, die bei ihrer harten Feldarbeit sangen. Unterwegs konnten wir in vielen Dörfern Pfirsiche und Walnüsse kaufen.

Einige Tage später überquerten wir den einsamen Kharola-Paß. Sogar in diesem Gletschertal stand eine Hütte für Reisende, wo man Futter kaufen konnte, und in dieser Unterkunft nahmen wir unsere Morgenmahlzeit ein – Nudelsuppe mit pulverisiertem Yakfleisch. Das Wetter war sonnig, und wir hatten trotz der bitteren Kälte einen angenehmen Ritt. Wir übernachteten in Ralung, einem kleinen abseits gelegenen Ort, wo wir keine gute Unterkunft bekamen und in verrauchten Hütten nächtigen mußten.

Die nächste Station war Gapschi. Dieser Ort liegt noch einsamer: Schwarze Felsen hängen düster über den Häusern, und in der Nähe fließt ein dunkler Fluß. In dieser Gegend hielten alle Diener ihre Waffen schußbereit, um uns im Ernstfall vor Räubern zu schützen. Wir kannten viele Geschichten von Raubüberfällen bei Ralung und Gapschi und hatten Angst. Aber all die vielen Male, da ich und meine Familie auf dem Weg nach Indien durch dieses Gebiet reisten, kam es nie zu einem Zwischenfall.

Am nächsten Tag erreichten wir Gyantse, wo wir drei Tage auf dem herrlichen Gut blieben, das Nyerpa Namgyal, einer unserer ältesten Diener, vom Drepung-Kloster gepachtet hatte. (Den Dienern der meisten tibetischen Beamten ging es gut. Sie wirtschafteten für sich selbst, während ihr Herr im Regierungsdienst stand.) In dieser Zeit erholten sich auch die Tiere, denen es hier gut gefiel. Namgyal bewirtete uns hervorragend, und ich lauschte am liebsten den Geschichten der Diener oder schaute zu, wenn sie im Park *Scho* spielten. Als wir einmal zusammensaßen, fragte ich Nyerpa Namgyal danach, wie mein Vater ermordet worden sei. Er aber erwiderte: «Mein liebes Kind, frag nicht nach diesen Dingen – vergiß sie. Es gibt keinen Mann, der deinem Vater gliche.»

Von Gyantse aus ritten wir fünf Tage lang über die Ebene von Phari, und ich versuchte, Wildesel und andere Tiere, Gazellen zum Beispiel, zu jagen. Es war zwar aussichtslos, ihnen auch nur nahe zu kommen, aber ich streifte gern durch die Gegend.

Auf der Strecke zwischen den britischen Handelsagenturen von Gyantse und Yatung gab es angenehme britische Rasthäuser, aber wir übernachteten noch immer in gemieteten Räumen in Häusern der Dorfbewohner, weil die Diener diese Art von Unterkunft bevorzugten. Auf der Hochebene war es in der Sonne bereits so warm, daß ich glaubte, Indien sei nahe, und ich teilte den Dienern mit, ich würde meine kleinen Zöpfe abschneiden und die Türkisohrringe abnehmen. Sie sagten, das solle ich lieber nicht tun, denn sie hätten keine entsprechenden Instruktionen von zu Hause mitbekommen. Ich wurde sehr wütend, ging hinaus zum Spielen und kam nicht rechtzeitig zum Essen zurück. Am nächsten Morgen veranstaltete ich ein großes Theater, weigerte mich, rechtzeitig aufzustehen, aber niemand dachte daran, mich zu schelten, denn ich war ja nur ein Kind, das seinen Willen durchzusetzen versuchte. Beim ersten harten Wort pflegte ich zu sagen: «Ihr schikaniert uns ja nur, weil wir keine Eltern mehr haben!», und deshalb hatten alle Angst vor mir. Als ich die kleinen Postgebäude von Khangmar erblickte, dachte ich, nun sei aber gewiß die Grenze nach Indien erreicht.

Am Rande der Phari-Ebene sahen wir in der Ferne einen Reiter in roter Jacke auf uns zukommen. Es stellte sich heraus, daß er ein Angestellter der britischen Handelsagentur war. Er überbrachte uns die Nachricht, die MacDonalds seien noch bei den heißen Quellen im nahe gelegenen Khambu, sie würden jedoch bald zurückkehren und mich ins Tschumbi-Tal mitnehmen. Ich war glücklich und ziemlich aufgeregt. Zwei Tage später erreichten wir die Stadt Phari und kehrten im Haus eines

Freundes der Familie ein. Dort erfuhren wir, daß die MacDonalds bereits im Postgebäude von Phari seien, und die Diener sagten, ich solle mein Satinkleid, den neuen Brokathut und meine besten Stiefel anziehen, bevor ich sie besuchte. Zur Begrüßung überreichte ich Mr. MacDonald mit großer Ehrerbietung einen Schal. Seine Töchter Vera und Vicky erwarteten mich auf der Veranda, beide sahen sehr hübsch aus. Sie trugen wunderschöne marineblaue Wollmäntel mit Kragen und Manschetten aus schwarzem Lammfell, und mein erster Gedanke war: «So einen Mantel muß ich auch haben.» Aber als man mir Tee und Kekse reichte, fand ich die Kekse gar nicht so delikat wie die aus Lhasa, und mich überkam Zweifel, ob all das, was Mr. MacDonald uns beim Empfang im Tsarong-Haus erzählt hatte, auch wirklich stimmte.

Phari gilt als schmutzigste Stadt der Welt, und es ist so kalt dort, daß das Getreide nicht reif wird. Man verkauft die Ernte an vorüberziehende Wollhändler als Futter für die vielen Maultiere. Ganz in der Nähe des Ortes ragt die herrliche Johmo Lhari, die Königin der Schneeberge, in den Himmel, und die Einwohner der Gegend sagen, es sei ihr zu verdanken, daß sie alles hätten – Früchte, Gemüse und Tuch aus Indien, Reis und Pfeffer aus Bhutan, Getreide aus Gyantse und Fleisch aus Khampa Dzong.

Am nächsten Tag um neun Uhr früh brachen wir nach Yatung auf. Zu Ehren des britischen Handelsagenten wurden die Posthörner geblasen, eine kleine Militäreskorte begleitete uns, und der Union Jack flatterte der Prozession voran, was mir das Gefühl gab, eine wichtige Persönlichkeit zu sein. Bald erreichten wir das Chumbi-Tal, und als wir in dem kleinen Rasthaus von Gautsa speisten, saß ich zum erstenmal in meinem Leben an einem englischen Tisch. Ich erinnere mich noch genau an die Mahlzeit: Roastbeef und Kartoffeln. Gerade als wir aufbrechen wollten, kam John, einer von MacDonalds Söhnen, mit einer großen Gazelle, die er erlegt hatte. John war groß und hatte eine sehr laute Stimme, die das ganze Zimmer auszufüllen schien.

Je weiter wir ritten, desto besser gefielen mir die Kiefern und das Wasser, das gegen die Felsen schlug und einen entsetzlichen Lärm verursachte, so daß man sein eigenes Wort nicht verstehen konnte.

Durch enge Täler ritten wir immer dem lärmenden Wasser nach und kamen auf die liebliche kleine Hochebene von Lingmathang, wo der Fluß ruhig und friedlich dahinfloß.

Bei Sonnenuntergang erreichten wir das wunderschöne einstöckige Haus der britischen Handelsmission, das im westlichen Stil erbaut und braun und weiß gestrichen war. Es hatte eine lange, verglaste Veranda, und rings um die Eingangstür rankten sich Kletterrosen. Yatung liegt nur 2400 Meter über dem Meeresspiegel, und so wuchsen im Garten Rosen in Hülle und Fülle, und an den Bäumen hingen Äpfel. Ich war sehr überrascht, daß Mrs. MacDonald ein nepalesisches Kleid aus chinesischem golddurchwirkten braunen Satin trug, dazu einen leuchtendrosa Seidenschal um die Schultern und Goldschmuck an Hals und Ohren – und am lustigsten fand ich, daß sie einen Ring durch die Nase trug. Auch Annie, die älteste Tochter, sah wunderschön aus in ihrem weißen Rock und dem Pullover mit kleinen hellblauen Quadraten um die Taille, obgleich sie nicht blond war wie ihre Schwestern Vera und Vicky. Mrs. MacDonald war die Tochter eines Schotten und einer Nepalesin.

Die MacDonalds behandelten mich genauso wie ihre eigenen Kinder, die für mich zu richtigen Geschwistern wurden. Später wurden Vera und ich besonders gute Freundinnen, aber auch Annie habe ich einiges zu verdanken; sie lehrte mich viele Dinge, vom Einfädeln einer Nähnadel bis zur Benutzung von Damenbinden.

Ich überreichte Mrs. MacDonald einen Schal, da ergriff sie freundlich meine Hand, streichelte mich und führte mich in den Salon. Kurz darauf sollte mich das Kindermädchen baden, aber ich war derart eingeschüchtert, daß ich mich einige Tage lang weigerte. Das Mädchen bestand jedoch darauf und überzeugte mich schließlich davon, daß die Töchter des Hauses das Badezimmer nicht betreten würden. Nach einem herrlichen heißen Bad wechselte ich die Kleider und fand zu meiner Bestürzung Läuse in der Hose und in der Bluse, die ich seit unserem Aufbruch aus Lhasa Tag und Nacht getragen hatte. Ich bat Nani Ama, niemandem etwas davon zu sagen und die Kleider an Bettler zu verschenken. Sie versprach zu schweigen, aber ich glaube, sie hat ihr Versprechen gebrochen, denn am nächsten Tag schnitt mir Annie das Haar ab. Dann zeigte sie mir den umfangreichen Katalog einer Firma aus Kalkutta und sagte, ich solle Haarbürste, Kamm, Hosen und Pullover bestellen, die schon bald darauf mit der Post eintrafen. Nach und nach kleidete ich mich europäisch und verschenkte all meine tibetischen Kleider; als ich jedoch nach Darjeeling reiste, mußte ich meinen eigenen Koffer benutzen, der mit Fell bezogen war und roch. Das war mir außerordentlich peinlich.

Bevor meine Diener nach Lhasa zurückritten, verbrachten sie einige Tage im Basar von Yatung als Gäste von Apa Entsching, dem berühmten Wirt vieler Reisenden. Beim Abschied waren wir alle traurig, meine Dienerin und ich weinten so sehr, daß Mr. MacDonald sagte, sie könne bleiben, bis ich zur Schule müsse. Aber ich wollte lieber, daß sie gleich nach Lhasa zurückkehrte.

Während meines sechsmonatigen Aufenthaltes in Yatung taten die MacDonalds alles, um mich aufzuheitern. Sie zeigten mir die umliegenden Klöster und kochten tibetische Speisen. Alle Leute im Ort waren ausgesprochen freundlich zu mir, und ich hatte kein allzu großes Heimweh; nur Neujahr weinte ich den ganzen Tag, und obgleich die tibetischen Angestellten aus dem Büro der Handelsmission herüberkamen und mir *Taschi-Delek*-Mehl brachten, blieb ich im Bett und weigerte mich sogar, zu einer Feier zu gehen, zu der man mich eingeladen hatte. Mein Leben lang hatte ich die sehr schlechte Angewohnheit, immer meinen Kopf durchzusetzen

– das ist selbst heute noch der Fall. Aber jetzt beobachte ich mich und versuche soweit wie möglich, diesen Fehler zu korrigieren.

Die MacDonalds waren fromme Christen. Sie unterhielten eine Tagesschule, in der Vera und Vicky Englischunterricht erteilten; zwei nepalesische Lehrer unterrichteten Nepali und Hindi. Einige Leute wurden getauft, aber die MacDonalds versuchten nie, auch mich zu ihrem Glauben zu bekehren. In dieser Schule nannte man mich Dölma, das ist der tibetische Name für die indische Göttin Tara und bedeutet soviel wie Beschützerin. Annie fragte mich eines Tages, ob ich den Namen Mary annehmen wolle, bevor ich nach Darjeeling ging, Mary sei der Name der Mutter Jesu. Für mich war es dasselbe wie Dölma, denn auch die Mutter Jesu ist schließlich eine Beschützerin. Ich stimmte also zu und bin seither für alle meine Freunde Mary.

Im März 1922 reiste ich mit den beiden MacDonald-Kindern Pauline und David nach Darjeeling. Für den Ritt nach Kalimpong brauchten wir der schlechten Wegstrecke wegen sieben Tag. Annie begleitete uns, und wir überquerten den schneebedeckten Jelap-Paß, der 4800 Meter hoch ist. Damals gab es in Kalimpong weder Autos noch Elektrizität. Nach einem weiteren Tagesritt erreichten wir Ghoom, wo wir in den Zug nach Darjeeling stiegen – er schien mir entsetzlich groß, und ich hatte fürchterliche Angst, als er pfiff.

In Mount Hernon, dem amerikanischen Methodisten-Internat, kam ich zunächst in den Kindergarten. Im ersten Jahr fühlte ich mich ziemlich unwohl; ich verstand kaum Englisch, und Pauline erklärte mir deshalb alles in Nepali, einer Sprache, die ich in Yatung gelernt hatte. Bald schon kam ich in die erste Klasse, wo die freundliche Miss Hannah unterrichtete, die stets ein Lächeln für uns übrig hatte. Die Lehrer mochten mich gern, und ich schloß mit allen Mädchen Freundschaft. Die meisten waren Amerikanerinnen oder Engländerinnen, doch gab es auch einige Anglo-Inderinnen, allerdings keine reinen Inderinnen. Als Tochter des Tsarong achteten mich die Tibeter aus Darjeeling sehr. Ich trug europäische Kleidung, und die Schuluniform gefiel mir.

Ich war gut in Arithmetik, die meisten Stunden machten mir Spaß, obgleich ich kein Lieblingsfach hatte. Das Essen in der Schule war zwar gut, doch geriet ich erneut in Schulden, weil ich Kuchen und andere Süßigkeiten kaufte. Ich war eigentlich gar nicht besonders naschhaft, aber man schließt wesentlich leichter Freundschaften, wenn man eine Menge Süßigkeiten hat. Außerdem bekam ich keine Pakete von zu Hause wie die anderen Kinder, und weil ich ihnen nicht immer verpflichtet sein wollte, kaufte ich auf Kredit von den indischen Kuchenverkäufern, die mit großen, flachen Schachteln auf dem Kopf in die Schule kamen. Zwei- oder dreimal im Jahr schickte mir Tsarong eine hübsche tibetische Geldtasche mit hundert glänzenden Rupien, die aussahen, als seien sie frisch geprägt. Er schickte mir auch indische Briefmarken von hohem Wert, und ich besaß eine Lederbörse voller tibetischer Geldstücke. Eines Tages verlangte der Kuchenverkäufer von mir die fünfzehn Rupien, die ich ihm schuldete, weil er in seinen Heimatort reisen und seine Familie besuchen wollte. Er war wütend, als ich ihm statt dessen Briefmarken und tibetische Münzen anbot, und drohte, mich beim Direktor zu melden. (Ich hätte ihn ruhig gewähren lassen sollen, dann wäre er nämlich in Schwierigkeiten geraten, weil er mit Schülern Geschäfte abschloß.) Schließlich akzeptierte er die leere Lederbörse als Bezahlung.

Wir kauften immer Birnen bei einem Obstverkäufer, der in der Nähe der Bahnstation stand. Das war verboten, und als ich an die Reihe kam, zog ich meine blauen Pumphosen aus Drillich an und verbarg die Birnen in den Hosenbeinen. Als ich die Treppe halbwegs wieder hinaufgestiegen war, traf ich die Direktorin, Miss Stahl, und ausgerechnet in diesem Augenblick rutschte eine große Birne aus meinem Hosenbein, rollte und hüpfte und sprang mit lautem Gepolter Stufe um Stufe die

Treppe hinunter. Miss Stahl fragte mich, was das zu bedeuten habe, und als ich noch eine Stufe emporstieg, kullerte eine zweite Birne geräuschvoll die Treppe hinab. Miss Stahl wiederholte ihre Frage: «Was hat das zu bedeuten?» Ich verzog das Gesicht, stand still und schwieg. Die Direktorin mochte mich sehr gern, und als ich das Gesicht verzog, glaubte sie wohl, ich würde weinen, und ließ mich daher in Frieden. Ich genoß viele Privilegien, weil ich aus Tibet kam. Wenn die Mädchen ins Kino gehen wollten, schickten sie gewöhnlich mich, um die Erlaubnis einzuholen, und die Direktorin sagte meistens: «Natürlich, Mary kann in Tibet ja keine Filme ansehen.»

Ich besuchte mit den anderen Mädchen regelmäßig die Kirche, nahm Bibelstunden und verehrte Christus. Dennoch behielt ich meinen Glauben an Buddha und an Dölma, meine Karma-Gottheit – die Göttin, die mich in all meinen früheren Inkarnationen beschützt hatte.

Nach neun Monaten kamen unsere Diener, um mich für die Ferien heimzuholen. Es war Anfang Dezember, und auf der Phari-Ebene wehte mich ein Schneesturm beinahe vom Pferde. Alles fror zu Eis, selbst die Maske, die ich als Schutz vor dem Gesicht trug, und ich weinte viel wegen der Frostbeulen und Blasen, denn die Strapazen waren für ein Kind nahezu unerträglich.

In Yatung erfuhr ich, daß der Prinz von Taring bei den MacDonalds zu Besuch weilte. Ich wollte ihm nicht begegnen und mied aus diesem Grunde die Agentur. Auf dem Rückweg zur Schule schalt mich Mrs. MacDonald tüchtig, weil ich sie so lieblos behandelt hatte; ich versicherte ihr, daß es nicht geschah, weil ich sie nicht mochte, sondern weil ich eine Begegnung mit dem Prinzen scheute.

In Gyantse sagte mir der tibetische Handelsagent, meine Familie wolle mich am Telefon von Lhasa aus sprechen. Diese Telefonleitung von 136 Meilen Länge war unmittelbar zuvor auf Kosten der tibetischen Regierung gelegt worden, und zwar mit technischer Unterstützung der Engländer in Indien. Der tibetische Handelsagent besaß das einzige Telefon in Gyantse. Die Verbindung war derart schlecht, daß wir uns auf ein paar Zurufe beschränken mußten, ohne daß einer den anderen richtig verstanden hätte.

Auch auf dieser Reise weigerte ich mich, direkt auf das Ziel loszureiten, und galoppierte häufig Tieren nach oder stieg ab, um auf dem Eis zu rutschen. Der freundliche alte Pferdeknecht Tschampa Tsering ließ mir stets meinen Willen. Ich brachte ihn dazu, daß er sich in den Dörfern am Wege das Gesicht bemalte, dann band ich ihm einen Schal um den Hals, und er mußte so tun, als sei er ein Prophet in Trance, und die Dorfkinder erschrecken. Ich rief ihn dann zurück und sagte den Kindern, es sei nur ein Spaß, und verteilte Süßigkeiten. Als wir Lhasa erreichten, war Tschampa Tsering sehr krank und zitterte am ganzen Körper; der Koch sagte, die echten Propheten seien böse, weil er vorgegeben hatte, einer der ihren zu sein. Aber er erholte sich nach ein paar Tagen wieder.

Obgleich ich erst sehr kurze Zeit eine europäische Schule besucht hatte, war ich bereits sehr westlich eingestellt. Aus Kalimpong hatte ich an Pema Dolkar geschrieben und ihr mitgeteilt, ich müsse zum Frühstück stets Brot oder Teekuchen haben, weil ich vergessen hätte, wie man *Tsampa* ißt, und ich müsse in einem Bett schlafen anstatt auf Polstern, die auf der Erde lagen. Als ich nach Lhasa kam, taten meine Verwandten ihr Bestes: Sie servierten das Essen auf englische Art, und in Gyatso und im Tsarong-Haus hatte ich ein eigenes Bett. Ich bildete mir ein, eine Menge gelernt zu haben und Tschangtschup Dölma und all meinen früheren Klassenkameraden weit überlegen zu sein. Ich gab tüchtig an, trug nur noch meinen englischen Mantel, mein Schulabzeichen und die langschäftigen Stiefel – herrliche Stiefel, die ein chinesischer Schuster für mich in Kalimpong angefertigt hatte.

Die Ferien verbrachte ich weitgehend in Gyatso mit Pema Dolkar und Tsarong. Eines Tages traf eine Botschaft von Seiner Heiligkeit ein, in der Tsarong gefragt wurde, ob ich aus Indien interessantes, ungewöhnliches Schreibmaterial mitgebracht hätte. Nicht einmal an meine Schulbücher hatte ich gedacht, geschweige denn an Schreibzeug, aber Tsarong bestand darauf, daß ich Seiner Heiligkeit einen Besuch abstatten müsse. Er nahm mich eines Morgens mit und ließ mich am Tor warten. Wegen des besonderen Anlasses trug ich meinen Strohhut über dem kurzgeschnittenen Haar, lange Stiefel und ein wattiertes tibetisches Winterkleid aus purpurner Seide. Bald schon holte mich ein Diener und führte mich in einen Raum, wo Seine Heiligkeit auf einem niedrigen Podest saß. Als Tsarong mir sagte, ich solle mich verneigen, zögerte ich, weil es zwei verschiedene Formen gab und ich nicht wußte, welche die vorgeschriebene war. Dennoch tat ich das Richtige, indem ich mich dreimal sehr tief verneigte und den Boden mit der Stirn berührte. Als ich meinen Schal und ein glückbringendes Paket mit zwanzig *Tamkas* überreicht hatte, die wie ein Schneeball in ein weißes Tuch eingewickelt waren, segnete mich Seine Heiligkeit mit den Händen und erkundigte sich nach der Bedeutung meines Haarbandes. Tsarong erklärte, es solle mein Haar aus dem Gesicht halten. Ich wurde gebeten, mich zu setzen, obgleich Tsarong und die übrigen Anwesenden stehen blieben, und Seine Heiligkeit fragte nach meiner Schule, während Tee und Reis serviert wurden. Ich hatte meine kleine hölzerne Schale eingesteckt und nahm Tee und Reis, wie ich es vorher zu Hause gelernt hatte. Nach etwa zwanzig Minuten ließ mir Seine Heiligkeit von einem der Diener Süßigkeiten bringen, und ich erhielt die üblichen glückbringenden Pasteten, für die ich eine Serviette in der Tasche trug. Dann gab Tsarong mir ein Zeichen, ich solle mich zum Abschiedssegen erheben, und ich erhielt einen großen Schal und einen kleinen, den mir Seine Heiligkeit selbst um den Hals band und der mich vor Unheil beschützen sollte. Ich ging ein paar Schritte rückwärts, wandte mich dann um und verließ den Raum. Ich war sehr stolz und glücklich über die Begegnung mit dem Dalai Lama, denn es ist selten, daß einem kleinen Mädchen eine Sonderaudienz gewährt wird.

In den Jahren, da Tsarong Oberbefehlshaber war, stand er Seiner Heiligkeit sehr nahe und nahm gelegentlich seinen kleinen Sohn Dadul Namgyäl mit, während das Kindermädchen vor dem Tor wartete. Einmal fragte der Dalai Lama Dadul Namgyäl, der damals vier oder fünf Jahre alt war, ob er ihm eines seiner Spielzeuge schenken wolle – und die Familie lachte noch lange über die Antwort des Kindes: Dadul Namgyäl hatte nämlich erwidert, er wolle Seiner Heiligkeit gern den zerbrochenen Hahn schenken. Damals war es Tsarong gestattet, den Dalai Lama in alten weißen Tweedhosen und Jakkett oder wie ein gewöhnlicher Soldat in Khaki gekleidet zu besuchen. Beim herbstlichen Badefest Tschapschug hatte Seine Heiligkeit besonderen Spaß am Drachensteigen, und Tsarong rannte in seinem scharlachroten Seidengewand hinter ihnen her und holte sie zurück.

Damals besuchte ich häufig den Dschokhang, unseren kostbarsten Tempel, um mir den Segen der heiligen Statuen, Bücher und der anderen heiligen Gegenstände zu sichern. Der Dschokhang wurde vor etwa 1300 Jahren auf Weisung der nepalesischen Prinzessin Balsa erbaut, die unseren König Songtsan Gampo geheiratet hatte. Als der König den Vater der Prinzessin um ihre Hand bat, befahl ihr der Vater, nach Tibet zu gehen. Teil ihrer Mitgift war eine äußerst wertvolle Statue Buddhas, die er angeblich eigenhändig gesegnet hatte. (Das leere Podest der Statue ist noch heute in Nepal zu sehen.) Balsa wollte in Lhasa für diese Statue einen Tempel errichten und fragte deshalb Gyasa – die chinesische Frau des Königs – nach einem Bauplatz. Sie riet ihr, den Tempel in einem kleinen See innerhalb der Stadt bauen zu lassen; Balsa jedoch hatte Zweifel, ob das richtig sei, und fragte ihren Mann um Rat, der ihr nach Gebeten und Meditation bestätigte, der See sei genau der richtige Ort. Damit er aufgefüllt werden konnte, mußten viele, viele Ziegen Erde und Steine auf ihrem Rücken herantragen, und ihnen zu Ehren befand sich die Statue einer Ziege im Dschokhang. Das dreistöckige Gebäude bestand aus Holz und Stein, und die herrliche Architektur zeigte indische, chinesische und tibetische Einflüsse. Die Menschen- und Tierskulpturen auf den Säulen, die das Dach trugen, hatten große Ähnlichkeit mit jenen der Ruinen von Buddha Gaya und von Sarnath. Offenbar rief Balsa einige indische Architekten zur Hilfe, der Oberbaumeister jedoch war Tibeter. Der Tempel bestand aus großen Sälen, in denen sich die Mönche am *Monlam*-Fest versammelten. Viele kleine Heiligtümer und Schreine enthielten verschiedene Buddhastatuen. Der Tempel stand im Zentrum Lhasas mitten auf dem Marktplatz, dem Barkor, der die stolzen Maße von einer Meile Durchmesser hatte. Viele dreistöckige Häuser von Adligen säumten den Barkor, das Erdgeschoß war meistens als Laden an Händler vermietet. Der Eingang des Dschokhang wies nach Südwesten. Der äußere Hof war mit Steinplatten gepflastert, die glänzten, weil sich dort viele Menschen zu Boden warfen, die für ihre Sünden büßen wollten, indem sie sich körperlichen Schmerz zufügten. Im Dschokhang befanden sich auch die meisten Regierungsstellen; die Räumlichkeiten des *Kaschag* waren sehr beschränkt, weil jedoch der Segen der Gottkönige auf ihnen ruhte, war der *Kaschag* äußerst kostbar, und die Regierung zog nie in Betracht, ein größeres Gebäude zu errichten. (Weitere Amtsstellen des *Kaschag* befanden sich im Potala und im Norbu-Lingka-Palast, und die *Schap-pēs* mußten abwechselnd ein Jahr lang im Norbu-Lingka-Palast gemeinsam mit den Mönchsbeamten der täglichen Teezeremonie beiwohnen und dem Dalai Lama nach Belieben zur Verfügung stehen. Der diensthabende *Schap-pē* mußte den gesamten *Kaschag* bewirten – *Schap-pēs*, Angestellte und Diener –, und zwar jeden Donnerstag, wenn sie Seiner Heiligkeit über ihre Arbeit Bericht erstatteten und eine Versammlung abhielten.)

Viele Räume hatten Fenster auf den äußeren Hof des Dschokhang, aus einem beobachtete der Dalai Lama die religiösen Zeremonien. Der innere, mit Platten ausgelegte Hof bot Raum für etwa 10 000 Mönche, die sich dort während des Großen Gebetsfestes drängten. Die Säulen wurden dann mit altem Satin und Brokat geschmückt, und für den Dalai Lama stand ein besonderer Sitz bereit, wenn er sich zu den betenden Mönchen gesellte. Den Haupttempel umgaben viele kleine Heiligtümer und Schreine mit Statuen und *Stupas* (Mausoleen) aus Gold und Silber. Schreine und Hauptgebäude trennte ein gepflasterter Weg, dessen Seiten Tausende von kleinen Gebetsrädern säumten, die von den Besuchern unaufhörlich gedreht wurden. Es hieß, König Songtsan Gampo und seine beiden Königinnen hätten sie dort aufgestellt. Alle Wände waren mit Szenen aus dem Leben Buddhas herrlich bemalt, in ihren Mußestunden schauten sich die Leute die Bilder an und erfreuten sich an ihnen.

Am Haupteingang des Tempels standen riesige Steinplatten, und eine von ihnen trug einen Fußabdruck des 13. Dalai Lamas. Am inneren Tor hing die große Glocke mit lateinischer Inschrift, die französische Jesuiten im 17. Jahrhundert nach Lhasa gebracht hatten, und es gab eine Anzahl mächtiger Friese mit goldenen chinesischen Schriftzeichen, die verschiedene chinesische Kaiser dem Dschokhang geschenkt hatten. Wenn man eintrat, blickte man auf eine neun Meter hohe Statue Tschampas, dem Gott der Liebe, die im offenen Zentrum des Gebäudes stand. Man erblickte sie zwar sofort beim Eintreten, besuchte jedoch zunächst alle anderen Heiligtümer, bevor man die Statue aufsuchte, weil Tschampa noch nicht auf die Erde gekommen ist. Butterlampen erhellten das dunkle Tempelinnere. Der diensthabende Mönch und seine 100 Assistenten durften die überzähligen Butteropfer verkaufen und den Profit für sich behalten.

Die bedeutendsten Heiligtümer hatten Butterlampen aus reinem Gold und Silber, die einen halben Meter hoch waren. Die Kronen der Statuen waren aus Gold, besetzt mit kostbaren Diamanten, Rubinen und Perlen, die Gesichter hatten reiche

Gläubige über und über mit Gold bemalen lassen. Des weiteren stand im Dschokhang auf einem Sandelbaum, der mitten im Tempel wuchs, eine große Statue von Tschenresig, dem Herrn der Gnade, dessen Reinkarnation der Dalai Lama ist.

Einer der Schreine im ersten Stockwerk des Dschokhang enthielt Statuen des Königs Songtsany Gampo und seiner beiden Königinnen. Der König trug Gyasas Ring am Finger, und die Leute sagten, wenn man zu diesem Ring betete, ginge ein Wunsch in Erfüllung.

Im dritten Stock befanden sich auf einer Veranda unter dem vergoldeten Dach das *Latschag* (Finanzbüro) und die Schreine etlicher Gottheiten und Minister des Königs Songtsan Gampo. Der wichtigste Minister war Thomi Sambhoda, der seinerzeit vom König mit 16 Begleitern nach Indien geschickt worden war, um Sanskrit zu studieren. Er und sein Gefolge erreichten Kaschmir nach einer außerordentlich beschwerlichen Reise, die Jahre dauerte. Der König hatte ihm Gold gegeben, damit er seine Lehrer bezahlen und alle Unkosten decken konnte. Die Lehrer waren Lipi Kara und Devavidyasimha, und als Thomi Sambhoda nach Tibet zurückkehrte, beherrschte er das Sanskrit perfekt, die meisten seiner Begleiter waren jedoch in Indien gestorben.

Viele Jahre lang hatte es in Tibet ein Buch gegeben, das niemand lesen konnte, man nannte es «Das Geheimnis». Es stammte aus Indien, und dem tibetischen König Tho-Tho-ri träumte eines Nachts, nach vier Generationen werde ein König das Buch verstehen. Als Songtsan Gampo mit Sambhodas Hilfe das Buch gelesen hatte, wurde der Buddhismus in Tibet eingeführt.

Sambhodas Statue hielt stets ein Buch in der Hand, weil er es gewesen war, der die tibetische Schrift entworfen hatte, die auf dem Sanskrit basiert. Unsere geschriebene und gesprochene Sprache gleicht nicht dem Chinesischen, obgleich viele Leute behaupten, es bestünde einige Ähnlichkeit. Die tibetische Grammatik ist sehr komplex und die Schriftsprache häufig wunderschön. Sie hat trotz allem den Vorzug, daß man selbst wichtige Texte verfassen kann, ohne mit der Grammatik oder der Rechtschreibung vertraut sein zu müssen.

Als Sambhoda das tibetische Alphabet von dreißig Buchstaben erfand, fiel es ihm sehr schwer, für sechs Laute Buchstaben zu entwerfen. Er wußte nicht, was er tun sollte, und wollte schon verzweifeln, als er im Traum einen Mann sah und ihn fragte, wohin er ginge – die Antwort enthielt einen Hinweis auf die fehlenden Buchstaben. Sambhoda wird bis auf den heutigen Tag verehrt, und das Buch, das Teil seines Bildnisses ist, wurde oft von Gläubigen berührt – besonders von Kindern, die seinen Segen erlangen und so klug werden wollten wie Sambhoda.

Viele Prinzen hatten um die Hand der chinesischen Prinzessin Gyasa angehalten, aber unser König gewann sie, und zwar durch die Klugheit seines Ministers Gar-Tongtsan. Es heißt, der chinesische König habe für die Prinzen, die um die Hand seiner Tochter anhielten, diverse Wettbewerbe veranstaltet, und Gar-Tongtsan habe sie alle gewonnen. In einem der beiden letzten Wettbewerbe erhielten alle Bewerber einen Türkis, dessen Durchbohrung sehr kompliziert war, und es galt, einen Faden hindurchzuziehen. Gar-Tongtsan fing eine kleine Ameise, band ihr den Faden um den Leib und ließ sie durch das Loch kriechen. Wenn tibetische Mädchen heiraten, überreicht ihnen ihr Mann seither einen Pfeil, und die Mitgift eines jeden Mädchens muß ein Abbild Buddhas oder Dölmas enthalten.

Zuletzt forderte der König die Prinzen auf, aus einer Reihe schöner Mädchen, die alle gleich gekleidet waren, die Prinzessin herauszufinden. Er versprach demjenigen seine Tochter zur Frau, der sie erkannte, und so versuchte Gar-Tongtsan, die Kammerzofe der Prinzessin mit Gold zu bestechen und sie zu überreden, ihm zu helfen. Sie erwiderte, wenn der König davon erführe, verlöre sie ihr Leben. Gar-Tongtsan schlug vor, sie solle durch ein Kupferrohr sprechen, während er ein Eisenrohr an seinen Mund hielt – wodurch vermieden wurde, daß der Astrologe ihre Unterredung entdeckte. Die Kammerzofe willigte ein, und auf diese Weise erfuhr der Minister, daß ununterbrochen eine Fliege vor dem Gesicht der Prinzessin umherfliegen würde. Beim Wettbewerb rieten alle Prinzen falsch, der tibetische Minister aber deutete mit seinem Pfeil sogleich auf das richtige Mädchen. Die chinesischen Astrologen waren außerordentlich kluge Leute, und der König drängte sie festzustellen, wer Gar-Tongtsan einen Hinweis gegeben hatte. Sie brachten allerdings nur heraus, daß eine Person mit Kupferlippen sich mit einer Person mit Eisenlippen unterhalten hatte.

Von früh bis spät strömten die Besucher in den Dschokhang. Während der religiösen Festlichkeiten und am Tage des Vollmonds bildeten sich lange Schlangen, und ungeachtet des Ranges mußten alle warten, bis sie an der Reihe waren und vor den Schreinen beten konnten.

Als Schulmädchen legte ich im alten Tempel im Angesicht Buddhas den Schwur ab, niemals zu lügen oder jemandem weh zu tun. Ich tat dieses Gelübde als Dank dafür, daß mir meine Mutter das Leben geschenkt hatte, in Erinnerung an die Liebe, die sie uns gegeben, und an die Sorgen, die sie sich um uns gemacht hatte. Ich legte das Gelübde an ihrem Todestage ab, am achten Tag des dritten Monats, und ich erneuere es jedes Jahr am gleichen Tag.

Zum Andenken an meine Eltern hatten Pema Dolkar und Tsarong die drei großen Klöster beschenkt, und am Todestag meiner Eltern sprachen viele Mönche besondere Gebete für sie. Auch hatte Tsarong aus Kalkutta große gußeiserne Kessel kommen lassen, in denen Butter geschmolzen wurde. Er schenkte sie den Lamas, die meiner Mutter damals geholfen hatten, als sich unsere Familie in Schwierigkeiten befand.

Bei meiner Rückkehr zur Schule nach Darjeeling war es entsetzlich kalt, und die Reise war sehr gefährlich: Im Frühling sind die Pässe völlig zugeschneit, und man kann leicht umkommen. Das zweite Schuljahr machte mir wesentlich mehr Spaß als das erste, und im folgenden Winter verbrachte ich die Ferien bei den MacDonalds in Kalimpong, was ausgesprochen lustig war. Der Prinz von Taring besuchte damals die St.-Pauls-Schule in Darjeeling und wohnte mit seiner Tante Rani Dordsche während der Ferien ebenfalls in Kalimpong. Er kam häufig zu uns, um mit seinem Freund Joe MacDonald zu spielen, und brachte Süßigkeiten vom Markt mit. Manchmal besuchten wir ihn auch im Bhutan-Haus. Er war ein stiller Junge. Ich tanzte gern, und wir legten oft alte Platten mit Foxtrott- und Walzermelodien auf und tanzten ausgelassen dazu. Ich war die erste Tibeterin, die eine englische Schule in Indien besuchte, und der Prinz von Taring war dort der erste tibetische Junge.

Am besten jedoch gefiel mir das dritte Schuljahr. Ich war damals fünfzehn, schloß mich den Pfadfindern an und machte alle Unternehmungen dieser Gruppe mit. Ich war in der vierten Klasse und hatte einige gute Freundinnen gewonnen; mit vielen von ihnen stehe ich noch heute in Verbindung. Sylvia Baxter, meine beste Freundin, war stets Klassenerste und half mir sehr beim Lernen. Allerdings war ich nicht besonders eifrig, ich lernte nur gerade so viel, daß ich mich nicht besonders anstrengen mußte. Glücklicherweise habe ich ein ausgezeichnetes Gedächtnis.

6 Meine erste Heirat

Während des dritten Schuljahres kamen viele äußerst besorgniserregende Gerüchte aus Lhasa. Angeblich wollten die Klöster Tsarong angreifen, weil sie ihn verdächtigten, probritisch eingestellt zu sein. Außerdem fürchteten sie, die Reformen, die er so schnell wie möglich durchführen wollte, könnten ihre eigene Macht schmälern. Er war damals gerade dabei, die Armee neu zu organisieren, denn er erkannte deutlicher als jeder andere, wie notwendig ein ausgebildetes Heer für die Unabhängigkeit Tibets war. Aber seine Feinde bezichtigten ihn, er wolle mächtiger sein als der Dalai Lama und die Regierung übernehmen. Ich hatte große Angst um meine Verwandten und fürchtete, es könne zu einer neuen Verschwörung kommen wie damals gegen meinen Vater.

Seine Politik als Oberbefehlshaber schuf Tsarong viele Feinde, als Privatmann allerdings liebten und respektierten ihn die meisten. Die großen Klöster und die adligen Familien hatten bisher nie hohe Abgaben an die Regierung entrichtet. Um die hohen Unkosten für ein stehendes Heer decken zu können, schufen Seine Heiligkeit und der *Kaschag* ein neues Ressort, das das Besteuerungssystem revidieren und je nach Größe erheblich mehr Geld von Klöstern und Gütern einziehen sollte.

Das Kloster des Pantschen Lama, Taschi Lhünpo, besaß ausgedehnte Ländereien und mußte demzufolge hohe Steuern entrichten. Die Beamten des Pantschen waren verstimmt, obgleich der 6. Pantschen Lama selbst ein freundlicher, höflicher Mann war, der niemals auch nur den geringsten Ärger verursacht hätte. Seit Jahrhunderten schon bemühten sich die Chinesen in ihrem Versuch, Tibet zu beherrschen, den Pantschen Lama und sein Gefolge gegen den Hof des Dalai Lama aufzuwiegeln. Nach der Flucht Seiner Heiligkeit nach Indien im Jahre 1910 verhielten sich die Beamten des 6. Pantschen Lama den Chinesen gegenüber ausgesprochen freundlich – wenngleich der Pantschen Lama selbst sich weigerte, mit ihnen zusammenzuarbeiten. Als die neuen Steuern erhoben wurden, glaubten diese Beamten, sie würden dafür bestraft, daß sie den Chinesen geholfen hatten, und sie befürchteten weitere Repressalien. Am 15. Tage des 11. Monats im Wasser-Schwein-Jahr (1923) flohen sie nach China, nachdem sie den vierzigjährigen Pantschen Lama überredet hatten, mit ihnen zu gehen.

Die Flucht des Pantschen Lama verursachte in ganz Tibet große Angst, denn jedermann wußte, daß die Chinesen die Unzufriedenheit seines Gefolges durchaus als Vorwand für eine neue Invasion des Landes nehmen konnten. Es war eine um so bedauerlichere Angelegenheit, weil die Freundschaft der beiden Hohen Lamas weiterhin ungetrübt blieb, auch wenn sie sich kaum trafen, weil ihre Gefolgsleute untereinander verfeindet waren. Vier oder fünf Jahre zuvor hatte der Pantschen Lama den Dalai Lama in Lhasa besucht. Sie hatten viele Stunden im gemeinsamen Gespräch verbracht, und es hieß, der Pantschen Lama habe beinahe den Zeitpunkt seines Aufbruchs vergessen. Als er schließlich ging, geleitete ihn der Dalai Lama persönlich zum Vordereingang – in der einen Hand trug er eine Laterne, mit der anderen führte er den Pantschen Lama. Man wußte, daß sie sich sehr gut verstanden, und auch nach der Flucht des Pantschen Lama konnte sich niemand vorstellen, daß sie nun Feinde sein sollten.

Als ich von der Flucht des Pantschen Lama erfuhr, machte ich mir noch mehr Sorgen um meine Familie, und am liebsten wäre ich sofort heimgereist, weil ich Angst hatte, allein und ohne Unterstützung in Indien zurückgelassen zu werden. Aber trotz meiner Angst mußte ich noch eine Weile in der Schule bleiben.

Im Jahre 1924 war es Tsarong weitgehend gelungen, die tibetische Armee zu stärken. Er, Lungschar und Kunphela – die drei Favoriten des Dalai Lama – waren damals sehr einflußreich, und es hieß, sie seien extrem eifersüchtig aufeinander gewesen; aber ich weiß, daß Tsarong auf niemanden eifersüchtig war. Die älteren Generäle, die Tibet viele Jahre lang treu gedient hatten, befanden sich noch immer auf einem Feldzug in Kham.

Einige junge Generäle der neuorganisierten Armee waren bei den Engländern in Gyantse oder Indien ausgebildet worden und hielten sich für äußerst bedeutend und progressiv, was wiederum die älteren ärgerte. Einem Gerücht zufolge, das in Lhasa umging, gab es Unstimmigkeiten unter den Zivil- und Militärbeamten; daß das Gerücht der Wahrheit entsprach, erwies sich während einer Zusammenkunft des *Tsongdu* (Nationalversammlung), als die Besteuerung der Güter der *Kaschag*-Minister und der Generäle diskutiert wurde. Die jungen Generäle, mit Tsarong an der Spitze, forderten den *Tsongdu* auf, einen Militärrepräsentanten zuzulassen. Die Versammlung erwiderte darauf, diese unerhörte Forderung könne nicht berücksichtigt werden, und Lungschar, der Vorsitzende des *Tsongdu*, ermutigte die Klöster, Tsarongs Antrag bei ihrem Feldzug gegen ihn auszuschlachten. Der Potala und der Norbu-Lingka-Palast wurden von Mönchen schwer bewacht, denn man erwartete eine Übernahme durch das Militär. Die überraschten Generäle sammelten sofort ihre Truppen. Aber nichts geschah, man beschuldigte die Militärs lediglich, auf gesetzwidrige Weise den *Tsongdu* unterbrochen zu haben, zwei *Dapons* (Generäle) und ein *Schap-pē* wurden verabschiedet.

Tsarong erhielt den Auftrag, das staatliche Münzamt in Yatung zu inspizieren, und von dort aus unternahmen er und Pema Dolkar eine Pilgerfahrt nach Indien und Nepal. Sie trafen 1924 während meiner Winterferien in Darjeeling ein und nahmen mich mit nach Kalkutta, Bombay, Buddha Gaya, Benares, Kuschinaga und Katmandu. Weil Tsarong Oberbefehlshaber der tibetischen Armee und Oberster *Schap-pē* des *Kaschag* war, stellte ihm die britische Regierung einen offiziellen Begleiter zur Verfügung, und zwar Rai Bahadur Norbu Dhondup, Zweiter Regierungsbeamter in Sikkim. Tsarong war dennoch stets wachsam, denn er fürchtete die Rache der vielen Chinesen in Kalimpong, die 1912 aus Tibet vertrieben worden waren.

In Kalkutta dolmetschte Rai Bahadur Norbu Dhondup für Tsarong, und ich übersetzte für meine Schwester. Lord Reading lud uns zum Lunch in das Haus des Vizekönigs ein, und Pema Dolkars Haarschmuck erregte großes Aufsehen bei den Gästen. Unsere Freunde Oberst Eric Bailey und seine Frau begleiteten uns.

Die Tibeter durften in Indien steuerfrei einkaufen, und Tsarong erwarb viele Möbel, Juwelen, 150 Mauserpistolen zum Verschenken und Verkaufen (unser Volk liebt Waffen aller Art) und besondere Geschenke für Seine Heiligkeit – unter anderem eine große chinesische Porzellanschale und zwei Papageien, von denen einer schneeweiß war.

Im riesigen Laden von Whiteaway, Laidlaw und Co. führte uns der Geschäftsführer durch alle Abteilungen und schenkte Pema Dolkar und mir je eine Flasche Parfum. Tsarong und Pema Dolkar kauften Unmengen ein – ich armes Ding jedoch ging leer aus. Ich hatte das Ganze allmählich gründlich satt, weil ich stets dabeisein und dolmetschen mußte. Jede freie Minute nutzte ich, um mich ins Bett zu legen und zu schlafen. Einmal kündigte ich an, nach Kalimpong zurückzukehren, weil alles so langweilig für mich sei, aber einer der älteren Diener sagte, es sei recht gut für mich, wenn ich die heiligen Orte aufsuchte, und dies war jetzt recht günstig, weil die britische Regierung unsere Fahrkarten bezahlte.

Unser Besuch in Nepal war äußerst denkwürdig. Damals erhielt kein Europäer die Erlaubnis, die Grenze zu überschreiten, und man wußte nur wenig über das Land. Die Eisenbahn hielt in der Grenzstadt Raxaul, von dort aus regelte die nepalesische Regierung unsere Weiterreise. Unter den Begleitern, die uns von der Regierung zur Verfügung gestellt wurden, befand sich auch Baghadur, ein junger Offizier, der als Kind in Lhasa gelebt und gemeinsam mit Samdup Tsering und Pema Dolkar die Schule besucht hatte.

Für die schlechte Straße von Raxaul nach Tschisupani Ghat stellte man uns Autos zur Verfügung. Die Nacht verbrachten wir in einem nepalesischen Gästehaus. Von Tschisupani Ghat aus wurden alle zehn Mitglieder unserer Reisegesellschaft, einschließlich Dadul Namgyäl und sein Kindermädchen, in einer Art Sänften von je vier oder mehr kräftigen Männern getragen. Wir legten eine lange Strecke zurück und überquerten einen hohen Paß. Abend für Abend kampierten wir in herrlichen Zelten, und viele Nepalesen kamen zu Besuch.

Am nächsten Morgen überquerten wir den Paß, von dem aus man auf die herrliche alte Stadt Katmandu mit ihren vielen Tempeln hinabschaute, die sich in ein liebliches weites Tal schmiegt. Im Hintergrund der Stadt ragen hohe, schneebedeckte Himalajagipfel in den Himmel, eine ganze Kette, die sich meilenweit nach Osten und Westen erstreckt. Am Fuß dieses Passes schlugen wir unsere Zelte auf, und als einige Generäle im Streitwagen erschienen, um Tsarong zu begrüßen, wurden Salutschüsse abgefeuert und eine Ehrengarde aufgestellt. Man brachte uns in einen herrlichen Palast, der ringsum von Wasser umgeben war; in der riesigen Halle befanden sich eine Standuhr, in Silber gefaßte Elefantenfüße und herrliche Diwane. Wir hatten jeder ein eigenes Zimmer mit warmen, baumwollwattierten Steppdecken, die mit leuchtender Seide bezogen waren. Die nepalesische Regierung hatte vortrefflich für uns gesorgt.

Als ich Ohrenschmerzen bekam, schickte man mir sofort einen Arzt; wir konnten essen, wann immer wir wollten, und unser eigener Koch bereitete die Mahlzeiten zu, weil Pema Dolkar keine stark gewürzten Speisen vertrug. Wir erhielten nepalesische Silbermünzen als Taschengeld, das wir während unseres Aufenthaltes im Lande ausgeben konnten. Viele nepalesische Händler, die in Lhasa Geschäfte hatten, kamen zu uns, und Tsarong und Pema Dolkar besuchten einige Nepalesen, die enge Freunde von uns waren.

Ich mußte wegen meiner Ohrenschmerzen die meiste Zeit zu Hause bleiben, aber ich besuchte trotzdem die Buddhistentempel, wo Pema Dolkar alles Nötige für viele religiöse Opfer und Gebete veranlaßte.

Nach etwa zehn Tagen verließen wir Katmandu. Reich beladen mit *Kukris* (krummen Dolchen) und anderen Geschenken brachte man uns mit großem Pomp zurück nach Raxaul. Auf dieser Reise war Kadung Lhukhangpa, der spätere Premierminister, Tsarongs persönlicher Adjutant, denn es war üblich, daß ein *Schap-pē* einen Sekretär des *Kaschag* mitnahm, wenn er auf Reisen ging.

Mein Wunsch, nicht in die Schule zurückzukehren, paßte nunmehr in die Pläne der Familie. Man wollte, daß ich gerade genug Englisch beherrschte, um die Handelskorrespondenz erledigen zu können, und als ich sagte, ich wisse bereits genug, stimmte Tsarong meinem Wunsche zu. Ich bedauerte zwar, meine Ausbildung in Darjeeling nicht beenden zu können, aber es wäre mir allzu schwer gefallen, dort zu bleiben, weil ich Angst um meine Familie hatte und weil die Reise nach Lhasa so beschwerlich war. Heute bin ich in gewisser Weise froh, daß ich bereits in jungen Jahren die Schule verließ, denn dadurch konnte ich sehr gründlich Tibetisch lernen, was nicht möglich gewesen wäre, wenn ich mich weiterhin meinen englischen Sprachstudien gewidmet hätte.

Auf der Rückreise nach Lhasa wäre ich fast erfroren. Ich trug nur meine Schulkleidung, und als wir Phari erreichten, war ich sehr krank. Tsarong besuchte für einige Tage einen Freund in Bhutan, und Pema Dolkar pflegte mich unterdessen.

Als wir Gyantse erreichten, wo Frank Ludlow eine englische Schule für tibetische Jungen leitete, hatten er und seine Schüler sich in einer Reihe aufgestellt, um uns zu begrüßen. Die Schule war ein Jahr zuvor, 1923, eröffnet worden, weil Seine Heiligkeit der Meinung war, eine Erziehung nach englischem Muster könne seinem Volk nützen. Die Klöster jedoch fürchteten Schaden für den Buddhismus und setzten den Dalai Lama derart unter Druck, daß die Schule 1926 bereits wieder geschlossen wurde. Die meisten Mönche standen jeder Veränderung der tibetischen Lebensweise und allen ausländischen Einflüssen feindlich gegenüber. Die großen Klöster waren so mächtig, daß sie sich gelegentlich den Plänen Seiner Heiligkeit widersetzen konnten.

Auf unserer Heimreise nach Lhasa erschien aus jeder Stadt und jedem Dorf ein Abgeordneter, um den *Schap-pē* zu begrüßen. In Schusol aber, das einen Tagesritt von Lhasa entfernt liegt, erwartete uns eine böse Überraschung. Ein Sonderkurier traf ein mit einem Brief vom *Kaschag*, der Tsarongs Entlassung als Oberbefehlshaber enthielt. Es war ein sehr höflicher Brief, und ich habe ihn selbst gelesen. Es hieß darin: «Auf Anordnung Seiner Heiligkeit, dem Dalai Lama, wurde beschlossen, daß der Stellvertretende Kommandeur, *Dzasa* Dumpa, die Arbeit im Hauptquartier der Armee ohne weiteres übernehmen kann, da dem Land augenblicklich keine Gefahr droht und somit ein Oberbefehlshaber nicht gebraucht wird.»

Tsarong schien nicht im geringsten erregt über diese Nachricht, sondern akzeptierte den Beschluß und verhielt sich Seiner Heiligkeit gegenüber weiterhin ergeben und loyal. Tsarong öffnete seine Briefe stets sorgfältig, und er bewahrte die unversehrten Siegel dieses Briefes auf einem großen Porzellanteller, der an der Wand seines Büros hing.

Als wir Lhasa erreichten, wurde uns klar, daß Tsarongs Feinde während seiner Abwesenheit intensiv gegen ihn gearbeitet hatten. Alle jüngeren Offiziere, die auf seiner Seite standen, hatte man aus verschiedenen, nicht sehr einleuchtenden

Gründen aus der Armee entfernt – einige mußten zum Beispiel ausscheiden, weil sie sich während der Ausbildung in Schillong und Quetta, wo es sehr heiß ist, die Haare hatten kurz schneiden lassen. Die Generäle Dingja, Doring und Samdup Phodang waren mit der Auflage degradiert worden, sich das Haar so schnell wie möglich wieder wachsen zu lassen. Einem Gerücht zufolge hatten Tsarongs Gegner auch versucht, den Dalai Lama dahingehend zu beeinflussen, daß er Tsarong überdies aus dem *Kaschag* ausschloß und alle seine Besitztümer beschlagnahmen ließ; der Dalai Lama aber, so hieß es, habe erwidert, so gemein könne er sich niemals einem Mann gegenüber verhalten, der ihm und seinen Ministern einmal das Leben gerettet habe.

Schon bald nach unserer Heimkehr wurde der Termin für eine Unterredung zwischen Tsarong und dem Dalai Lama festgelegt. Mit seinen kostbaren Geschenken aus Indien – einschließlich der Porzellanschale, die er selbst verpackt hatte und die auf dem Rücken eines Mannes über den Paß getragen worden war, begleitet von einem speziellen Diener – verließ Tsarong das Haus um neun Uhr morgens und kehrte erst um zehn Uhr abends zurück. Seine Diener aßen im Palast, und nach dieser langen Unterredung mit dem Dalai Lama bezweifelten einige Leute, daß Seine Heiligkeit sehr gegen ihn aufgebracht war. Aber von nun an änderte sich vieles. Es kamen keine persönlichen Briefe mehr aus dem Palast, die regelmäßigen Delikatessensendungen blieben aus, und Tsarong betrat während der *Schotun*-Zeremonien nicht mehr den Pavillon, wo er früher neben Seiner Heiligkeit gesessen hatte, sondern blieb – was er noch nie getan hatte – im *Kaschag*-Zelt. Hin und wieder allerdings kamen noch ganz vereinzelt Briefe und Delikatessen, und der Dalai Lama war seinem Helden gegenüber niemals allzu unfreundlich.

Als Oberbefehlshaber hatte Tsarong einige Male sehr streng und eigenmächtig durchgegriffen. Im Jahre 1923 hatte es in Lhasa einen großen Aufruhr gegeben, und weil er seine Soldaten davor zurückhalten wollte, Munition aus dem Arsenal zu holen, hatte Tsarong angeordnet, daß einem Mann ein Bein abgehackt, einem anderen ein Ohr abgeschnitten wurde. (Das waren sehr seltene Strafmaßnahmen in Tibet.) Bei einigen anderen Gelegenheiten hatte er Mörder zum Tod durch Erschießen verurteilt, und ich erinnere mich noch daran, wie die Verurteilten von Soldaten zur Ebene von Daptschi geführt wurden. Nach Tsarongs Entlassung aus der Armee ließ der Dalai Lama durch seinen Sekretär anfragen, warum Tsarong Menschen zum Tode verurteilt hatte, obgleich das tibetische Gesetz verbietet, einem Menschen das Leben zu nehmen. Er erwiderte, er hielt es für nicht angemessen, Seine Heiligkeit mit diesen Dingen zu belasten, der als geistiges Oberhaupt dadurch in eine außerordentlich unangenehme Situation geraten könne. Die Strafen seien notwendig gewesen, um Frieden und Ordnung im Lande aufrechtzuerhalten – als Oberbefehlshaber ziehe er es daher vor, selbst die volle Verantwortung zu tragen. Man fragte ihn auch, warum er im Tsarong-Haus eine Militäreskorte gehalten habe, die sonst nur dem Dalai Lama zustand. Auf diesen Vorwurf entgegnete er, die Wache sei ein Zeichen der Achtung vor dem Oberbefehlshaber von Tibet gewesen und habe nicht der Befriedigung privaten Ehrgeizes gedient.

Um diese Zeit war Rigsin Tschödon, die keine Kinder hatte, bereits Nonne geworden und fortgezogen. Die ersten fünf Kinder, die Tsarong und Pema Dolkar miteinander hatten, waren im Säuglingsalter gestorben, und Seine Heiligkeit riet Tsarong daher, es sei besser für Pema Dolkar, wenn sie in der Nähe eines heiligen Berges beim Drepung-Kloster wohne. Die beiden nächsten Kinder, ein Junge und ein Mädchen, die 1920 und 1923 dort geboren wurden, blieben am Leben.

Im Jahre 1918 starb der Horkhang *Dzasa* während einer sehr schlimmen Grippeepidemie, die Tausende von Menschen in Lhasa dahinraffte. Seine Frau, meine Schwester Tseten Dolkar, war schwanger und mußte eine große Verantwortung übernehmen. Das erste Kind war ein Mädchen gewesen, und deshalb freuten sich alle, als sie wenige Monate nach dem Tod ihres Mannes einen Erben gebar, der den Titel und die riesigen Horkhang-Güter erben konnte.

Horkhang *Dzasas* Schwester, die Nonne Ani Tschampala, verwaltete auf Gyama Trikhang, dem Hauptsitz der Horkhangs, das Familienvermögen, und einige Jahre lang war sie nicht besonders hilfreich bei der Verwaltung der Güter. Sie weigerte sich, den Familienschatz anzutasten, der unter anderem aus Gold, Tee und Seide bestand. Obgleich sie Nonne war, hatte sie einen illegitimen Sohn, Ngawang Dschigme, der 1910 geboren wurde. Sein Vater war angeblich ein Mönchsbeamter, der im Horkhang-Haus, einem der größten Gebäude Lhasas, gewohnt hatte, als sich sein eigenes Haus im Bau befand. Ani Tschampala hatte große Pläne mit ihrem Sohn, und als er dreizehn Jahre alt war, sagte sie, sie werde den Schatz nur dann antasten, wenn Tsarong bereit sei, einen Heiratsvertrag abzuschließen, in dem festgelegt wurde, daß Ngawang Dschigme in etwa zwölf Jahren Tseten Dolkar zur Frau bekäme – obgleich sie dann siebenunddreißig Jahre alt sein würde. Tsarong mußte klein beigeben, sonst hätte er unmöglich Gyama Trikhang verwalten können. Zunächst jedoch heiratete er selbst Tseten Dolkar. In den fünf Jahren seit dem Tode ihres Mannes war er ihr sehr nahegekommen, weil er sie häufig im Horkhang-Haus besuchte, um ihr bei der Verwaltung des Besitzes für ihren Sohn Sonam Palber zu helfen.

Nach dieser Heirat, die 1923 stattfand, zeigten weder Pema Dolkar noch Tseten Dolkar Eifersucht. Sie achteten und liebten einander, und Tseten Dolkar kam häufig ins Tsarong-Haus, obgleich sie niemals dort wohnte und Tsarong stets in ihrem eigenen Heim empfing. Sie gebar ihm im Laufe der Zeit einen Sohn und sechs Töchter.

Schon bald nach meiner Heimkehr aus Darjeeling wurde ich im Alter von sechzehn Jahren Tsarongs Sekretärin und erledigte die recht wichtige Handelskorrespondenz des Tsarong-Hauses, die in tibetischer und englischer Sprache geführt wurde. Ich übernahm den verantwortungsvollen Posten, obgleich ich nur drei Jahre lang Englisch gelernt hatte. Tsarong betrieb erfolgreich ausgedehnte Geschäfte. Er unterhielt Handelsbeziehungen zur Mongolei, zu Indien, China, Japan und Frankreich. Aus Indien importierten wir Zucker, Kerosin, Seife, Medikamente, Süßigkeiten, Geschirr, Stahlmesser, Korallen, Türkise, Tuch, Serge, Zigaretten und Tee; einige Artikel exportierten wir anschließend nach China. (Im Zweiten Weltkrieg konnte man damit viel Geld verdienen.) Wir importierten Seide und Brokat aus China und Japan, Brokat aus Lyon kam von Paris. Nach China exportierten wir Tweed, Kräuter, Moschus, Weihrauch, getrocknetes Blut aus Hirschgeweihen (für medizinische Zwecke), desgleichen die Felle von Fuchs, Leopard, Wolf, Murmeltier, Otter und dem kostbaren Steinmarder; eingeführt wurden chinesische Tapeten, Satin, Porzellan, Schals, Jade, Tee, Pferde und Maultiere. Von mongolischen Pilgern kauften wir Silberbarren und schickten außerdem Händler nach allen Teilen Tibets, die Wolle für den Verkauf nach Indien erwarben.

Zu jener Zeit etwa faßte mein Bruder Kelsang Lhawang den Entschluß, auf dem Tsarong-Gut zu wohnen. Er sagte: «Was gibt es Besseres, als auf dem eigenen Gut zu arbeiten, anstatt alles den Dienern zu überlassen?» Die Familie stimmte diesem Plan zu, man traf alle Vorbereitungen für die zweiwöchige Reise, und er machte sich mit seiner Frau und drei kleinen Kindern – zwei Söhnen und einer Tochter – auf den Weg nach Tsarong. Kaum ein Jahr später kehrte er nach Lhasa zurück mit der Begründung, er selbst fühle sich zwar sehr wohl auf dem Lande, seine Kinder jedoch brauchten dringend eine gute Schule. Er bezog mit seiner Familie eine eigene Wohnung im Tsarong-Haus.

Kurz darauf kam Kelsang Lhawang mit einem neuen Anliegen zu Tsarong: Er bat um seinen Anteil am Familienbesitz, weil es ihm und seiner Familie helfen würde. Er erhielt eine beträchtliche Geldsumme, mit der er einen Teil der Juwelen ersetzte, die er sich Jahre zuvor von seiner Frau geliehen hatte, um seine Schulden bezahlen zu können. Den Rest des Geldes gab er Tseten Dolkar zur Aufbewahrung, wobei er versprach, er wolle sich bessern und das Geld nicht anrühren, bis die Kinder erwachsen seien. Aber schon bald kam er zu ihr und sagte, es sei eigentlich töricht, Geld nicht arbeiten zu lassen, er habe vor, durch Immobiliengeschäfte einen Gewinn zu erzielen. Anstatt Geschäfte zu machen, vergeudete er all sein Geld und ging schließlich bankrott.

Ich hatte etwa ein Jahr für Tsarong als Sekretärin gearbeitet, als er mich bat, seine jüngste Frau zu werden. Ich wandte ein, er sei bereits mit meinen beiden Schwestern verheiratet und ich fände es nicht klug, ihn zu heiraten. Er habe außerdem bereits genug Frauen und sei zu alt für mich; auch schiene es mir, falls ich viele Kinder haben würde, nicht gut, wenn wir alle gemeinsam im Tsarong-Haus wohnten. Er entgegnete, Pema Dolkar sei häufig nicht da und Tseten Dolkar werde ihn in etwa acht Jahren verlassen, um wie vereinbart Ngawang Dschigme zu heiraten. Auch wegen des Altersunterschiedes von fünfundzwanzig Jahren beruhigte er mich und versicherte mir, ich könne ein zweites Mal heiraten, sobald ich einen geeigneten jungen Mann kennenlernte.

Tsarong beharrte darauf, daß ich ihn heiraten und im Tsarong-Haus bleiben solle, um weiterhin die Korrespondenz zu erledigen; er war so eindrucksvoll und überzeugend und ich so jung, daß ich schließlich einwilligte. Aber ich heiratete ihn nur widerstrebend, und obgleich er mich gern hatte, war ich keineswegs glücklich. Unsere Heirat wurde an einem Neujahrstag bekanntgegeben, eine besondere Feier gab es allerdings nicht, weil Tsarong zum vierten Male heiratete und ich keinen besonderen Wert darauf legte. Die umfangreiche Arbeit im Büro war anstrengend, und Tsarong, den ich nun *Sawang Tschenpo* (Seine Exzellenz) nannte, war sehr streng; ich weinte oft, wenn etwas schiefgegangen war. Etwa einmal in der Woche besuchte Tsarong Tseten Dolkar, und ich war dann sehr glücklich, denn das war ein Feiertag für mich. Jeden Morgen fragte ich den Koch, welches Gericht Seine Exzellenz für den Tag bestellt hatte, und wenn er erwiderte: «Heute gibt es *Phingde*» (Nudeln und Reis), wußte ich, daß Tsarong ins Horkhang-Haus gehen würde. An diesen Tagen spielte ich *Scho* mit Pema Dolkar, wenn sie daheim war, bereitete jedoch stets für den nächsten Tag in aller Unschuld einige Dokumente zur Unterschrift vor und wartete dann auf Tsarong, als wäre nichts geschehen.

Anfang 1928 wurde ich schwanger. Morgens litt ich entsetzlich unter Übelkeit und wurde einige Male ohnmächtig. Tsarong sagte, ich solle stets eine Diamantbrosche tragen, denn Diamanten und andere Edelsteine schützen Schwangere vor ernstlichen Verletzungen bei schweren Stürzen. Mir war nicht nach arbeiten zumute, und man riet mir, zum Dschokhang zu pilgern. Mit Hilfe von Kelsang Lhawangs Frau umschritt ich den Tempel jeden Morgen fünfzigmal. Ich hatte großen Appetit, aber sobald ich etwas aß, wurde mir übel. Tsarong duldete nicht, daß ich außer den im Hause zubereiteten Speisen etwas zu mir nahm. Unsere muslimischen Freunde schenkten uns häufig sehr delikaten Curryreis, den ich gern aß, nun allerdings mußte ich auf ihn verzichten. Die Schwester meiner Mutter, unsere Dekjiling-Tante, sagte jedesmal, wenn sie mich sah: «Vor gar nicht langer Zeit warst du noch ein Kind, und nun wirst du bald schon selbst eines haben.» Ich hörte diese Bemerkung gar nicht gern, weil ich mir wegen der Schwangerschaft sehr erwachsen vorkam, es wäre jedoch unhöflich gewesen, hätte ich ihr widersprochen.

Nach dem sechsten Monat ging es mir ziemlich gut. Eines Tages kam das Samya-Staatsorakel, um Tsarong zu besuchen. Die beiden waren miteinander befreundet, und wenn sie sich trafen, unterhielten sie sich meistens stundenlang. (Der Seher war auch sehr eng mit dem Dalai Lama befreundet.)

Der Seher verließ das Haus gegen zehn Uhr abends. Wenige Stunden später hatte ich einen unangenehmen Traum, in dem ich Ärger mit Tsarong bekam, weil ich die Quittung für einen

Einschreibebrief verloren hatte. Ich erwachte von heftigen Magenschmerzen und befürchtete eine Fehlgeburt. Ich rief meine Kammerzofe, die nebenan schlief, und bat sie, Pema Dolkar zu holen. Tsarong und Pema Dolkar erschienen sogleich, und Pema Dolkar meinte, Medikamente könnten in meinem Zustand gefährlich sein. Sie schlug vor, ich solle Pfefferminzlikör trinken, der bei ihr in ähnlichen Situationen stets geholfen hatte. Sie reichte mir ein kleines Glas, und nach etwa zehn Minuten ließen die Schmerzen ein wenig nach. Ich trank ein zweites Glas und schlief wieder ein; am nächsten Morgen jedoch war die Kolik noch nicht abgeklungen. Man rief den Arzt, der mir einige sehr milde Medikamente verabreichte. Noch lange Zeit später hatte ich immer eine Flasche Pfefferminzlikör bereitstehen; auf Milch mußte ich vorerst verzichten.

Tibetische Kinder kamen stets zu Hause zur Welt, und als der Zeitpunkt meiner Niederkunft näherrückte, erklärte ich meiner Kammerzofe alles Nötige. Pema Dolkar kümmerte sich um die Babyausstattung, und man hielt Zeremonien ab, die eine glückliche und gefahrlose Entbindung gewährleisten sollten. Der Winter stand vor der Tür, und man stellte Holzöfen ins Entbindungszimmer, das nach Süden lag. Pema Dolkar und Tsarong standen mir während der Wehen bei, und nach 24 Stunden kam ein großes Mädchen zur Welt. Eine unserer alten Dienerinnen durchtrennte die Nabelschnur, dann wurde das Baby gewaschen, in eine angewärmte Wiege gelegt und mit *Taschi Delek Tsampo* gefüttert – das sollte Glück bringen.

Die Plazenta kam erst zwölf Stunden später. Der Arzt wurde gerufen, und ich mußte aufstehen und mich so lange hinhokken, bis schließlich die Nachgeburt ausgeschieden worden war.

Anschließend hatte ich großen Durst und trank einen Becher heißer Milch, um mehr Milch für mein Baby zu haben. Statt dessen wurde ich sehr krank, und ohne jemandem etwas zu sagen, trank ich eine ganze Menge Pfefferminzlikör. Das half zwar, aber ich bekam Schmerzen auf der rechten Seite, direkt unter den Rippen, und es dauerte einen ganzen Monat, bis mich der Arzt geheilt hatte. Trotzdem stillte ich Tsering Yangsom neun Monate lang. Der Abt von Ganden taufte sie auf den Namen Tsering Yangsom. Das bedeutet soviel wie «wohlklingendes, langes Leben».

Tsering Yangsom war ein wunderschönes Baby. Die ersten drei Monate schrie sie viel, aber danach war sie sehr brav und ruhig. Obgleich ich sie stillte, bestand meine Zofe darauf, ihr von Geburt an täglich eine dünnflüssige Paste aus *Tsampa* und Milch zu geben, vom sechsten Monat an aß sie Reisbrei und Eiernudeln. Zweimal pro Woche wurde sie gebadet, was ihr großen Spaß machte. Nach dem Baden werden die Babys in Tibet mit Senföl eingerieben und nehmen nackt ein Sonnenbad, wobei ihre Augen vor dem starken Sonnenlicht geschützt werden müssen.

Es war nicht leicht für mich, als sie im Alter von acht Monaten die Masern bekam und anschließend wochenlang unter Husten litt. Das Haus war voller Lamas, die Gebete sprachen, und ich bestellte Hustensaft im englischen Krankenhaus von Gyantse.

Mit vierzehn Monaten begann meine Tochter zu laufen, als Kleinkind war sie dann sehr niedlich und aufgeweckt. Über alles liebte sie junge Hunde, und sie konnte stundenlang in der Sonne sitzen und vier oder fünf von ihnen unter ihrem Kleidchen wärmen.

Kurz vor meiner Heirat hatte die Regierung einige Beamte nach Poyul geschickt, die sich ein Bild von der noch immer angespannten Situation machen sollten, weil man 1920 Tsarongs Rat in den Wind geschlagen hatte. Einer der Repräsentanten – ein Mönchsbeamter aus Kham – beutete das Volk derart aus, daß es schließlich zu einer Revolte kam, bei der sein Diener umgebracht wurde. Tsarongs Schwester Tsering Dölma, die mit Poyul verheiratet war, suchte in Lhasa Schutz und Hilfe, als Tsering Yangsom erst wenige Monate alt war.

Schließlich schickte die Regierung unter *Depon* Tana Truppen nach Poul, der arme Häuptling mußte nach Assam fliehen, wo er später starb. Tsering Dölma blieb in Lhasa; sie heiratete zum zweitenmal, und die tibetische Regierung überließ ihr ein kleines Gut im Tschusul-Distrikt.

Tsarong war stets sehr aufgeschlossen für die Welt außerhalb unseres Landes, und einer seiner vertrautesten Freunde war Surkhang *Dzasa*, der Außenminister. Zwar hatte Tsarong keine westliche Erziehung genossen, doch er hatte viele Karten und kannte sich in der Geographie der gesamten Welt aus. Er bezog Zeitungen aus vielen Ländern und hatte einen Brieffreund in Missouri, USA – William Englesmann, der Tsarong ursprünglich um Briefmarken gebeten hatte und ihm später die Zeitschriften «Life» und «National Geographic» schickte. Tsarong sagte gelegentlich: «Mein Freund Englesmann hat noch nie Familienfotos geschickt – hoffentlich sieht er nicht allzu häßlich aus!»

Als die Englesmanns im Jahre 1964 nach Mussoorie in Indien kamen, stellte sich heraus, daß er sehr gut aussah und seine Frau Dorothy bildhübsch war. So ist das Leben: Damals in Lhasa hätten wir uns nie träumen lassen, daß wir sie mehr als 30 Jahre später in Indien kennenlernen würden.

Tsarong und Pema Dolkar waren leidenschaftliche Gärtner. Sie pflanzten in Lhasa den ersten Blumenkohl und die ersten Tomaten an. Sobald Tsarong abends heimkam, ging er mit dem Spaten in den Garten. Bei dieser Arbeit trug er weiße Tweedhosen und ein altes Jackett. (Das war nach 1925; als Oberbefehlshaber hatte er für seinen Garten keine Zeit gehabt.) Meine Tanten und die alten Diener hielten es für eine Schande, daß er den Boden umwühlte und dabei wie ein ganz gewöhnlicher Mann gekleidet war. Sie meinten, es werde Unglück bringen, wenn er das Luxusleben des Adels gegen das moderne Getue der Kommunisten vertausche. Aber ihn konnte nichts erschüttern. Dabei liebte er Satin- und Brokatkleidung, er besaß sogar mehr Gewänder als mein Vater. Nachdem er durch geschickte Geschäftsabschlüsse die Schulden meiner Eltern getilgt hatte, kaufte er aus Indien, China, Japan,

Rußland und Frankreich den besten Satin und den besten Brokat.

Tsarong hatte eine Vorliebe für schöne Dinge. Er sammelte altes Porzellan, Jadeschmuck und gute Möbel. Alles Neue weckte seine Neugier, und er kaufte Schneidewaren, Radios, Uhren und Kameras; er hatte ein Faible fürs Fotografieren, das mein Vater ihn gelehrt hatte, und besaß eine eigene Dunkelkammer. Er schickte einen jungen Mann nach Indien, damit er lernte, wie man Speisen auf westliche Art zubereitet und Brot, Brötchen und Kuchen backt; dieser Koch wiederum unterrichtete viele andere Köche in Lhasa, und so wurden westliche Speisen und indischer Curry und Reis ein Bestandteil der tibetischen Küche.

Tsarong war ein außerordentlich geschickter Geschäftsmann, und aus diesem Grunde hatte er mich auch geheiratet. Heute bin ich froh, daß ich als seine englischsprechende Sekretärin so viel Verantwortung tragen mußte, denn es war ein sehr gutes Training.

Zwar hatte Tsarong Feinde, er selbst jedoch haßte niemanden, nicht einmal jene, die sich damals gegen ihn verschworen hatten; er war ohne Ansehen des Standes und der Person zu allen Menschen gut und hilfsbereit. Häufig spielte er den Vermittler bei Streitigkeiten, und besonderes Vergnügen bereitete es ihm, wenn er eine Ehe stiften konnte. Er war beliebt bei allen Händlern – bei Muslimen, Nepalesen, Bhutanesen, Chinesen und speziell bei den mongolischen Mönchen, weil er Mongolisch sprach und das Land sehr liebte. Auch der 13. Dalai Lama sprach Mongolisch, und gelegentlich benutzten es die beiden Männern als Geheimsprache.

Tsarong wollte seinem Land helfen, indem er Schulen einrichtete, Straßen bauen ließ und die Armee stärkte, damit das Land wirklich unabhängig und stark sein konnte. Er leistete Bedeutendes, stets mit der Zustimmung des Dalai Lama, aber leider stand er im Ruf, probritisch oder proamerikanisch, projapanisch oder prorussisch eingestellt zu sein, denn er wollte gute Verbindungen zwischen Tibet und anderen Ländern. Die meisten der wenigen Fremden, die Lhasa besuchten, kamen ins Tsarong-Haus, und im Jahre 1947, als der amerikanische Schriftsteller Lowell Thomas mit seinem Sohn nach Tibet kam, fungierte ich als Dolmetscherin. Ich erinnere mich noch, wie Lowell Thomas Tsarong nach seiner Meinung über die Weltlage fragte. Tsarong erwiderte, die großen Länder der Erde seien zu gierig und wollten sich gegenseitig verschlingen.

Tsarong fürchtete sich nicht, selbst unter den ungünstigsten Bedingungen seine Meinung frei heraus zu äußern, und wenn er bei einer *Kaschag*-Versammlung wieder einmal allzu freimütig war, konnte es geschehen, daß Pema Dolkar ihn an das Schicksal unseres Vaters erinnerte. Aber er erwiderte darauf nur: «Was geschehen soll, wird geschehen, und wenn mein Fleisch und meine Knochen geschunden werden – was macht das schon aus?»

7 Meine zweite Heirat

Tsarong konnte deshalb gleichzeitig mit drei Frauen verheiratet sein, weil sie getrennt wohnten und er sie gerecht behandelte. Die beiden älteren Frauen waren einander gleichgestellt, und für mich war er mehr Vater als Gatte, obgleich er mich bei wichtigen Angelegenheiten häufig nach meiner Meinung fragte, weil er wußte, daß ich stets eine eigene Meinung hatte.

Nach der Geburt Tsering Yangsoms erhielt ich einen in englischer Sprache abgefaßten Glückwunschbrief vom Prinzen Taring – von Dschigme, dem ältesten Sohn des Taring Radscha von Sikkim. Dem Brief beigefügt war ein Foto und ein zweiter Brief in Englisch an meine jüngste Schwester Tschangtschup Dölma. (Damals beherrschte Dschigme die tibetische Schrift noch nicht besonders gut.) Er bat mich, meiner Schwester den Brief zu übersetzen, weil er sie – falls sie einwilligte – heiraten wollte. Als ich ihr den Brief vorlas, lachte sie nur, und statt einer Antwort behielt sie den Brief und gab das Foto zurück. Ich sagte ihr, ich hielte eine derartige Heirat für sehr angemessen, denn ich kannte Dschigme sehr gut. Ich bedankte mich sofort bei ihm für seine Glückwünsche und versprach zu schreiben, sobald ich eine Antwort von Tschangtschup Dölma hätte. Ich schrieb ihm, ich sei froh über seinen Vorschlag und wolle meiner Schwester zuraten.

Danach zeigte ich Tsarong den Brief und Dschigmes Foto, erzählte von Tschangtschup Dölmas Brief und erklärte auch ihm, daß ich die Heirat für sehr angemessen hielt. Tsarong dachte nach und fragte dann, ob ich in Dschigme verliebt gewesen sei, als wir in Indien gemeinsam die Schule besucht hatten. Ich erwiderte, wir hätten uns zwar während der Ferien in Kalimpong häufig gesehen, von Liebe sei jedoch niemals die Rede gewesen. Tsarong sagte, seiner Meinung nach sei es viel besser, wenn ich Dschigme heirate, denn wir beide sprachen Englisch und konnten gemeinsam im Tsarong-Haus arbeiten. Er fügte hinzu, daß er des großen Altersunterschiedes wegen sehr glücklich sei, wenn ich einen netten jungen Mann heirate und mit diesem glücklich werden könnte.

Ich stimmte seinem Vorschlag zu, und Tsarong schrieb an Dschigmes Vater, den Taring Radscha, und machte den Vorschlag, sein Sohn solle mich heiraten, bei der Tsarong-Familie in Lhasa wohnen und so lange im Geschäft helfen, bis Dadul Namgyäl erwachsen sei.

Der Taring Radscha erwiderte, er könne unmöglich seinen ältesten Sohn in eine andere Familie geben, aber er wäre sehr glücklich, wenn Tsarong damit einverstanden sei, daß ich und Tschangtschup Dölma zur Taring-Familie kämen. Ich solle Dschigme heiraten und meine Schwester den jüngeren Bruder Tschime Dordsche. Dann sei es ihm gleich, so schrieb er, wo Dschigme arbeite.

Tsarong war hocherfreut, und auch Pema Dolkar gefiel der Vorschlag so gut, daß sie mich baten, Dschigme sogleich von der Doppelhochzeit zu berichten. Tsarong hielt es für wichtig, daß wir uns bald einmal trafen, und er lud den Taring Radscha ein, uns mit seinen beiden Söhnen zu besuchen, wenn er bei seiner jährlichen Pilgerfahrt zum Monlam-Fest nach Lhasa käme.

Als die Tarings im Frühling des Jahres 1929 in Lhasa eintrafen, schickte mir Dschigme sogleich einen Brief, erklärte seine Zustimmung zu der Doppelhochzeit und schrieb, er wolle mich bald sehen. Sein Leibdiener brachte diesen Brief und einige englische Bücher ins Tsarong-Haus. Ich zeigte ihn Tsarong, und der schlug vor, wir sollten ein Essen geben, bei dem die beiden Familien miteinander reden könnten.

Als es dann soweit war, freuten Dschigme und ich uns sehr. Tschangtschup Dölma und Tschime Dordsche lernten sich kennen, und beide waren noch sehr scheu, obgleich sie sich offenbar mochten. Tschime Dordsche war noch größer und sah noch besser aus als sein Bruder. Als Pema Dolkar später Tschangtschup Dölma fragte, ob sie als Tschime Dordsches Braut auf dem Taring-Gut wohnen wolle, erklärte sie sich mit dieser Regelung einverstanden, schließlich würde ich ja in derselben Familie sein. Bevor der Taring Radscha heimkehrte, wurden die Heiratsverträge aufgesetzt. Von da an lebten Tsarong und ich getrennt, weil ich vor meiner Hochzeit mit Dschigme kein Kind mehr haben wollte.

Zeuge des Vertrages war *Kalon* Dhokhar Ragaschar, der damals *Kadon* im *Kaschag* war. In dem versiegelten Vertrag stand: «Seine Exzellenz, der Tsarong *Schap-pē*, ist so überaus freundlich, seine jüngere Frau Rintschen Dölma mit dem ältesten Prinzen Taring, Dschigme Sumtsen Wang-po zu verheiraten; die Prinzessin Tschangtschup Dölma ehelicht den Prinzen Tschime Dordsche, den zweiten Sohn des Radscha Tsodrak Namgyäl von Taring, Prinz des Gott-Königs von Sikkim. Durch die Heirat ihrer Kinder wird ein enges Bündnis zwischen den Häusern Taring und Tsarong geknüpft. Im Falle von Rintschen Dölma gilt, daß ihre Tochter Tsering Yangsom ebenso behandelt wird wie die Kinder der älteren Tsarong-Frauen, und ungeachtet dessen, ob sie im Haus verheiratet wird, indem sie einen Bräutigam mitbringt, oder ob sie in eine andere Familie gehen wird, trägt Tsarong die volle Verantwortung und nicht Taring.» Die Hochzeit wurde auf das darauffolgende Jahr, 1930, festgesetzt.

Als die englische Armee im Jahre 1892 in Gangtok einmarschierte, floh der König von Sikkim, Thutop Namgyäl (Dschigmes Großvater), nach Tibet, wo er ein kleines Gut besaß. Unterwegs wurde er von den Engländern gefangengenommen und überredet, nach Gangtok zurückzukehren. Er ging mit seinen Beamten und seinem jüngeren Sohn wieder nach Sikkim, sein ältester Sohn jedoch, Taring Radscha, und sein Bruder, Lhase Kuscho, durften nach Tibet weiterziehen. In Gangtok erfuhr der König, daß die Engländer mit Unterstützung zweier seiner Gegner in Sikkim die Verwaltung des Landes übernommen hatten, was die Lage für ihn sehr erschwerte. Die Engländer wollten ihn zwingen, seinen Sohn und seinen Bruder aus Tibet zurückzurufen, er aber erwiderte, sie selbst hätten sie vertrieben, und er wolle das Studium, das die beiden in Schigatse begonnen hatten, nicht unterbrechen.

Im Frühling des Jahres 1892 beschloß der König mit seiner Frau und einigen vertrauten Beamten, erneut einen Versuch zu wagen, nach Tibet zu gelangen. Diesmal begaben sie sich nach Tingkye, dem tibetischen Distrikt, wo ein bedeutender sikkimesischer Beamter bereits früher freundlich aufgenommen worden war und einen Landsitz erhalten hatte. Voller Empörung vernahm der König, daß die einheimischen tibetischen Beamten Order erteilt hatten, keinem Sikkimesen zu helfen. Er mußte also nach Walung in Nepal weiterziehen, wo er fünf Tage verbrachte und bereits überlegte, ob er nach Katmandu weiterreisen sollte, als ihn einige probritisch eingestellte Gurkhas gefangennahmen und nach einer zehntägigen Reise nach Dhanakoti brachten. Dort teilte ihm der Kommandant mit, man habe ihn auf Befehl der nepalesischen Regierung verhaftet, die von den Engländern gebeten worden war, ihn nach Sikkim zu bringen. Er und sein Gefolge wurden bald darauf der britisch-indischen Polizei übergeben. Sie wurden einige Monate in der Nähe von Darjeeling festgehalten, bis sie im Jahre 1893 in Kurseong in Haft kamen.

König Thutop Namgyäl richtete ein Gesuch an den Generalgouverneur von Bengalen, Lord Curzon, und als die Engländer der Sache schließlich nachgingen, stellte sich heraus, daß die Feinde des Königs in Sikkim die eigentlichen Drahtzieher waren. Man teilte ihm mit, daß die britische Regierung ihn wieder einsetzen werde, wenn er sich bereit erkläre, einen Regierungsrat einzurichten und den britischen Regierungsbeamten zu konsultieren, bevor er eine Entscheidung fällte. Der König akzeptierte die Bedingung und kehrte am 9. Tage des neunten Monats im Holz-Schaf-Jahr (1895) nach Gangtok zurück. Er war ein rechtschaffener Mann, zu jedermann gerecht und tat weder Tibetern noch Engländern Unrecht. Er wollte nur seine Erbrechte sichern.

Als König Thutop Namgyäl starb, bat man seinen ältesten Sohn, Dschigmes Vater, nach Sikkim zurückzukehren und den Thron zu besteigen. Taring Radscha jedoch lebte in Tibet friedlich und glücklich auf seinem kleinen Landsitz und war mit diesem ruhigen Leben zufrieden. Also trat statt dessen sein Bruder, Sidkeong Tulku, ein inkarnierter Lama, der in Oxford studiert hatte, die Thronfolge an. Sidkeong Tulku war sehr intelligent und führte sofort Reformen durch, die den Unwillen vieler sikkimesischer Grundeigentümer erregten. Er starb unter äußerst mysteriösen Umständen, bevor er noch ein Jahr regiert hatte.

Erneut bot man meinem Schwiegervater den Thron an, und wiederum lehnte er ab. Sein Halbbruder Tschogyal Taschi Namgyäl – der geboren worden war, als seine Eltern sich in Haft befanden – bestieg darauf im Jahre 1915 den Thron.

Alle Kinder des Taring Radscha waren in Tibet geboren worden. Die sikkimesische Regierung zahlte ihm eine jährliche Apanage, zu Neujahr und beim Sommerfest wurden Geschenke ausgetauscht.

Die tibetischen Heiratszeremonien variierten ein wenig in den verschiedenen Provinzen und wurden dem Reichtum und der sozialen Stellung der Brautleute entsprechend ausgestattet, aber ob die Hochzeit nun prunkvoll oder einfach war, die traditionellen Bräuche waren im großen und ganzen dieselben. Wenn ein Junge oder ein Mädchen sich nicht bereits verliebt hatten und auf einer Heirat bestanden, arrangierte die Familie eine angemessene, glückliche Heirat. (Es galt als äußerst schändlich, seine Familie durch eine unpassende Heirat zu ärgern.) Die Eltern eines jungen Mannes wählten sorgfältig ein gutmütiges, hübsches Mädchen aus einer Familie gleichen Standes. Die Eltern des Mädchens erkundigten sich dann über den Charakter des jungen Mannes und sein Benehmen, und wenn sie zu einem negativen Urteil kamen, gab man das Mädchen nicht fort. Ein gutes Verhältnis zwischen Braut und Bräutigam war sehr wichtig, denn Scheidungen galten als äußerst schlecht, einmal für die Kinder, die der Ehe entstammten, zum anderen für den Ruf der Familie. Viele junge Männer hatten das Privileg, ihre Braut selbst wählen zu können, wenn es sich um den Erben handelte. Dann wählten sie selbst aus einer Reihe von Mädchen die Braut, nachdem die Familiengötter und andere Gottheiten, Lamas und speziell die Astrologen, befragt worden waren. Die Vorhersagen der Götter und Lamas konnte man mißachten, wenn jedoch der Astrologe das Horoskop auf Grund der Daten des Paares und der Geburtsstunde errechnete, dann war seine Vorhersage genau, vorausgesetzt, diese Daten und Stunden waren exakt angegeben.

Wir Tibeter sind sehr abergläubisch, was wir als Buddhisten eigentlich nicht sein sollten. Es gibt bei uns ein Sprichwort, das besagt, sehr glückliche Menschen werden immer glücklich, sehr unglückliche Menschen hingegen stets unglücklich sein; die meisten Menschen müssen ihr Glück in der Zukunft suchen, und daher ist es wichtig, daß Hochzeiten und andere bedeutende Ereignisse an günstigen Tagen stattfinden, die sich aus dem Horoskop ergeben. Für eine Hochzeit braucht man einen Tag, der für zwei Personen günstig ist, der Stern des entsprechenden Tages und die Elemente der Personen müssen übereinstimmen, was ziemlich schwierig ist. Bei Familienangelegenheiten spielt lediglich das Horoskop des Familienältesten eine Rolle. Die Sterne der einzelnen Tage und die Tage selbst werden durch Formeln aus Elementen bestimmt, deren Bedeutung man in dicken Büchern nachlesen kann. Stimmen diese Elemente mit dem Element des Geburtsjahres der entsprechenden Person überein, ist der Tag günstig.

Die Gebetsflaggen des Hauses müssen dem Element des Familienoberhauptes entsprechen – wurde die Person zum Beispiel in einem Feuer-Hund-Jahr geboren, muß die Flagge rot sein. Auch galt es mit Hilfe des Horoskops herauszufinden, in welche Richtung die Teilnehmer bei wichtigen Zeremonien blicken müßten und von welcher Farbe ihr Essen sein sollte. Zu Beginn einer jeden Zeremonie wurden allen Teilnehmern Tee und Speisen angeboten. Die Gefäße müssen bis zum Rand gefüllt sein, und selbst bei gesellschaftlichen oder geschäftlichen Anlässen beginnen die Tibeter erst mit der Unterhaltung, wenn eine Tasse Tee vor ihnen steht. Der Tee und die Speisen sollen Glück bringen. Auch die Begrüßungsschärpen, die wir einander überreichen, sind glückbringend, und je weißer und länger ein Schal ist, um so besser. Wir schätzen es, wenn Leute mit glücklichen Namen eine Zeremonie abschließen – zum Beispiel Taschi (Reichtum), Namgyäl (siegreich) oder Dondup (erfolgreich).

Beim Abschluß eines Ehevertrages vermied man nach Möglichkeit, daß das Mädchen älter war als der Junge – am ungünstigsten war ein Altersunterschied von einem Jahr. Auch war es nicht gut, wenn die Brautleute gleichaltrig waren, und wenn eine solche Heirat doch einmal stattfinden mußte, weil sich die beiden liebten, hielt man spezielle Riten ab, um Unglück zu vermeiden. In den astrologischen Regeln hieß es nämlich, ein gleichaltriges Paar könne leicht in finanzielle Schwierigkeiten geraten oder kinderlos bleiben.

Gab es in einer Familie nur Mädchen, dann hatten sie bei der Auswahl des Bräutigams mehr Freiheit; man stellte ihnen junge Männer vor, und viele Familien wünschten, daß ihr Sohn in das Haus eines reichen, hübschen Mädchens zog. Man zwang ein Mädchen nur selten, gegen seinen Willen zu heiraten, und im großen und ganzen hatten Mädchen dieselben Rechte wie die jungen Männer; aber es war wichtig, daß ein Mädchen einen guten Ruf besaß. Ein uneheliches Kind wirkte sich auf das Leben eines Mädchens im allgemeinen ungünstig aus, und sie verlor dadurch meistens die Möglichkeit, in eine nette, wohlhabende Familie einzuheiraten. Die Schwangerschaft eines unverheirateten Mädchens wurde daher strengstens geheimgehalten. Gerieten Nonnen in andere Umstände, badeten sie in heißen Schwefelquellen, um einen Abgang herbeizuführen; blieben die Maßnahmen erfolglos, wurden die Säuglinge gelegentlich ausgesetzt, damit sie umkamen. Das war jedoch sehr ungewöhnlich für ein buddhistisches Land, und wenn es doch einmal geschah, wurden die Babys im allgemeinen gefunden und adoptiert.

Obgleich die Polygamie praktiziert wurde, damit das Eigentum in einer Familie blieb – oder weil die erste Frau unfruchtbar blieb –, war die Polyandrie doch gebräuchlicher. Meistens hatten mehrere Schwestern einen gemeinsamen Ehemann, oder zwei, drei Brüder teilten sich eine Ehefrau. In polyandrischen Ehen wurde das Mädchen offiziell mit dem ältesten Bruder verheiratet, obgleich im Verlobungsvertrag stand, daß sie die «Frau des Sohnes oder der Söhne des Soundso» werden sollte. Kinder aus einer solchen Verbindung betrachteten stets den ältesten Bruder als ihren Vater, selbst wenn durch seine Abwesenheit zur Zeit der Empfängnis sicher war, daß einer der jüngeren Brüder der leibliche Vater sein mußte. Aber die meisten Tibeter sind monogam, und einige legen freiwillig ein religiöses Gelübde ab, für den Rest ihres Lebens keinen anderen Partner zu haben. Aber es ist nicht nötig, daß beide Ehepartner diesen Schwur ablegen. Als ich Dschigme heiratete, gelobte ich Monogamie, und obgleich ich nicht weiß, ob Dschigme diesen Schwur auch abgelegt hat, weiß ich doch, daß er mir stets ein treuer Ehemann gewesen ist.

In Tibet glaubt man im allgemeinen, daß eine Ehe nicht geschieden werden sollte. Wenn etwas schiefgeht, ist es eine wichtige Pflicht der Freunde des Paares, zu vermitteln und beiden Partnern bei der Lösung des Konfliktes zu helfen. War eine Scheidung unvermeidlich und hatte die Frau einen Sohn, dann war er der einzige legale Erbe – selbst wenn der Vater wieder heiratete und weitere Söhne zeugte. Die meisten Scheidungen wurden auf privater Ebene durch Vermittlung von Freunden geregelt, um unangenehme und langwierige Prozesse zu vermeiden. Der Mann durfte all sein Eigentum behalten, wenn er im Regierungsdienst stand. War er jedoch der schuldige Teil – wenn er seine Frau oder die Kinder schlecht behandelt hatte, zuviel spielte oder untreu gewesen war –, mußte er das Haus verlassen, und seine Söhne erbten alles. Die Frau hatte das Recht, all ihren Schmuck zu behalten, und bekam einen Anteil am Getreide oder Geld der Familie, je nach sozialer Stellung. Wenn die Familie viele Güter besaß und viele Kinder da waren, erhielt die Frau gelegentlich ein Landgut, mit dem sie dann tun konnte, was sie wollte. Einige geschiedene Frauen heirateten wieder und gründeten neue adlige Familien. Im allgemeinen blieben alle Söhne beim Vater, die Töchter bei der Mutter; war der Mann in die Familie der Frau gekommen, nahm er gewöhnlich wieder mit, was er eingebracht hatte, und erhielt überdies einen gerechten Anteil am Besitz. Die Kinder blieben dann bei der Mutter. Alle Absprachen wurden schriftlich festgehalten für den Fall zukünftiger Streitigkeiten oder einer etwaigen späteren Gerichtsverhandlung. In diesem Falle mußte das Gerichtsurteil von jedermann anerkannt werden.

Nach einer Scheidung konnte ein Paar nach Belieben wieder heiraten.

Ein Mädchen oder ein Junge wurde im allgemeinen durch einen Freund oder Verwandten aufgefordert, in eine Familie zu kommen, indem der Vermittler an einem günstigen Tag mit einem zusammengefalteten Schal in das Haus kam. Die Eltern wurden bereits vorher von der bevorstehenden Einladung unterrichtet. War ihr Kind damit einverstanden, erteilten sie ihre Zustimmung, und das *Nyentschang*, die Verlobungsfeier, wurde angesetzt (*Nyen* = gutes Verhältnis, *Tschang* = Bier). Diese Feier fand sofort oder zu einem etwas späteren Zeitpunkt statt, und die Eltern, die das Mädchen oder den Jungen baten, in ihre Familie zu kommen, mußten ein Dokument vorbereiten, das mit Gebeten an eine Gottheit begann – zum Beispiel an die Göttin der Gesundheit, die man bat, den Beginn des neuen Lebensabschnittes zu segnen. Die Namen beider Eltern waren aufgeführt, und das junge Paar gab sich das Versprechen, einander treu zu sein, die Eltern zu lieben und zu achten, die jüngeren Geschwister und die Leibeigenen der Familie gut zu behandeln. Beide hatten dieselben Rechte. Das Mädchen versprach, den Mann zu achten, und der junge Mann versprach, seine Frau stets zu lieben und ihr niemals untreu zu werden. Beide Parteien stellten einen Zeugen für diesen Vertrag, der von den Eltern und den Repräsentanten beider Häuser unterzeichnet wurde.

In den meisten Fällen – wenn die Familie eines jungen Mannes die Braut gewählt hatte – wohnten die Eltern des Jungen der Verlobungszeremonie im Gebetsraum der Familie des Mädchens nicht bei. Sie schickten statt dessen einen Stellvertreter mit Geschenken, die auf Tabletts lagen und von 20 oder 30 gutgekleideten Dienern offen durch die Straßen getragen wurden, von vielen Leuten bewundert. Auch die Armen befolgten diese Sitte gemäß ihren jeweiligen Möglichkeiten. Zu den Geschenken gehörten unbedingt glückbringender Tee, Reis und Butter, Weizen, *Tsampa* und Salz. Manchmal wurden bis zu neun Lasten auf den Boden des Gebetsraumes niedergelegt und mit Brokat bedeckt. Daneben lagen Geschenke für die einzelnen Familienmitglieder – zum Beispiel Seide für Kleider. Das Haus wurde mit neuen Flaggen geschmückt, und der dafür zuständige Ausschuß begleitete den Zug des jungen Mannes vom Eingang bis zum Gebetsraum, wo die Angehörigen des Mädchens schon warteten. Die wichtigste Gabe hieß *Nurin* (der Brustpreis) und wurde stets an die Familie der Braut gezahlt, selbst wenn die Mutter bereits tot war, denn eigentlich sollte auf diese Weise die Mutter dafür entschädigt werden, daß sie die Braut als Kind genährt hatte. Dieses Geld – es waren Silber- oder Kupfermünzen – war in Kugelform in weißes

Tuch eingewickelt, und es kam vor, daß 100 Bälle auf Tabletts niedergelegt wurden. Man erwartete zwar keine festgelegte Summe, doch die Braut berechnete ihren Wert nach der Anzahl der Geschenke und dem Betrag des *Nurin*. Die Kosten für die Speisen des Tages übernahm die Familie des Jungen, obgleich für alle Gäste im Hause der Familie des Mädchens gekocht wurde. Allen Gästen reichte man ganz besonderes *Tschang*, und wenn es gut war, galt das als günstiges Omen. Diejenigen, die die Geschenke gebracht hatten, wurden bewirtet und kehrten dann mit Schals um den Hals nach Hause zurück. Die Kopien des Vertrages, die auf große Bögen tibetisches Schreibpapier geschrieben waren, wurden zusammengerollt, in Schärpen eingewickelt und auf zwei Silberplatten mit Ständer gelegt. (Auf diesen Platten lagen einige glückbringende Weizenkörner.) Einer der Stellvertreter verlas den Vertrag, die beiden Kopien wurden verglichen, der Vater des Mädchens schaute sich das Siegel des zukünftigen Schwiegervaters an; dann wurden schließlich die beiden Ausfertigungen unterzeichnet und versiegelt. Die Zeugen erhielten schöne Schals um den Hals geschlungen, und die ganze Zeremonie verlief äußerst feierlich.

Die Braut wartete unterdessen im vollen Brautstaat in ihrem eigenen, besonders geschmückten Zimmer, und man reichte ihr Tee und Reis. Der Stellvertreter des jungen Mannes ging dann zu ihr und legte ihr einen langen Schal um den Hals, Geschenke erhielt sie allerdings nicht, weil sie von diesem Tage an in das Haus des jungen Mannes gehörte.

Viele Bettler und Boten der verschiedenen Regierungsstellen kamen, um sich Geldgeschenke zu holen, und sie bekamen viel *Tschang*. Die Gäste erhielten zwei Mahlzeiten, und nach einem frühen Abendessen ritt das Gefolge des jungen Mannes noch vor Sonnenuntergang von dannen, nachdem man die Leute mit großer Höflichkeit und vielen Schärpen verabschiedet hatte. Der Vater des Mädchens schickte den Eltern des jungen Mannes einen gefalteten Schal als Dank.

Nach unserer Velobung schrieben Dschigme und ich einander viele Briefe. Ich arbeitete noch immer in Tsarongs Büro, und eines Tages sagte er mir, ich solle Dschigme eines unserer besten Fuchsfelle schicken und ihm dazu schreiben, daß ich mit diesen Dingen handele. Wir hatten erfahren, daß Dschigme ein leidenschaftlicher Jäger war, und Tsarong glaubte, ihn auf diese Weise für sein Geschäft interessieren und ihm gleichzeitig zeigen zu können, daß ich alle Hände voll zu tun hatte.

Inzwischen fanden die Vorbereitungen für Tschangtschup Dölmas und meine Hochzeit statt. Unsere Mitgift bestand aus genau derselben Anzahl von Kleidern, Blusen, Unterwäsche, Schuhen und Juwelen. Ich erhielt allerdings zusätzlich zwei herrliche Diamantringe, vierzehn weitere Diamanten und einige Goldbarren mit einem Gewicht von etwa einhundert *Tolas.* Man holte Diener von den Landgütern, damit sie das Hochzeitslied und den Tanz einstudierten, denn es war üblich, ein besonders glückbringendes Lied zu singen, um das Weinen der Braut zu übertönen. Viele Mädchen heirateten sehr jung – etwa mit 16 Jahren –, und sie weinten sehr; auf jeden Fall wirkt die Hochzeitszeremonie traurig auf eine Braut, die ihr eigenes Heim verläßt, ganz gleich, wie sehr sie sich auch auf die bevorstehende Hochzeit freuen mag. Ich war manchmal sehr niedergeschlagen, wenn ich daran dachte, daß ich meine kleine Tsering Yangsom verlassen sollte; sie war etwa zwei Jahre alt, als ich fortging. Aber Pema Dolkar liebte sie sehr, und auch Tsarong hatte großes Interesse an ihr und trug sie fast ununterbrochen mit sich herum.

Tschangtschup Dölma und ich sollten aus wirtschaftlichen Gründen am gleichen Tag heiraten. Tschangtschup litt an der Ruhr, und weil es vor 1934 keinen englischen Arzt in Lhasa gab, mußten wir sie zur Behandlung durch englische Ärzte im Militärfort von Gyantse zurücklassen. Unsere Nampon-Tante, die ein eigenes Gut in der Nähe von Taring besaß, sollte unsere Eltern bei den Hochzeitsfeierlichkeiten vertreten.

Es war beschlossen worden, daß ein Stellvertreter und sechs Diener aus jedem Haus den Brautzug zum Taring-Gut in der Nähe von Gyantse begleiten sollten. Man rief Schneider herbei, die neue Kleider und Hüte für die Diener anfertigten; Sättel und Zaumzeug wurden erneuert. Weil es ein ungewöhnlicher Brautzug war, der eine Reise von sieben Tagen antreten sollte, brauchte ich Extraverpflegung. Der Kämmerer führte deshalb Süßigkeiten, Kekse, Konserven, Ingwerwein und eine Flasche Pfefferminzlikör mit sich.

Bevor wir Lhasa verließen, gab ich eine dreitägige Abschiedsgesellschaft, und all unsere Freunde erschienen mit Geschenken. Weil die Diener einer Hochzeitsgesellschaft gut bezahlt werden, war jedermann glücklich. Durch das Horoskop hatte man die günstigen Tage für meinen Abschied von Lhasa und die Ankunft auf dem Taring-Gut festgelegt, und der Abgesandte der Tarings und die Diener erschienen am verabredeten Tag im Tsarong-Haus.

Ich sollte frühmorgens losreiten, und vor meiner Abreise kam der Astrologe, um mir viele Zeichen in die Handflächen zu malen, damit kein böser Geist mir etwas anhaben konnte. Er und ich hatten gemeinsam die Schule besucht, und wir unterhielten uns prächtig, während er meine Handflächen bemalte. Tsarong hatte mir einen vollständigen Satz Schmuckstücke geschenkt, obgleich ich der Sitte gemäß Kleider und Juwelen von der Taring-Familie erhielt, die mir Stück für Stück von einem Jungen ausgehändigt wurden, den man ausgewählt hatte, weil er zum Element meines Geburtsjahres paßte. Als ich vollständig angekleidet war, ging ich in das Zimmer, in dem sich die Statue der Gottheit befand, um mich zu verabschieden. Etwa eine Viertelstunde lang verharrte ich auf einem hohen Podest, während vier Mönche beteten. Dann brachte man mich in den Gebetsraum, wo ein anderes Podest bereitstand und man mir glückbringenden Tee und Reis servierte. Hier sangen die Diener das Hochzeitslied, das mich so traurig stimmte, daß ich weinen mußte. Die Familienangehörigen und die Diener reichten mir Schärpen, verabschiedeten sich und wünschten mir alles Gute – das machte mich noch trauriger. Als dann der günstige Augenblick nahte, stand ich auf und ging zum Schatzhaus, wo ich einen Abdruck meines linken Fußes in einer flachen, mit Weizen gefüllten Kiste hinterlassen mußte, damit ich auf keinen Fall das Familienglück mit mir nahm. Schließlich mußte ich mich auf einen Stuhl setzen, der auf den Stufen des Hauptgebäudes stand, wo man mir einen Pfeil, dessen Schaft mit fünf Streifen verschiedenfarbiger Seide, mit Perlen, Türkisen, Korallen und Bernstein geschmückt war, zwischen Kleid und Schal in den Rücken steckte. Dschigme hatte diesen Pfeil seinem Stellvertreter überreicht, als die Diener das Taring-Gut verließen, als Zeichen dafür, daß ich nun ihm gehörte. Man überreichte den Pfeil nicht im Hause, weil es unhöflich wäre, einer Person im eigenen Haus etwas fortzunehmen. Gewöhnlich trägt man diesen Pfeil, bis man sein neues Heim erreicht hat, aber meine Reise dauerte so lange, daß ich ihn noch am gleichen Tage in Kyitsal Luthing abnahm.

Die Sonne stieg gerade über den Horizont, als ich Lhasa verließ. Ich ritt auf einer schwangeren Stute, die ich jedoch in Kyitsal Luthing mit einem anderen Pferd vertauschte. Das Horoskop bestimmt, ob die Braut eine schwangere Stute reitet oder eine Stute, die bereits gefohlt hat und von ihrem Fohlen begleitet wird. Keine Braut würde sich auf ein Maultier setzen, denn Maultiere sind unfruchtbar. Viele Leute waren gekommen, um meiner Abreise beizuwohnen, aber ich konnte niemanden erkennen, weil man mir einen weißen Filzmantel übergeworfen hatte, damit die neidischen Augen der Götter meine Juwelen nicht erblickten. Der Gesang der Diener dauerte bis zum Mittag, als wir Kyitsal Luthing erreichten, wo Ragaschar, ein Freund der Familie, ein Zelt aufgeschlagen und einen Empfang für mich vorbereitet hatte.

Unsere Familie wurde von Tsarongs Bruder Kyenrab vertreten. Bis Nangatse mußte Tsarong die Verantwortung für den Brautzug tragen, von dort bis Gyantse übernahm dann Taring die Verantwortung. Überall boten mir die Leute *Tschang* an und schenkten mir Schärpen, nur in den Dörfern waren die Mütter so abergläubisch, daß sie ihre besten Kleider anzogen und mit Pfeilen in den Händen beteten und mich umkreisten, damit ich ihr Glück nicht mitnähme. Wenn wir weiterritten, riefen sie mir von den Dächern ihrer Häuser nach: «All unser Glück muß hierbleiben! Nimm unser Glück nicht mit!» Manchmal verhielt ich mich wie ein Kind und lachte mit unseren fröhlichen Dienern, von denen drei frühere Schulkameraden von mir waren. Der Chinese unter ihnen bat mich immerfort um Süßigkeiten, denn er rauchte Opium und war nicht der Kräftigste: Er sollte in Gyantse für uns kochen, weil Tsarong gesagt hatte, englische Offiziere würden dort bei uns speisen. Auch die Tarings hatten erstklassige Köche aus Schigatse geholt, die ihrem eigenen Koch helfen sollten.

Sieben Tage reiste ich durch den Frühling. Man hatte speziell diese Jahreszeit für unsere Reise ausgewählt, damit kein Hagelschlag die Ernte vernichten konnte. (Man glaubte nämlich, daß Brautzüge besonders schwere Hagelschläge hervorrufen könnten.) Unterwegs vermißte ich mein Baby so sehr, daß ich sogar Schafe und Ziegen um ihre Jungen beneidete. Aber ich wußte, daß ich mein Kind wiedersehen würde, und war innerlich sehr glücklich, wenn ich daran dachte, daß mein Leben sehr viel schöner werden sollte.

In Phunling Schika, einem Gut, das Nyerpa Namgyäl gehörte, gesellten sich Nampon Ani La und Tschangtschup Dölma zu uns. Phunling liegt etwa zwei Meilen vom Taring-Gut entfernt, und wir blieben drei Tage dort und warteten das günstige Datum ab; Tschangtschup Dölma und ich hatten viel Spaß. Bevor wir aufbrachen, zogen wir unseren Brautstaat an, dann fand eine kurze Tee-und Reis-Zeremonie mit unserer Tante statt.

Schließlich erreichten wir das Taring-Gut, wo uns hübsch gekleidete *Tschang*-Mädchen den ersten Willkommensschluck reichten. Nach einigen Metern erhielten wir den zweiten Willkommensschluck, und auf den Dächern wurden Trompeten geblasen, während uns etwa 20 Frauen mit einem Lied begrüßten. Ich war gleichzeitig traurig und glücklich, aber Tschangtschup Dölma weinte wie ein Kind. Niemand konnte sie trösten, und am liebsten hätte ich es ihr gleichgetan.

Nachdem wir abgestiegen waren, gingen wir über Nahrungsmittel – Butter, Tee, Weizen, Reis –, die mit fünffarbener Seide bedeckt waren. Die Diener aus dem Hause des Mädchens durften all diese Nahrungsmittel unter sich aufteilen. Der Stellvertreter der Braut sagte ein Gedicht auf, bevor die Braut vom Pferde stieg; einer der Diener sprach daraufhin an der Tür ein Lobgedicht, ein anderer an der Treppe. Farbige Seidenschärpen waren während der ganzen Hochzeitsfeierlichkeiten um Türen und Treppen geschlungen, später teilten die Diener des Bräutigams sie unter sich auf.

An der Treppe begrüßte mich meine Schwiegermutter im vollen Feiertagsstaat mit einem Eimer Milch und ergriff meine Hand. Weil zwei Bräute zu empfangen waren, wurde sie von einer Tante Dschigmes begleitet, die ebenfalls einen Eimer Milch trug und Tschangtschup Dölma bei der Hand nahm. Singend betraten wir die neuerbaute große Halle, wo wir uns dem Alter nach setzten. Tee und Reis wurden serviert, und Tsarongs Stellvertreter überreichte dem Taring Radscha, unserem Schwiegervater, zur Begrüßung einen zusammengefalteten Schal von der Tsarong-Familie. Danach erhielten wir alle Schärpen von der Taring-Familie, den Leibeigenen und Dienern. Die Leibeigenen von Taring waren so glücklich über diese Doppelhochzeit, daß sie sich freiwillig erboten hatten, das *Tschang* für die Hochzeit zu liefern. (Meine Schwiegereltern waren sehr gut zu ihren Leuten, und die Tarings und ihr Gefolge liebten einander wie Eltern und Kinder.)

Weil Dschigme in Darjeeling eine englische Schule besucht hatte, trug er kurzgeschnittenes Haar und hatte deshalb einen mongolischen Hut auf dem Haupte wie die wenigen anderen tibetischen Adligen, deren Haar geschnitten war. Tschime

Dordsche hingegen trug auf seinem langen Haar den üblichen Hut, der mit einem Goldknopf verziert war und mit Seidenquasten, die über die Brokatkrempe hinabhingen. Beide trugen Festtagskleider – gelbe Brokatgewänder mit roten Schärpen, dazu langschäftige Stiefel.

Die Hochzeitsfeier dauerte etwa zehn Tage. Schon bald nach unserer Ankunft nahm man die eigentliche Zeremonie auf der Dachterrasse vor. Man hatte dort ein Zelt aufgeschlagen, in dem geschmückte Sitzgelegenheiten standen. Man hatte Wasseropfer und *Tormas* bereitgestellt, alle Banner und Gebetsflaggen wurden ausgewechselt, Mönche bliesen die zweieinhalb Meter langen Klostertrompeten und trommelten dazu. Die Brautbanner waren Spezialanfertigungen aus bunter Seide und entsprachen den Elementen unseres Geburtsjahres. Mein Element war die Erde, das von Tschangtschup Dölma Eisen, und deshalb hatte ich eine gelbe Flagge, sie hingegen eine blaue. Beide waren mit Gebeten beschriftet und wurden von unserem Repräsentanten gehißt. Das war ein sehr wichtiger Teil der Zeremonie. Bevor das Banner gehißt wurde, mußte der Repräsentant noch ein Gedicht aufsagen, in dem es hieß: «Die Tochter der Tsarongs, die den Sohn des Taring geheiratet hat, wird die gleichen Rechte haben wie ihr Mann. Und indem dieses ihr Banner auf dem Dach Tarings gehißt wird, soll ihr Anspruch allen kundgetan werden.» Die Regierung von Sikkim hatte einen Minister und eine Militäreskorte geschickt, die die Waffen präsentierte, als wir ankamen.

Nach den Zeremonien begrüßten uns Freunde mit Geschenken. Gute Freunde gaben Feste, die jeweils einen ganzen Tag dauerten und im Taring-Haus abgehalten wurden, wobei die Freunde die Kosten trugen. Die Angestellten der britischen Handelsagentur in Gyantse und der kommandierende Offizier der britischen Armee-Eskorte waren zu Gast bei uns.

Nach etwa vierzehn Tagen kehrten Tsarongs Repräsentanten und die Diener wieder nach Lhasa zurück, beladen mit Geschenken als Dankesbezeigungen von der Taring-Familie an die Tsarongs. Unsere Zofen blieben jedoch bei uns auf dem Taring-Gut.

8 Das Leben auf dem Lande

Der Taring-Radscha und sein Onkel hatten im Jahre 1893 das Taring-Gut erhalten, als sie aus Sikkim kamen und in Tibet um Exil baten. Es war zuvor bei den *Dapongs* (Armeegenerälen) stets beliebt gewesen als Ersatz für ein Gehalt, und im Vergleich zu den Gütern der alten Adelsfamilien und Klöster war es klein. Es war ein sehr angenehmer, zauberhafter Platz, obgleich Getreide stets knapp war. In erster Linie bauten wir Gerste, Erbsen und Weizen an und ernteten nur etwa sechsmal mehr als wir säten, das waren etwa 4000 Behälter Getreide jährlich oder ungefähr 2000 *Maunds*, also wirklich ein kärglicher Ertrag. Reis, Zucker, Tuch, Streichhölzer, Seife und Eisen wurden aus Indien importiert.

Von den Ernteerträgen mußten wir die Steuern an den Gyantse-Dzong und das Kloster von Gyantse zahlen, zudem waren bestimmte Beträge zu entrichten für die Riten, die Unheil fernhalten sollten – zum Beispiel Epidemien und Hagelschlag. Den Hauptteil dieses Betrages übernahm die Taring-Familie, aber auch die Leibeigenen trugen ihr Scherflein in Naturalien dazu bei. 20 Mönche wurden eingeladen, die 108 Bände des Kagyur (die Lehren Buddhas) zu verlesen. Noch viele andere Riten wurden zelebriert, obgleich wir an sich glauben, daß man jene Schicksalsschläge, die mit unserem Karma verbunden sind, nicht abwenden kann.

Auf Taring gab es nur *Dzo* zum Pflügen, und Kühe gaben die Milch; das *Dzo* ist eine Kreuzung zwischen einem Yak und einer Kuh, und das männliche Tier eignet sich vorzüglich zum Pflügen. Wir hielten etwa dreißig *Dzo*, und weil die Leibeigenen keine eigenen Tiere besaßen, liehen wir ihnen unsere, wofür sie in Naturalien oder durch Dienstleistungen bezahlten. Die *Dzo* gingen paarweise vor dem Pflug, ihre Köpfe wurden mit roter Wolle geschmückt und manchmal auch mit kleinen Spiegeln, die das Sonnenlicht reflektierten und an denen man sie schon aus weiter Ferne erkennen konnte. Die hölzernen und eisernen Pflüge aus Indien waren nicht sehr stabil und schnitten nicht besonders tief in den Boden.

Das weibliche *Dzo (Dzomo)* gibt vorzügliche Milch – sie ist kräftiger als Kuhmilch und milder als die Milch des weiblichen Yak (*Dri*). *Dri*-Milch ist sehr dickflüssig und äußerst gehaltvoll, weil die Tiere auf den höchsten Bergen grasen, wo die köstlichsten Kräuter wachsen. Oberhalb des Drepung lag ein kleines Kloster, Gephel Otse genannt. Die acht ordinierten Mönche hielten eine Herde *Dri* und schickten Quark und Milch mit ihrem Siegel auf dem irdenen Topf an ihre Schutzherren. Die Kräuter auf diesem Berge galten als ungewöhnlich nahrhaft.

Das Leben auf dem Taring-Gut unterschied sich gründlich von dem hektischen Leben in Lhasa. Dschigme und ich genossen unser Dasein und waren sehr glücklich. Als ich im Frühling nach Taring kam, wuchs das Korn auf den Feldern, die Vögel sangen, und wir hatten unser eigenes hübsches kleines Sommerhaus mit einem Wohnzimmer und einem Schlafzimmer im ersten Stock, im Erdgeschoß befanden sich eine Halle und die Toilette. Die Mahlzeiten nahmen wir im Haupthaus mit der übrigen Familie ein.

Dschigmes Eltern waren in den Fünfzigern und sehr freundliche Leute. Zwischen unseren beiden Familien bestand ein bemerkenswerter Kontrast. Im Tsarong-Haus war jedermann geschäftig, stets war etwas los, auf Taring hingegen herrschte Frieden. Mein Schwiegervater las oder beschäftigte sich im Garten, und die Schwiegermutter studierte die heiligen Schriften, spann oder überwachte die Weber. Wir hatten sechs Teppichweber und drei Tuchweber; ihre Produkte waren für den Hausgebrauch bestimmt oder wurden verschenkt. Der auf Taring gewebte Wollstoff war von allerbester Qualität. Die ungewöhnlich weiche Wolle stammte vom Nacken der Schafe, und meine Schwiegermutter benutzte nur sehr widerstandsfähige Pflanzenfarben und kannte sich mit den Mischungsverhältnissen bestens aus. Sie fertigte die herrlichsten Wollschürzen und Kleidungsstoffe; das Tuch war so fein, daß die Familie nur ein Kleid im Jahr erhielt, und damit man öfter ein neues Kleid tragen konnte, wanderte es von einem Familienmitglied zum anderen. Eine Stofflänge von etwa 25 Zentimeter Breite ließ sich durch einen Fingerring ziehen. Das Tuch hielt lebenslang, und mit jeder Wäsche wurden die Farben leuchtender.

Meine Schwiegermutter war eine gutaussehende, hochgewachsene Frau und stammte aus der Dode-Familie, der größten Tibets, deren Gut auch im Gyantse-Distrikt lag. Sie hatte einen sanften, friedlichen Charakter, arbeitete ruhig und stetig und ließ nie zu, daß Tschangtschup Dölma oder ich uns im Haus betätigten. Die Tarings bestanden darauf, daß wir frei waren und nur das taten, wozu wir Lust hatten. Etwa dreimal im Monat kam eine Frau, um das Haar meiner Schwiegermutter zu kämmen, was beinahe einen ganzen Tag vor dem Spiegel in Anspruch nahm. Beide Frauen tranken die ganze Zeit Tee, und die Friseuse teilte meiner Schwiegermutter den neuesten Dorfklatsch mit. Ab und zu setzte ich mich zu ihnen, erzählte dies und jenes und brachte sie zum Lachen; niemand konnte meine Schwiegermutter so leicht zum Lachen bringen wie ich. Auch der Schwiegervater – ein kleiner Mann, weder dick noch dünn – gesellte sich häufig zu uns und beteiligte sich an unseren albernen Späßen. Er, Tschangtschup und ich hatten stets etwas zu lachen, wenn wir beieinander waren. Manchmal begab sich mein Schwiegervater nach Sikkim auf eine Pilgerfahrt oder um seine Verwandten zu besuchen; die Sikkimesen baten dann darum, ihn auf ihrem Rücken tragen zu dürfen, wenn die Straßen schlecht wurden, damit sie seinen Segen erhielten und die Befriedigung hatten, ihm dienen zu dürfen. Einige weinten und sagten: «Unser Herr ist alt geworden.» Überall am Wege errichteten sie Bambusunterkünfte und begrüßten ihn freudig mit Orangen und *Tungpa* (ihrem Nationalgetränk). Taring Radscha arbeitete nicht direkt für die tibetische Regierung, aber er nahm an den Neujahrszeremonien in Lhasa teil und freute sich stets auf seinen Besuch beim Dalai Lama, dem er die schönsten Dinge schenkte. (Nach dem Tode Sidkeong Tulkus hatte man ihn nach Sikkim gerufen, damit er seinen Anteil an den persönlichen Besitztümern seines Bruders in Empfang nehmen konnte, die unter die Familie aufgeteilt wurden.)

Obgleich meine Schwiegereltern ein zurückgezogenes, beschauliches Leben auf dem Taring-Gut führten, hatten sie schwer gearbeitet, bevor ihre Kinder erwachsen waren. Taring Rimpotsche, Dschigmes kluger Lama-Onkel, war Erbauer des Lingbu-Klosters in der Nähe unseres Gutes und wurde dort Abt. Er sorgte dafür, daß es ein gutes Kloster war, und der sikkimesische Staat unterstützte ihn großzügig. Daneben praktizierte er als tibetischer Arzt.

Tschime Dordsche und Tschangtschup wohnten im neuen Hauptgebäude. Er arbeitete auf den Feldern, verließ das Haus in der Morgendämmerung, um unseren Bauern beim Säen zu helfen, und ging anschließend durch das Dorf, um den Leuten bei ihren Problemen mit Rat und Tat zur Seite zu stehen. Die Steuern wurden in Form von Getreide entrichtet, von dem wir einen Teil lagerten und bei Bedarf unseren Leibeigenen liehen. Große Mengen *Tsampa* für den Haushalt wurden in unserer eigenen Mühle gemahlen, und auch das Senfsamen-Öl stammte aus der eigenen Presse; Tschime überwachte all diese Arbeiten.

Dschigme war stets im Hause tätig. Er malte oder lernte die tibetische Grammatik und Rechtschreibung. Er mußte eine Menge nachholen, weil er in seiner Jugend nicht viel Tibetisch lernen konnte, denn er hatte ja die englische Schule in Darjeeling besucht. Wie sein Vater ist auch er ein begabter Künstler und liebt die Gärtnerei. Er ist außerdem ein geschickter Tischler und zimmerte die Schränke und Bücherregale für unsere Räume selbst. Als erfahrener Koch bereitete er mit Hilfe seiner Schwester Kalden Wangmo besonders ausgefallene, wohlschmeckende Speisen und Kuchen. (Ich bin in all diesen Dingen bis auf den heutigen Tag ein hoffnungsloser Fall.) Gemeinsam bauten wir im Garten Dämme, und wenn der Fluß Hochwasser führte, halfen wir dem Gesinde, ihn einzudämmen. Dschigme packte tüchtig mit an, ich hingegen erbot mich im allgemeinen nur, ein Feuer anzuzünden oder Tee zu kochen. Meistens spielten Kalden Wangmo und ich *Scho*, während alle anderen arbeiteten. Ich hatte stets viel Freude daran, anderen etwas beizubringen, und so richtete ich eine kleine Schule ein: für meine beiden jüngeren Schwägerinnen, für die Kinder der Diener und die beiden niedlichen Kusinen Dschigmes, die Waisen waren und von seiner Mutter aufgezogen wurden. Wenn ich krank war, besuchten mich die Kinder und unterhielten mich. Ein anderes Vergnügen war es für mich, hin und wieder die Kinder des Gesindes zu baden und ihnen die Ohren zu säubern. Auch machte es mir großen Spaß, im Notfall Erste Hilfe zu leisten, und ich besaß etliche Hausmittel. Der englische Arzt in Gyantse zeigte mir, wie man Spritzen gibt, und ließ mich alle unsere Leibeigenen und ihre Kinder impfen.

Dschigmes älteste Schwester Rigsin Bhuti war ein großes, kräftiges, frommes Mädchen mit ungewöhnlich freundlichem Charakter. Sie heiratete Ragaschar Thokar, den Bruder der Königinmutter von Sikkim – der später *Schap-pē* wurde. Ihre Tochter ist heute mit Tsarongs Sohn Dadul Namgyäl verheiratet. Dschigmes dritte Schwester wurde Nonne, und die vierte heiratete Numa, einen Sohn aus alter Adelsfamilie, mit dem sie zwei Söhne und zwei Töchter hatte.

Dschigme besaß zwei sehr schöne Windspiele – Schiva und Schila –, die er von einem britischen Offizier als Gegenwert für einen wertvollen tibetischen Dolch erhalten hatte. Er ging mit ihnen und seiner doppelläufigen Flinte in die Berge auf Hasenjagd. Manchmal schoß er auch Gazellen, häufiger jedoch Hasen, Rebhühner und Enten. Mir gefiel seine Jagdleidenschaft ganz und gar nicht, aber zunächst schwieg ich.

Schließlich bat ich Dschigme, auf die Jagd zu verzichten, weil dieses Handwerk einem Prinzen nicht anstünde. Er erwiderte, er jage leidenschaftlich gern mit seinen Windspielen, und die Flinte habe ihm sein Onkel, der König von Sikkim, geschenkt. «Die Diener bekommen auf diese Weise gutes Fleisch, Hasenfleisch ist nämlich sehr zart», fügte er hinzu. Seiner Mutter gefiel das Jagen auch nicht, aber sie schwieg, weil er ihr ältester Sohn war, den sie achtete. Sie hätte ihn davon abbringen können, denn er konnte ihr keine Bitte abschlagen. Die Tarings standen im Ruf, einen guten Charakter zu haben, und ich stellte fest, daß es stimmte.

Nach einiger Zeit starb Schila, und weil ich mich standhaft weigerte, Dschigme auf die Jagd zu begleiten, blieb er immer häufiger zu Hause. Als ich ihn heiratete, stellte sich heraus, daß er viel in den Heiligen Büchern las und die Rituale wesentlich genauer einhielt als ich. Wiederholt sagte ich zu ihm: «Folgst du wirklich ernsthaft den Lehren Buddhas, oder verbringst du lediglich auf diese angenehme Art und Weise deine Morgenstunden?» Er pflegte darauf scherzhaft zu erwidern, daß schließlich ich es gewesen sei, die ihn zum Laien gemacht habe, und ob ich mich nicht mehr erinnere, daß er an unserem Hochzeitstage noch kurzes Haar und ein orangefarbenes Hemd trug. Er sagte, all die Riten habe er von seinem Onkel Taring Rimpotsche gelernt, bei dem er etwa zwei Jahre lang im Taring Kloster gelebt hatte. Im Verlauf dieser Diskussionen sagte ich, daß auch die Tiere ihr Leben lieben und daß sie, auch wenn sie klein und häßlich sein mögen, nicht gern sterben. Ich sagte: «Sie können nicht reden, aber sie lieben ihre Frauen und Kinder. Wenn man sie voneinander trennt, so ist das eine große Sünde, und es hat gar keinen Zweck, daß du morgens immer betest, solange du dich so verhältst.» Eines Tages erschoß er eine der beiden Wildenten, die im Teich hinter unserem Haus lebten. Tagelang suchte die zurückgebliebene Ente schreiend und wehklagend ihren Gefährten. Dschigme mußte das Leid des Tieres mit ansehen, und es ging ihm sehr nahe. Danach faßte er einen Entschluß: Er brachte die Flinte ins Hauptgebäude und übergab sie seinem Vater.

Einige Monate später sagten die Diener, ein äußerst seltsamer Vogel habe sich auf der riesigen Pappel niedergelassen, die angeblich über 200 Jahre alt war. Wir schauten nach, und Dschigme meinte, es sei eine schwarze Ente und vermutlich ein schlimmes Vorzeichen, denn normalerweise lasse sich ein solcher Vogel nie auf einem Baum nieder. Er sagte: «Ich will von Vater die Flinte holen und ihn abschießen.» Ich stimmte ihm zu, weil ich insgeheim dachte, er könne den Vogel, der auf dem höchsten Ast saß, nicht treffen. Dschigme holte den armen Vogel mit einem einzigen Schuß herunter. In Gyantse waren diese Vögel unbekannt, aber im Teich hinter dem Potala sahen wir später viele dieser Gattung.

Sechs Monate nach unserer Hochzeit erlitt Tschangtschup Dölma einen Rückfall und bekam chronische Ruhr. Das war ein schwerer Schlag für die Familie und brachte viel Leid, doch war es rührend mit anzusehen, wie Tschime seine Frau umsorgte. Sie starb, als Dschigme und ich Ferien in Indien machten. Als wir in Kalimpong die Nachricht von ihrem Tode erhielten, waren wir sehr bestürzt.

Einige Jahre später, als Dschigme und ich bereits in Lhasa wohnten, schickte der Taring Radscha einen alten Freund der Familie, der mich bat, Tschime Dordsche als zweiten Mann zu heiraten, damit die Familie gefestigt werde. Ich weigerte mich mit der Begründung, ich liebte Dschigme zu sehr, als daß ich noch einen anderen Mann haben wolle. Ich machte den Vorschlag, Tschime solle eine der Töchter meiner Schwester Norbu Yudon heiraten. Er nahm später meine Nichte Dekjong Wangmo zur Frau, und sie bekamen zwei Söhne und drei schöne Töchter.

Das Leben auf Taring war unvergeßlich. Weil ich nicht

schwanger wurde, verhielt ich mich weiterhin wie ein Schulmädchen und spielte den ganzen Tag, obgleich die anderen schwer arbeiteten. Gelegentlich beschäftigte ich mich in dem kleinen Gemüsegarten, und einmal in der Woche schickte uns Tsarong seine Auslandskorrespondenz. Wir übersetzten die Briefe ins Tibetische und schickten sie zurück nach Lhasa, wo Tsarong die Antwortbriefe verfaßte, die wir zur Übersetzung ins Englische zurückerhielten. Dann ging die Korrespondenz noch einmal nach Lhasa, damit Tsarong sie unterzeichnen konnte, und schließlich schickte er sie an uns, damit sie von der englischen Post von Gyantse aus befördert werden konnte. Es dauerte ziemlich lange, bis seine Geschäftspartner Antwort auf ihre Post erhielten.

Zu Neujahr, bei der Ernte und anderen Festen tanzten Dschigme, Tschime, Kalden Wangmo, die Diener, Leibeigenen und ich die ganze Nacht hindurch bis zum Morgengrauen. Mir gefiel das fröhliche Leben auf dem Lande. Jeden Monat wurde die Gebetsflagge gehißt. Die Gefolgsleute brachten große irdene Krüge mit *Tschang* und tanzten und sangen, bis sie leer waren. Es gab verschiedene Lieder fürs Dreschen, Mähen, Säen, Pflügen – die Tibeter können nicht ohne Gesang arbeiten, das hilft ihnen, ihre schwere Last leichter zu ertragen.

Im Frühjahr brachten die Frauen die Saat in die Erde, und Kalden Wangmo half ihnen dabei. Ich will nicht sagen, daß alle tibetischen Edelfrauen gleich waren, aber im großen und ganzen trifft es zu, daß Männer und Frauen auf den Gütern Schwerarbeit leisteten. Das Leben in der Stadt ist wesentlich leichter, und wir hatten unseren Bauern, Hirten und Nomaden eine Menge zu verdanken.

Von unserem Dopta-Gut erhielten wir etwa 1000 *Maunds* Getreide, für 15 *Maunds* Butter und 50 *Mauds* Wolle pro Jahr. Wir hatten ein paar tausend Schafe und etwa 1000 Yaks bei unseren eigenen Nomaden. Es gab außerdem noch einige Häuser für die 200 Gefolgsleute, die Getreide anbauten. Einige dieser Familien luden uns zum Essen ein, wenn wir dort waren, und sie setzten uns äußerst schmackhafte Speisen vor. Die meisten waren jedoch Nomaden, und Dschigme und ich kampierten neben ihren Zelten. Sie besaßen Land, Yaks und Schafe, und vielen von ihnen ging es recht gut. Ihre riesigen Doggen mit den roten Augen waren sehr wild und bellten laut. Gewöhnlich waren sie angebunden, aber diejenigen, die frei herumliefen, griffen unsere Pferde an, und einmal mußte Dschigme sogar seine Pistole abfeuern, um sie zu den Zelten zurückzuscheuchen.

Als Dschigme und Tschime beschlossen, getrennt zu leben, erhielt Tschime das Dopta-Gut als seinen Anteil am Familienvermögen. Noch heute bin ich glücklich, wenn ich an die wunderschöne Zeit auf dem Taring-Gut zurückdenke. Vermutlich war ich besonders unbeschwert, weil ich im Gegensatz zu vielen anderen Frauen mit meinen angeheirateten Verwandten sehr gut auskam. Ich hatte mir von Anfang an geschworen, Dschigmes Eltern zu lieben und ihnen zu dienen, weil ich keine Gelegenheit hatte, meinen eigenen Eltern für ihre Liebe zu danken. Es gibt nichts Verdienstvolleres, als seine Eltern zu lieben und zu ehren – besonderen Dank aber schuldet man der Mutter, die so viel leidet, bis sie ihre Kinder großgezogen hat, und die uns die beste Liebe schenkt, die wir je bekommen.

9 Intrigen in Lhasa

Während Dschigme und ich unser Glück auf dem Taring-Gut genossen, hatte der arme Tsarong in Lhasa schwere Zeiten durchzustehen. Seine Rivalen konspirierten weiterhin gegen ihn, verbreiteten üble Gerüchte und drangen in den Dalai Lama, ihn noch weiter zu erniedrigen. Aber Seine Heiligkeit weigerte sich und zögerte, sich seinem Helden gegenüber undankbar zu erweisen. Erst 1930 verbannte er ihn aus dem *Kaschag* und nahm ihm damit jede Macht. Tsarong teilte Dschigme und mir die Nachricht mit, indem er uns in einem Telegramm bat, die Briefe nunmehr mit *«Dzasa»* anstatt *«Schap-pē»* zu adressieren.

Viele Leute waren erstaunt darüber, daß es den Feinden Tsarongs überhaupt gelungen war, das Vertrauen des Dalai Lama in ihn zu erschüttern. An der Spitze von Tsarongs Gegnern stand *Tsipon* Lungschar, der so listig war, daß er den Dalai Lama dazu brachte, Tsarong ein wenig zu mißtrauen; der 13. Dalai Lama war so mächtig, daß niemand ihn zwingen konnte, etwas gegen seinen Willen zu tun.

Lungschar war ein ehrgeiziger Mensch. Er stammte aus einer verarmten Adelsfamilie und hatte einige Jahre in England verbracht, wo er die vier tibetischen Jungen betreute, die die Schule von Rugby besuchten. Während Tsarongs Abwesenheit im Jahre 1925 kam er dem Dalai-Lama als Ratgeber nahe, und es hieß, Lungschar und Dumpa *Dzasa*, der Neffe Seiner Heiligkeit, der Tsarong als Oberbefehlshaber folgte, hätten

Seiner Heiligkeit häufig gesagt, Tsarong stärke die Armee lediglich deshalb, weil er selbst Herrscher von Tibet werden wolle. Rigsin Tschodon erzählte mir, sie habe gehört, Dumpa hätte in Gegenwart Seiner Heiligkeit Tränen vergossen und gesagt, er könne die Verantwortung nicht tragen, wenn es Tsarong eines Tages gelänge, die Macht zu ergreifen – und Tsarong habe bereits einen Palast für sich erbaut. (Damit meinte er das neue Tsarong-Haus, das 1923 fertig wurde und von dem einige boshafte Leute behaupteten, es sei prächtiger als der Norbu-Lingka-Palast.) Dumpa *Dzasa* nahm Opium und arbeitete sehr nachlässig. Es hieß, Lungschar habe absichtlich einen so labilen Mann zum Oberbefehlshaber ernannt, um leichteres Spiel zu haben.

Lungschar war ein geschickter Zauberer. Er wollte durch seine Magie bewerkstelligen, daß der Schatra *Tsipon*, Sohn und Erbe von Schatra Löntschen, zugrunde ging, weil Lungschar eine Heirat zwischen seinem eigenen ältesten Sohn Tschapase und der Tochter des Schatra *Löntschen*. Er glaubte angeblich, nach dem Tode des Schatra *Tsipon* könne Tschapase seinen Namen annehmen und Herr im Schatra-Haus sein. (Die Schatras besaßen einen klosterähnlichen Palast, viele Güter und waren eine der größten Adelsfamilien.) Schatra *Tsipon* sollte gerade *Schap-pē* werden, als er an einer sehr merkwürdigen Krankheit starb, nachdem er fünf- bis sechsmal am Tag von heftigen Schmerzen befallen worden war. Dann fand man auf dem flachen Dach des Schatra-Hauses, direkt über Schatra *Tsipons* Wohnraum, einen Zaubergegenstand. Es war eine nackte, kniende Figur des Schatra *Tsipon*, die einen Skorpion über seinen Kopf hielt – das erzählte mir die Witwe des Schatra *Tsipon* später. Die Schatra-Diener allerdings, die wie Familienangehörige gehalten wurden, stellten sich auf die Seite des Sohnes von Schatra *Tsipon*, dem einzigen Erben des Hauses, der damals noch ein Säugling war. Es gelang ihnen, Tschapase und seine Frau fortzuschicken, indem sie ihnen eines der Familiengüter überließen.

Lungschar war auch weitgehend für die Unstimmigkeiten zwischen dem Dalai Lama und dem Pantschen Lama verantwortlich. Nach der Flucht des Pantschen Lama nach China im Jahre 1923 schickte Lungschar den Tsogo *Dapon* aus, der ihn verfolgen und tot oder lebendig zurückbringen sollte. Als das Volk davon erfuhr, waren alle sehr traurig, nannten Lungschar einen Zauberer. Man sagte, er sei die Inkarnation von Khanpo Palden Dondup, der 1862 im Drepung-Kloster eine Rebellion entfesselte und die Mönche zu einem Bürgerkrieg anstiftete. Die Leute von Lhasa komponierten damals ein Lied:

Lungschar war kein Jäger
Tsogo war kein Jagdhund
Pantschen war kein Hirsch.

Kurz nachdem Tsarong aus dem *Kaschag* ausgeschlossen worden war, richtete Seine Heiligkeit eine neue Regierungsstelle ein, die *Traptschi Lekhung* hieß und das Münzamt, die Fabrik für Papiergeld und die Munitionsfabrik verwalten sollte. Vorher hatten sich verschiedene Abteilungen die Verantwortung für diese Stellen geteilt, und Tsarong war für das Münzamt zuständig gewesen. Jetzt bildeten er und ein Mönchsbeamter namens Kunphela den Vorstand des *Traptschi Lekhung*.

In alten Zeiten gab es in Tibet nur Silbermünzen, und einige davon waren in Stücke geschnitten und dienten als Wechselgeld. Später ließ die Regierung Kupfermünzen für kleinere Werte prägen. Zehn *Kar* waren ein *Scho*, zehn *Scho* ein *Sang*, zehn *Sang* wiederum ein *Tamka*. Weil unsere alten *Tamkas* aus reinem Silber bestanden, kamen viele durch Händler außer Landes und wurden verkauft. Wir besaßen auch viel Gold von guter Qualität, obgleich wir kaum Bergbau hatten, und so ließ die Regierung auch reine Goldmünzen prägen – die noch kürzere Zeit in Tibet verweilten als die Silbermünzen. 1925 wurden zwei Beamte des Münzamtes nach Kalkutta geschickt, um dort Druckerpressen zu kaufen und zu lernen, wie man mit ihnen umgeht. Nachdem eine Menge Papiergeld gedruckt worden war, sagte Tsarong, das sei nicht gut für das Land, und schlug vor, eine Goldreserve anzulegen. Jedes Jahr wurden 300 kleine Goldbarren zu je 27 *Tolas* im Potala eingelagert.

Kunphela, Tsarongs Kollege im *Traptschi Lekhung,* war zu dieser Zeit einer der mächtigsten Männer Tibets. Er hatte als ungewöhnlich intelligenter Junge einer armen Bauernfamilie begonnen und bereits als junger Mönch die schwierige Aufgabe übernommen, die Druckstöcke für die Heiligen Bücher im Norbu-Lingka-Palast zu schnitzen. Ab 1925 hörten Tsarongs tägliche Besuche bei Seiner Heiligkeit auf, und Kunphela wurde der einflußreichste Diener des Dalai Lama. Bei einer besseren Ausbildung hätte er ein geschickter Staatsmann werden können, aber wie die Dinge lagen, hatte er nicht viel Ahnung von der Regierungsarbeit, obgleich er sehr fleißig und sehr ehrgeizig war. Wie viele andere respektierte auch er Tsarongs großes Wissen und seine Erfahrung in Regierungsangelegenheiten.

Etwa 18 Monate nach unserer Hochzeit bot Mr. Williamson, Regierungsoffizier in Sikkim, Dschigme die Stelle als britischer Handelsagent in Gartok an. Gleichzeitig traf ein Telegramm der tibetischen Regierung ein, in dem Dschigme mitgeteilt wurde, daß Yuthok *Kadon* (der Vetter meiner Mutter) gerade mit 25 der 500 Soldaten der Leibwache Seiner Heiligkeit nach Gyantse unterwegs sei, damit die Leute dort von den Engländern an Maschinengewehren ausgebildet würden. Man teilte Dschigme mit, der Dalai Lama wünsche, daß er den Trupp als Dolmetscher begleite, sich ausbilden lasse und danach nach Lhasa käme. Da Dschigme Seine Heiligkeit schlecht enttäuschen konnte, mußte er Mr. Williamsons freundliches Angebot ausschlagen.

Während des dreimonatigen Exerzierens war Captain D. Marshal Ausbilder. Dschigme und ich erhielten Unterkunft im britischen Fort, während Yuthok *Kadon* bei seiner Schwester Kjipup in der Stadt wohnte. Zuerst unterhielten wir uns ausgezeichnet, wir schlossen viele neue Freundschaften und besuchten Feste, aber nach zwei Monaten ereignete sich etwas sehr Trauriges.

Eines Morgens erzählte mir Yuthok, seine Frau – eine Nichte des 13. Dalai Lama – habe eine Tochter zur Welt gebracht und sei wohlauf. Kurz vor dem Mittagessen jedoch kam ein Diener gelaufen und bat mich, Yuthok mitzuteilen, seine Frau sei gestorben. Yuthok und ich eilten mit den britischen Ärzten zu ihr, aber jede Hilfe kam zu spät. Seine beiden kleinen Söhne und eine ältere Tochter waren auch in Gyantse, und wir waren völlig verzweifelt. Ich kümmerte mich um Yuthok und seinen älteren Sohn, Kjipup um die anderen. Das kleine Mädchen lebte nur etwa ein Jahr.

Viele junge tibetische Frauen starben im Kindbett, die meisten von ihnen konnten die Plazenta nicht ausscheiden. Die Bauern nahmen die Geburt als etwas ganz Normales hin, wie sie es bei den Tieren sahen; die Frauen von Hirten bekamen ihre Kinder häufig im Gebirge und durchtrennten die Nabelschnur selbst mit einem scharfen Stein. Die tibetischen Ärzte kannten keine Methode, wie man mit einer anormalen Lage des Kindes fertig wird. Die Frauen, die auf ganz natürliche Weise gebaren, waren im allgemeinen am besten dran, aber gelegentlich gab man der Mutter heißes Bier oder eine Schale heiße geschmolzene Butter und Moschus zu trinken, und diese Behandlungsmethoden führten häufig zu Komplikationen. Die Hebammen lernten, es sei gut, möglichst viel Blut auf die Seite der Nabelschnur zu pressen, die dem Kind am nächsten war, bevor sie sie abbanden und durchschnitten; denn je mehr Blut das Kind aus der Plazenta erhielt, desto gesünder wurde es angeblich. Man glaubte auch, daß durch die Geburt eine große Infektionsgefahr entstünde, und mancher vermied es, eine junge Mutter zu besuchen, bevor ihr Zimmer desinfiziert worden war, und zwar von einem Lama, der heiliges Wasser versprengte und dabei spezielle Gebete hersagte. Sobald ein Kind geboren war, steckte man ihm ein Stückchen *Tsampa* und Butter in den Mund, um ihm so ein glückliches, reiches und langes Leben zu wünschen. Mütter hatten häufig neun oder zehn Kinder, und jedermann hielt es für gut, möglichst viele Kinder zu haben. Es gibt ein tibetisches Sprichwort: «Ob eine Frau schön oder häßlich ist, spielt keine Rolle – Hauptsache, sie hat ein Kind im Schoß.» Zwillinge waren in Tibet nicht ungewöhnlich, Drillinge kamen selten, und drei Jungen galten als ganz besonders glückbringend. Es gab keine Geburtenkontrolle, aber einige adlige Frauen gingen nach Indien, um entsprechende Operationen vornehmen zu lassen. Nach der Geburt oder während einer Krankheit durften Wöchnerinnen oder Kranke tagsüber nicht schlafen, weil die Temperatur im Schlaf steigt. So blieb stets jemand im Zimmer und achtete darauf, daß der Patient nicht einschlief.

Als wir aus Gyantse nach Lhasa zurückkehrten, stellte sich heraus, daß Kunphela tatsächlich sehr einflußreich geworden war. Selbst wenn er sagte: «Osten ist Westen», mußte ihm jedermann zustimmen, weil der Dalai Lama ihm bedingungslos vertraute. Er rekrutierte gerade ein neues Regiment, das *Drong Drak Makhar* hieß, sich aus den jüngeren Söhnen der reichen Bauernfamilien und einiger Adelsfamilien zusammensetzte und die Truppen an der Ostgrenze verstärken sollte, wo die Chinesen viel Unruhe stifteten. Er war so ehrgeizig, daß die Leute glaubten, er wolle ein Sonderregiment für seine eigenen machtpolitischen Zwecke aufstellen, aber das ließ sich nie beweisen. Dschigme wurde zweiter *Dapon*, Yuthok erster *Dapon* der *Drong Drak Makhar*, und in Daptschi bei Lhasa erbaute man eine große Kaserne. Ngawang Dschigme, der illegitime Sohn von Ani Tschampala, der von Tsarong eine gute Erziehung erhalten hatte, war einer der 1000 jungen Männer, die jetzt gezwungen wurden, ganz gewöhnliche Soldaten zu werden. Wenn etwas Sitte ist, beschweren sich die Leute nicht, selbst wenn es ihnen nicht gefällt; aber dieses Regiment war etwas Neues, das niemandem paßte und dem Lande einfach aufgezwungen wurde. Bisher war nur der Soldat geworden, der auch Lust dazu hatte, und doch fürchtete man Kunphela so sehr, daß niemand wagte, sich laut zu beschweren – man fragte sich lediglich insgeheim, wie lange sein starker Einfluß wohl anhalten würde.

Es gab damals nur zwei Autos in Lhasa, die beide Seiner Heiligkeit gehörten. Zur Kaserne kam Kunphela täglich im Austin, den sein Freund Taschi Dondup chauffierte. (Die Kaserne lag in der Nähe des *Traptschi Lekhung*, wo Kunphela mit Tsarong in jenen Jahren arbeitete.) Kunphela war so stolz auf sein Regiment, daß er aus eigener Tasche die goldenen Abzeichen für die Hüte der *Dapons* bezahlte und für Yuthok und Dschigme englische Uniformen in Kalkutta bestellte. Alle Uniformen der Soldaten waren sorgfältig geschneidert, und die Leute wurden gut verpflegt – gelegentlich kam aus dem Norbu-Lingka-Palast sogar köstliches getrocknetes Yakfleisch. Sie erhielten zwar dieselbe Besoldung wie gewöhnliche Soldaten – etwa zwölf Shilling pro Monat – jedoch in vieler Hinsicht alle möglichen Vergünstigungen.

Nachdem ich fast zwei Jahre von meiner kleinen Tochter getrennt war, freute ich mich sehr, sie wiederzusehen. Dennoch wollten Dschigme und ich in einem eigenen kleinen Haus leben, und Tsarong gestattete uns, eines auf dem Gelände des Tsarong-Besitzes zu errichten. Wir lebten dort einige Jahre. (Später wohnten Heinrich Harrer und Peter Aufschnaiter ein Jahr in dem Haus.)

Nach meiner Heirat mit Dschigme wurde ich über drei Jahre nicht schwanger. Ich war nicht besonders darauf versessen, noch ein Kind zu bekommen, weil die erste Entbindung nicht gerade leicht gewesen war, aber Dschigme sehnte sich nach Kindern, und so fragten wir einen sehr heiligen Lama um Rat, einen früheren Lehrer meiner Mutter, der als Eremit in einer Höhle in der Nähe von Lhasa lebte. Als wir ihn fragten, ob es unser Schicksal sei, Kinder zu bekommen, betete er und sagte dann, wir würden einige ungewöhnliche Kinder bekommen. Er schenkte mir ein Amulett und sagte, ich solle es stets bei mir tragen. Dazu erhielt ich ein Dokument, in dem stand, wenn alte Leute und Kinder das Amulett trügen, werde es sie vor Bösem beschützen, und eine Frau, die noch nicht empfangen hatte, würde durch seine Kraft schwanger. Der Einsiedler riet mir noch, zu Dölma, meiner *Karma*-Gottheit, zu beten und bestimmte Riten vorzunehmen. Wir taten, wie er uns befohlen, und wenige Monate später, 1934, wurde ich zum zweiten Mal schwanger.

Die ganzen neun Monate lang ging es mir schlecht. Ich lernte gerade das *Jangtschin* zu spielen, aber nach einer Weile konnte ich die Musik nicht mehr ertragen und gab den Unterricht auf. Ich hatte großen Appetit auf Rettiche, und da es gerade Frühling war, streiften Dschigme und ich durch die ganze Stadt, schauten in jeden Gemüsegarten. Wir gingen von Tür zu Tür und fragten, ob jemand frischen Rettich hatte. (Tibeter glauben, lange Spaziergänge seien für Schwangere sehr gut.) Als ich diesen Appetit auf Rettiche entwickelte, pflanzte Pema Dolkar sofort welche an und sagte, in vierzehn Tagen könne ich sie essen, denn es war eine spezielle, schnellwachsende Sorte aus England. Aber als die Rettiche ausgewachsen waren, war auch mein Appetit verschwunden, und mich verlangte statt dessen nach *Mingduk*, einer bekannten Delikatesse der Mönche, die den Hohen Lamas gereicht wird, nachdem sie die Prüfung im dialektischen Debattieren bestanden haben. Das Gericht bestand aus in Butter gekochtem Reis, Fleisch, Rosinen und getrockneten Aprikosen. Pema Dolkar sagte, ihr Koch werde das Gericht für mich zubereiten, doch obgleich es mir sehr schmeckte, konnte ich es die nächsten vier oder fünf Jahre nicht sehen.

Damals war der General Dingja unser bester Freund. Er war einer der drei Armeeoffiziere, die man nach Quetta und Schillong zur militärischen Ausbildung geschickt hatte. Er war der Bruder von Rigsin Tschedon, Delek Rabten (der Mann meiner Schwester Norbu Yudon) und Tsawa Tritrul; seine Frau war

Tsarongs Schwester Jangtschen, die ihm drei wunderschöne Töchter geboren hatte. Er war robust, pausbäckig und voller Späße – ein sehr netter Mensch, intelligent und aufgeschlossen. Jedermann fühlte sich in seiner Gegenwart wohl, und Tsarong und Dadul Namgyäl liebten ihn sehr. Als wir auf dem Grundstück des Tsarong-Hauses wohnten, war für Dschigme und mich ein Leben ohne ihn einfach undenkbar; das Frühstück und die Abendmahlzeit nahm er beinahe täglich mit uns ein, und wir verbrachten die Abende mit Kartenspielen und Gelächter. Wenn er zum *Kaschag* ging, um sich zu informieren, wußten nur Dschigme und ich, daß er unter seinem khakifarbenen Armeemantel die rosa Hose seines Pyjamas trug, die er in die knielangen Stiefel gestopft hatte. Einmal erzählte er uns, daß er im Zimmer der Sekretäre im Scherz hin und her gezerrt worden sei, wobei man seine rosa Hosen entdeckte – aber die meisten unserer Beamten aller Altersstufen waren stets zu Späßen aufgelegt, und niemand machte sich etwas daraus. Er sagte zu mir oft, ich gliche den kleinen pummeligen Mönchlein, die in der Neujahrsprozession die winzigen Trommeln schlagen, und ich erwiderte darauf, er erinnere mich an den Mönch, der die riesengroße Trommel schleppte, dabei herumhüpfte und *Tsampa*-Bälle aus der Tasche ziehe und in die Menge werfe. Als Mr. und Mrs. Williamson (Mr. Williamson hatte Colonel Weir als Regierungsbeamter in Sikkim abgelöst) einmal zu einer Gesellschaft im Tsarong-Haus weilten, zog Dingja Damenkleider an und legte einen kurzen Tanz aufs Parkett. Die Vorstellung war so komisch, daß sich die Williamsons vor Lachen nur so bogen. Er sah so lustig aus, daß schon die geringste Bewegung, ein winziges Verziehen des Gesichtes genügte, um eine ganze Gesellschaft zu retten – niemand kann sich vorstellen, wie lustig das Leben in Tibet war.

In der Nacht des 13. Tages im 11. Monat des Wasser-Vogel-Jahres (17. Dezember 1933) überbrachte uns Dingja die traurige Nachricht, daß Seine Heiligkeit, der 13. Dalai

Lama, im Alter von achtundfünfzig Jahren in die Himmlischen Gefilde eingegangen sei.

Wir alle waren sehr überrascht, weil wir gar nicht gehört hatten, daß er krank gewesen war; einige Wochen zuvor hatte er sich erkältet, und diese Krankheit hatte sich ständig verschlimmert, bis er starb. Weil Dingja zu jener Zeit Stadtmagister war, mußte er noch in derselben Nacht die ganze Stadt Lhasa und, sobald wie möglich, das ganze Land benachrichtigen. In jedem Haus und auf den Dächern wurden Lichter angezündet, und man holte die Flaggen und Banner von den Häusern und Tempeln; die Beamten legten Trauerkleidung an und nahmen die Ohrringe ab; die Frauen legten die buntgestreiften *Pangdens* (Schürzen) und ihren Schmuck ab. (Die prächtige *Pangden* einer Tibeterin gilt als äußerst wichtig und wird nur beim Tode eines Dalai Lama abgenommen. Es heißt, das Leben des Ehemannes sei mit der *Pangden* verbunden, und wenn eine Frau ihre Schürze verliert, muß sie besondere Riten durchführen, weil der Verlust Krankheit oder Unheil für ihren Mann bedeuten kann. Das ist eine alte Sitte und hat nichts mit unserer Religion zu tun.) Am nächsten Morgen zogen die Menschen zum Norbu-Lingka-Palast, um dem heiligen Leichnam die letzte Ehre zu erweisen, und alle weinten über den Verlust des großen Herrschers und Lamas.

Der 13. Dalai Lama war ein dermaßen mächtiger und strenger Herrscher, daß es unter seiner Regierung so gut wie gar keine Korruption gab und die Klöster sehr diszipliniert waren. Indem er China und Indien gegeneinander ausspielte, erhielt er uns die Unabhängigkeit; Todesstrafe und Amputation, die in einigen Gegenden sehr häufig vorgekommen waren, wurden verboten – ausgenommen für Hochverrat; der Zinssatz, den die Geldverleiher einstrichen, wurde begrenzt, und wenn Grundeigentümer ihr Land vernachlässigten, verwirkten sie ihr Recht darauf, und andere durften es bestellen. Ärzte wurden in viele ländliche Distrikte geschickt, Entbindungen waren frei, kranke Tiere wurden kostenlos behandelt. Spielen, Trinken und das Rauchen von Opium und Tabak waren verboten, weil Seine Heiligkeit der Meinung war, diese Angewohnheiten dienten lediglich dazu, den Menschen zu schwächen, überdies würde dadurch eine Menge Zeit und Geld verschwendet. Die Frauen der ärmeren Beamten durften kein Geld mehr leihen, um sich dafür prächtige Gewänder und Schmuck zu kaufen; diese Damen gerieten nämlich früher häufig tief in Schulden, weil es äußerst schwierig geworden war, in höhere Kreise zu gelangen, wenn man keine teuren Kleider und keine Juwelen aufweisen konnte. Diese Reformen paßten zwar vielen Reichen nicht sonderlich, die meisten Tibeter aber hielten den 13. Dalai Lama für den besten Herrscher, den wir jemals hatten. Nach dem Tode Seiner Heiligkeit, als die beiden Regenten an der Macht waren, wurden diese sinnvollen Verordnungen freier gehandhabt, und unter den Beamten gab es viel Korruption; sie spielten gern Mah-Jongg und vernachlässigten ihre Regierungspflichten.

Nach einem Monat wurde der Leichnam in den Potala gebracht und blieb dort in einem Privatraum Seiner Heiligkeit, bis er gut konserviert war. (In Tibet verwendete man zur Einbalsamierung hauptsächlich Salz.) Dann wurde der Leichnam eingesargt und mit Silber- und Goldplättchen bedeckt, bis er die Form einer *Stupa* hatte. Das Dach des Tempels, in dem die Leiche ruhen sollte, mußte noch repariert und erhöht werden. Aus diesem Grunde hatte die Regierung ein Sonderkomitee beauftragt, die Arbeiten zu beaufsichtigen. Das Grab wurde herrlich; es war mit den Edelsteinen Seiner Heiligkeit und vielen gespendeten Steinen besetzt.

Der unerwartete Tod des Dalai Lama verursachte große Bestürzung bei der Regierung. *Tsi-pon* Lungschar wollte gar zu gern alle Macht an sich reißen, wußte jedoch, daß Kunphela ihm im Weg stand und daß er, um ihn loswerden zu können, zuvor sein *Drong Drak Makhar*-Regiment auflösen mußte, in dem Dschigme zweiter *Dapon* war. Insgeheim überredete er die tausend Soldaten, die samt und sonders gegen ihren Willen rekrutiert worden waren, den Dienst zu quittieren, und drei Tage nach dem Tode Seiner Heiligkeit erschien das gesamte protestierende Regiment während einer *Kaschag*-Versammlung vor dem Norbu-Lingka-Palast. Die *Schap-pēs* versprachen, die Forderung zu gegebener Zeit zu prüfen, befahlen den Leuten jedoch, unverzüglich auf ihren Posten zurückzukehren, und zwar zum nahe gelegenen Münzamt, das sie bewachen sollten. Die Männer desertierten statt dessen und kehrten nach Lhasa zurück, und das sah gar nicht gut aus für Dschigme und Yuthok.

Die Repräsentanten der drei großen Klöster, die zu jener Zeit von Lungschar beeinflußt wurden, schlugen daraufhin dem *Tsongdu* vor, die Deserteure sollten durch Mönche ersetzt werden. Der Trimon *Schap-pē* jedoch erwiderte, es sei lächerlich, Mönche zu Soldaten zu machen, und befahl einer Hälfte der Leibwache Seiner Heiligkeit, Posten am Münzamt zu beziehen und jeden zu erschießen, der versuchte, sie daran zu hindern.

Am nächsten Tag berief Lungschar eine Versammlung des *Tsongdu* ein, denn der unerwartete Tod des Dalai Lama hatte große Verwirrung gestiftet. Kunphela und zwei Leibdiener Seiner Heiligkeit wurden beschuldigt, sie hätten die Krankheit geheimgehalten und dem Dalai Lama nicht genügend ärztliche Hilfe zuteil werden lassen. Sie mußten nach Kongpo im Süden Tibets ins Exil gehen. Bald darauf nahmen nach und nach alle Männer des *Drong Drak Makhar*-Regimentes ihren Abschied, und das Regiment wurde aufgelöst. Schon bald danach erhielt Dschigme einen Posten als Schatzmeister der tibetischen Regierung.

In der Woche nach dem Tode des Dalai Lama loste man im *Tsongdu* den Regenten aus. Zur Wahl standen Ganden Tri Rimpotsche (Abt des Ganden-Klosters), Reting Rimpotsche (inkarnierter Lama des Reting-Klosters) und Phurtschok Rimpotsche (inkarnierter Lama des Sera-Klosters). Die drei Namen wurden in völlig gleiche Bälle aus *Tsampa*-Teig eingeknetet und dann sorgfältig gewogen, bevor man sie in eine Urne legte, die so lange gedreht wurde, bis durch den Schwung ein Ball herausgeschleudert wurde. In der *Tsampa*-Kugel befand sich der Name des Reting Rimpotsche; ein Neffe des verstorbenen Dalai Lama, Yaptschi Langdun *Löntschen* (*Löntschen* = Premierminister) wurde zum Laienkollegen ernannt.

Reting Rimpotsche war eine berühmte Inkarnation und in Dakpo, in Südost-Tibet, als Sohn armer Bauern auf die Welt gekommen. Im Alter von drei Jahren trieb er einen hölzernen Pflock tief in einen Felsen in der Nähe des elterlichen Hauses, und als man ihn fragte, was das zu bedeuten habe, erwiderte er, er erwarte eine Karawane, die von weither käme, um ihn heimzuholen, und an diesem Pflock würden die Leute ihre Pferde anbinden. Schon kurze Zeit später traf die Suchmannschaft ein, erkannte ihn als Reinkarnation des Reting Rimpotsche und brachte ihn in sein Kloster. Auch um seine Eltern kümmerte sich das Kloster. (Das war stets der Fall, wenn die Reinkarnation aus armen Verhältnissen stammte; kam der Lama jedoch aus einer reichen Familie, dann wendeten seine Eltern für ihn mehr auf als das Kloster.) Das Reting-Kloster lag eine Dreitagereise nördlich von Lhasa – es war ein sehr heiliger Ort mit vielen Wacholderbäumen. Dort lebten Nomaden. Der Reting Rimpotsche war erst neunzehn Jahre alt, als er Regent wurde – ein netter junger Mann, freundlich und angenehm in der Unterhaltung, obgleich er in der Politik völlig unerfahren war. Häufig schickte er Händler nach China, um Satin und Porzellan für seinen eigenen Gebrauch zu kaufen, ein Teil wurde zum Verkauf in Lhasa feilgeboten.

Anfang 1933 hatte man Tsarong einen Jahresurlaub von Lhasa gewährt; er reiste auf unsere Güter Tsarong und Lhanga und war abwesend, als der Dalai Lama starb. Als er zurückkam, um dem Leichnam seines Herrn die letzte Ehre zu erweisen, sagte er zu mir, wenn Seine Heiligkeit ihm keinen Urlaub gewährt hätte, wäre es jetzt um ihn geschehen, wäre er nämlich in Lhasa gewesen, hätte er sich nicht zurückhalten können, dem Dalai Lama wenigstens einige Aspirintabletten zu geben, damit das Fieber sank – und aus diesem Grunde hätte man ihn gewiß beschuldigt, den Dalai Lama vergiftet zu haben. Er war wirklich dankbar, daß er noch am Leben war, und sah darin einen Akt der Vorsehung des Dalai Lama und eine Belohnung Seiner Heiligkeit für einen treuen Diener.

Zwischen 1912 und 1934 waren keine chinesischen Beamten in Tibet. Doch die chinesische Regierung nutzte den Tod des 13. Dalai Lama und schickte General Huang Mu-Sung an der Spitze einer Delegation, die dem Verstorbenen huldigen und der tibetischen Regierung das Beileid aussprechen sollte – die nichts dagegen unternehmen konnte. Als die offiziellen Zeremonien beendet waren, bestand General Huang Mu-Sung darauf, die Mission müsse permanent in Lhasa stationiert sein. Mit großer Mühe brachte unsere Regierung den General dazu, abzuziehen, zwei seiner Verbindungsoffiziere ließ er allerdings zurück. Vor seinem Abschied überreichte der General dem Regenten und dem Beamten teure Geschenke und Orden. Die *Schap-pēs* hatten Angst, die Orden anzunehmen, und so besprachen sie die Angelegenheit mit Tsarong, als er wegen des Münzamtes zu einer *Kaschag*-Versammlung kam. Er riet ihnen, dem General den Ehrentitel *Dzasa* und den übrigen Offizieren niedrigere Titel zu verleihen und ihnen mit den besten Empfehlungen Festgewänder zu überreichen. Auf diese Weise behandelten die Tibeter die Chinesen als ihresgleichen, man traf sich auf gleicher Ebene. Der *Kaschag* akzeptierte Tsarongs Rat.

Nachdem er Kunphela losgeworden war, versuchte Lungschar, das ganze Land unter Kontrolle zu bekommen, indem er das *Drong Drak Makhar*-Regiment durch Mönche ersetzte, die ihm ergeben waren. Als der Trimon *Schap-pē* sich diesem Plan erfolgreich widersetzte, sammelte Lungschar eine Gruppe junger Beamter um sich, die auf seiner Seite standen, nannte sie *Kjitschog Kuntun* (Glückliche Union) und behauptete, diese Gruppe werde die Regierungsstellen reformieren. Schon bald warnte man den Trimon *Schap-pē*, Lungschar plane ein Attentat auf ihn. Trimon erzählte dem Regenten davon und flüchtete ins Drepung-Kloster, während der *Kaschag* Lungschar verhaften ließ. Als Lungschar inhaftiert war, zog er angsterfüllt einen seiner Stiefel aus, holte ein Stück Papier heraus und verschluckte es. (Viele Leute waren Zeugen dieses Vorgangs.) Sein anderer Stiefel wurde daraufhin untersucht, und man fand ein weiteres Stück Papier, auf dem ein Zauberspruch stand, der den Trimon *Schap-pē* vernichten sollte. Lungschar kam ins Gefängnis, und eine Untersuchung ergab, daß er geplant hatte, die Regierung zu stürzen. Man verurteilte ihn zum Verlust seines Augenlichts und zu lebenslänglicher Haft.

Als die Suche nach dem 14. Dalai Lama begann, gab es vielerlei Anzeichen dafür, daß man ihn im Osten finden würde. Wolken mit glückbringender Form erschienen in dieser Himmelsrichtung – bei derartigen Anlässen beobachteten die Tibeter immer intensiv die verschiedenen Wolkenbildungen. Aus der Säulenbasis an der Ostseite des Dschokhang wuchsen unerwartet einige Löwenmäuler hervor, die Staatsorakel legten ihre Schärpen nach Osten aus, und der Leichnam des 13. Dalai Lama, der mit dem Gesicht nach Süden auf einem Thron gesessen hatte, wandte seine Augen nach einigen Tagen gen Osten.

Inzwischen machte sich jede schwangere Frau Hoffnungen, und ich, die so lange nach der Hochzeit mit Dschigme empfangen hatte, und dann auch nur, nachdem ich einen sehr heiligen Einsiedler aufgesucht hatte, wurde von meinen Freunden viel geneckt. Wir überlegten, was geschehen würde, wenn ich den Dalai Lama zur Welt brachte. Dingja sagte, bis das Kind so groß sei, daß sich die Regierung darum kümmern könne, müsse der rangälteste Diener des 13. Dalai Lama mit einem Wäschesack aus gelbem Satin kommen und die Windeln abholen, damit sie mit aller Ehrerbietung gewaschen würden. Mrs. Dingja beschäftigte sich wie üblich sehr eingehend und ernsthaft mit der Angelegenheit, und die Vorhersage des Eremiten, daß wir einige sehr bemerkenswerte Kinder haben würden, stimmte auch mich nachdenklich. Allerdings war ich nicht ehrgeizig, und es ist überdies nicht gerade leicht, einen Dalai Lama als Sohn zu haben. Ich hatte ein bißchen Angst, daß Dschigme oder ich vor lauter Glück sterben könnten.

Dann kam unsere Tochter zur Welt – und Dingja besuchte mich, die Hände vor dem Mund, als wäre er aufs äußerste erschrocken und entsetzt. «Grauenhaft», sagte er, «es ist ein Mädchen!»

Wieder stand mir Pema Dolkar während der Wehen bei, sie saß länger als zehn Stunden an meinem Bett und hielt mir die Hand. Manchmal schickten wir Dschigme aus dem Zimmer, weil es heißt, daß die Geburt eines Mädchens länger dauert, wenn der Vater anwesend ist. Aber Dschigme kehrte stets nach fünf Minuten wieder zurück. Als das Baby kam, durchtrennte Pema Dolkar mit Dschigmes Hilfe die Nabelschnur; alles wurde sterilisiert, und wir bewahrten die Schere später sorgfältig auf. Dann wurde Dr. Bo Tsering von der britischen Agentur gerufen, weil es weitere zehn Stunden dauerte, bis die Plazenta ausgeschieden wurde; nach seinem Besuch war alles in Ordnung, und wir schickten Dschigmes Eltern ein Telegramm. Es war eine sehr glückliche Angelegenheit.

Manchmal wird die Mutter mit weichem *Tschang*-Teig abgerieben, was sehr erfrischend sein soll, aber ich nahm dieses *Tschang*-Bad nie. Es ist Sitte bei uns, daß die Geburt eines Jungen am dritten Tag gefeiert wird, bei einem Mädchen feiert man bereits am zweiten Tag. In erster Linie soll aus diesem Anlaß das Zimmer desinfiziert werden, und ein Verwandter oder Freund muß die Zeremonie einleiten. Nach zwei Tagen begann Pema Dolkar unsere Zeremonie, indem sie Weihrauch verbrannte und Milch im Raum versprengte; glückbringender Tee und Reis wurden vorbereitet, und wir warteten auf die Besucher, die zu einer festgesetzten Zeit kamen. (Am besten stattet man der jungen Mutter an diesem Tag seinen Besuch ab, einige Leute kamen jedoch auch später.) Viele Freunde und

Verwandte brachten Geschenke und Schärpen für das Neugeborene und seine Eltern. Man schenkte meistens einen kleinen Beutel mit *Tsampa*, einen Kuchen Butter, Tee, *Tschang* und eine komplette Babyausstattung – eine kleine *Tschuba* (Kleid), Bluse, Mütze, Gürtel, Stiefel und Windeln. Die Hebamme oder das Kindermädchen erhielten einen Schal und ein Geldgeschenk.

Als ich nach zwei Wochen das Haus verlassen konnte, machten wir einen Besuch im Dschokhang, wie es Sitte war, damit das Kind zum erstenmal in seinem Leben Buddha verehren konnte. Das Kindermädchen trug unsere kleine Tochter auf dem Rücken, fest eingewickelt in eine weiche braune Decke mit einem großen Stück Seidenstoff in der Mitte, die meine Schwiegermutter eigens für das Kind angefertigt hatte. Wir malten dem Baby einen kleinen schwarzen Punkt auf die Nase, damit ihm die bösen Geister nichts anhaben konnten, während es im Freien war. Es trug einen Brokatgürtel mit vielen goldenen und silbernen Zauberkästchen, einen Schildkrötenpanzer und einen *Sipaho* (ein heiliges Bild, das so groß wie eine *Thang-ka* sein kann und häufig wie ein Banner vor einer Person einhergetragen wird), Dinge, die es vor Leid und Unglück schützen sollten.

Der Ganden Tri Rimpotsche taufte unser Kind auf den Namen Dondup Dölma; neun Jahre später, als sie sehr schwer an Typhus erkrankte, mußten wir diesen Namen ändern. Ein Lama gab ihr den neuen Namen Ngodup Wangmo. Der englische Artz Dr. Terry behandelte sie damals und lobte mich wegen meiner guten Pflege. Man konnte jeden beliebigen Lama um einen Namen bitten, man brauchte nur einen Boten zu ihm zu schicken oder ihm das Kind und einen Schal bringen. Auch den Dalai Lama konnte man jederzeit um einen Namen bitten, den man dann auf einem versiegelten Papier erhielt. Das galt für die Kinder reicher und armer Leute.

Mütter aus ärmeren Schichten mußten allerdings früher aufstehen als ich, um die Einkäufe zu erledigen und zu kochen.

Im allgemeinen halfen die Väter bei der Kinderpflege und -erziehung, einige jedoch vertaten ihre Zeit, während die Frauen arbeiteten. Dschigme war ein vortrefflicher Ehemann.

Ein paar Jahre später kamen die Williamsons nach Lhasa, und Mrs. Williamson mochte Ngodup Wangmo so gern, daß wir sie in Anlehnung an den Namen unserer Freundin scherzhaft Peggy nannten. In Lhasa wurde Mr. Williamson sehr krank, und die britische Regierung wollte ein Flugzeug schicken, das ihn nach Kalkutta bringen sollte. Die tibetische Regierung verweigerte jedoch die Landeerlaubnis, weil die Klöster der Meinung waren, das würde Unglück bringen – und Mr. Williamson starb. Der Regierung tat das sehr leid, und alle tibetischen Freunde der Williamsons waren sehr betrübt. Ich war die einzige Tibeterin, die Englisch sprach, und so verbrachte ich die Nächte bei Mrs. Williamson und begleitete sie am nächsten Tag zum Begräbnis ihres Mannes. Viele Beamte kamen, um ihr Beileid auszusprechen, und der Sarg wurde von einer Ehrengarde geleitet. Ich bedauere noch heute, daß die Regierung die Landeerlaubnis für das Flugzeug verweigerte.

Nach 18 Monaten wurde ich erneut schwanger, und obgleich wir uns einen Sohn erhofft hatten, fanden wir unsere zweite Tochter Yangdol dann auch sehr niedlich. Ich legte mein Amulett ab und wurde danach nicht wieder schwanger.

Ein Jahr nach dem Tode Seiner Heiligkeit begab sich der Reting Regent zum heiligen See bei Tschokhor Gyal und verbrachte dort einige Tage im Gebet; er erwartete einen Hinweis auf die Entdeckung des 14. Dalai Lama. Der Regent und einige seiner Begleiter erhielten viele Hinweise durch Spiegelungen auf der Wasseroberfläche des Sees, und man schickte Suchmannschaften in verschiedene Landesteile; andere Begleiter wiederum sahen nichts. Im darauffolgenden Jahr entdeckte man die wahre, kostbare Reinkarnation des Dalai Lama, einen zweijährigen Knaben, in einem Bauernhaus in Kumbum (nordöstliches Tibet); aus politischen Gründen hielt man die Entdeckung streng geheim, denn die Gegend wurde damals von den Chinesen beherrscht.

10 Tibetische Feste

Im Jahre 1937 reiste ich mit Dschigme im Auftrag der Regierung nach Indien, um die Abwicklung von Waffen- und Munitionsgeschäften zu überwachen. In Gyantse trafen wir Mrs. Williamson wieder; sie wollte das Grab ihres Mannes besuchen und hatte aus England einen gravierten Grabstein mitgebracht. Unsere beiden Kinder blieben auf dem Taring-Gut in der Obhut meiner Nichte – Tschimes zweiter Frau – und meiner Schwiegermutter.

Wir unterbrachen die Heimreise und verlebten eine herrliche Woche bei meiner Schwester Norbu Yudon in Schigatse, wo General Dingja damals Gouverneur war. Sie hatte mit neunzehn Jahren Delek Rabten geheiratet. Zu dem Zeitpunkt war ich erst fünf Jahre alt gewesen und kannte sie weniger gut als meine beiden anderen Schwestern, die noch lebten. Wir hingen sehr aneinander, und Norbu Yudon mochte mich ganz besonders gern. Sie war eine richtige Dame, freundlich, weiblich, gastfreundlich, schlank und hübsch; sie liebte ihre Mutter und die Geschwister sehr und kam einmal im Jahr mit vielen Geschenken nach Lhasa. Als ich die Schule in Darjeeling besuchte, schickte sie mir die ausgefallensten Geschenke für meine Freunde – silberne Ständer für Teeschalen, Tintenfässer und Federkästen. Sie war eine vorzügliche Pastetenbäckerin, fabrizierte schöne Schmuckstücke und fertigte die herrlichsten Decken und Schürzen aus Yakwolle, die sie mit Pflanzenfarben färbte; alle Verwandten wurden großzügig mit diesen herrlichen Dingen versorgt. In ihrer Jugend sorgte Norbu Yudon sich übertrieben um jeden von uns. Als einmal ein Verwandter starb, weinte sie so sehr, daß ich sie erst nachdrücklich daran erinnern mußte, daß wir schließlich nach dem tragischen Tode unserer Eltern auch wieder hatten lachen und tanzen können. Ich sagte, sie werde ihre Gesundheit zerstören, wenn sie so weitermache, und danach war sie etwas getröstet. Später nahm sie religiösen Unterricht bei der berühmten weiblichen Lama-Inkarnation Lotschen Rimpotsche und erreichte ein hohes Maß an Erkenntnis des Karma, sie sorgte sich dann nicht mehr so übermäßig viel. Wenn sie mit ihrer Lehrerin zusammen war, geriet sie häufig in Trance, und vor den anderen Schülern rezitierte sie dann viele wundervolle Verse, an die sie sich nicht mehr erinnern konnte, sobald sie wieder zu sich kam. Stets war sie von demselben Geist besessen, von der Göttin Lhama Yudonma, die eine der Beschützerinnen unserer Religion ist und konstant bei der heiligen weiblichen Lama-Inkarnation Lotschen Rimpotsche weilte.

Norbu Yudons Mann Delek Rabten war zehn Jahre älter als seine Frau und trug als hoher Beamter des Pantschen Lama den Titel *Thedschi* (Ein *Thedschi* und ein *Dzasa* sind etwa gleichrangig, ein *Dzasa* rangiert allerdings in der Sitzordnung vor dem *Thedschi*.) Delek Rabten war ein sehr gebildeter und frommer Mann, vom Pantschen Lama sehr geschätzt und von den meisten Tibetern aller Klassen hochgeachtet. Er und Norbu Yudon waren einander sehr zugetan, und ihre Haltung in der Öffentlichkeit und im Privatleben war beispielhaft. Sie hatten zwei Söhne und drei Töchter.

Nachdem wir Schigatse verlassen hatten, besuchten wir für zehn Tage meine Schwägerin Rigsin Tschodon auf dem Lhuling-Gut. Sie meditierte zwar gerade, freute sich jedoch sehr, Dschigme und die Kinder zu sehen. Das war unsere letzte Begegnung; sie starb zwei Jahre später.

Im Jahre 1937 kursierten vielerlei Gerüchte in Lhasa über eine bevorstehende Abdankung des Regenten. Reting war ein junger Mann, leidenschaftlicher Spieler und Gourmet – ganz anders als der 13. Dalai Lama, der außerordentlich genügsam gelebt, kaum etwas für persönliche Zwecke ausgegeben und nur eine Speise pro Mahlzeit gegessen hatte. (Auch der gegenwärtige Dalai Lama lebt sehr einfach. Gewöhnlich wird der Reichtum, den ein Dalai Lama erwirbt, auf sein Grab verwendet; die kostbaren Kleider reicht ein Lama an den nächsten weiter.)

Der Regent war sehr intelligent und lernte schon bald das Motorradfahren und Fotografieren. Dschigme wurde ihm durch Tsarong vorgestellt, und die beiden Männer schlossen Freundschaft miteinander. Dschigme besuchte Reting häufig – meistens um zu fotografieren –, und Reting hatte ihn gern um sich; Dschigme zeigte allerdings absolut kein Interesse an Politik.

Hin und wieder besuchte unsere gesamte Familie den Regenten, und nach unserer Rückkehr aus Indien, im Jahre 1937, verbrachte Dschigme fast einen ganzen Monat in dem herrlichen neuen Sommerpalast, den der Regent für sich in der Nähe des Reting-Klosters hatte erbauen lassen. Tsarong, Pema Dolkar und ich sollten Dschigme eigentlich begleiten, aber diesmal wurden Tsarong und Tseten Dolkar sehr krank. Tsarong ging es zu schlecht, als daß er Tseten Dolkar hätte pflegen können, wie er es eigentlich vorhatte. Ich kümmerte mich daher um sie und wachte 37 Tage bei ihr, Tag und Nacht. Eines Nachts war ich ein wenig eingenickt, ich lehnte gegen ihr Knie und träumte, ein Mönch stieße mir seinen Finger unter die Achsel und versuchte immer wieder, mir eine Taschenuhr in einem schwarzen Etui zu zeigen. Als ich erwachte, hatte ich Schmerzen im Arm, und Tseten Dolkar tat ihren letzten Atemzug.

Anfang 1938 verschlimmerte sich Pema Dolkars Gallenleiden. Sie hatte Gallensteine, und Tsarong mußte sie zu ärztlicher Behandlung nach Kalkutta bringen – den Sohn und die Tochter nahmen sie mit. Bis Sikkim reisten sie in einem leichten, gut gefederten Wagen, und die englischen Vertreter in Lhasa stellten ihnen freundlicherweise ihren Arzt, Rai Sahib Donyot, zur Verfügung, der die Reisegesellschaft begleitete und Pema Dolkar unterwegs Morphiuminjektionen verabreichte. Aber Lord Anderson war gerade während einer Gallenoperation gestorben, und Pema Dolkar verweigerte strikt die Zustimmung für einen Eingriff. Sie nahm Medikamente ein und mußte den Rest ihres Lebens Diät essen.

Dschigme hat besonders viel Talent für Architektur, Zeichnen und für alles, was praktische Geschicklichkeit erfordert. Im Erde-Tiger-Jahr (1938) half er Tsarong, etwa 10 Kilometer vor Lhasa die erste Eisenbrücke Tibets zu bauen. Tsarong überwachte die Arbeiten höchstpersönlich, und Dschigme gehorchte ihm wie seinem eigenen Vater. Während die Arbeit voranschritt, kampierten Tsarong und Dschigme in Trisam, wo viele Güter dem Drepung- und dem Sera-Kloster gehörten. Äbte und Leibeigene baten Tsarong, uralte Schulden auszurechnen, die durch die zusätzlichen jährlichen Zinsen derart angewachsen waren, daß sich beide Teile nicht mehr zurechtfanden. (Der offizielle Zinssatz lag für Geld bei zwölf Prozent, für Getreide betrug er ein Fünftel oder ein Sechstel der geliehenen Menge.) Tsarong half den Gefolgsleuten gern, und sie brauchten schließlich nur die Beträge zu bezahlen, die sie ursprünglich geliehen hatten. Er tat das mit großer Freude neben seiner eigentlichen Arbeit, obgleich es eine langwierige, umständliche Angelegenheit war. Die Regierungsangestellten, unter ihnen Dschigme, halfen ihm, und gleichzeitig entstand die Brücke.

Als der Bau abgeschlossen war, baute Tsarong entlang der Klippe von Nethang, 15 Kilometer von Lhasa entfernt, auf dem Handelsweg nach Indien eine Autostraße. Die Klippe hing direkt über dem Fluß, und ein ganz schmaler Pfad führte etwa zwei Meilen weit auf ihr entlang. Hunderte von Metern stieg er steil empor und fiel dann ebenso steil wieder ab. Hin und wieder glitten Esel und Maultiere aus und stürzten samt ihren Lasten ab.

Um diese Straße überhaupt bauen zu können, importierte Tsarong aus Indien eine kleine Eisenbahn und einen riesigen Flaschenzug, die, in ihre Einzelteile zerlegt, von Maultieren über den Himalaja transportiert werden mußten. Dann ließ er einen Teil des Flusses mit Steinen füllen und baute eine knapp fünf Meter breite Straße. Noch bevor Autos nach Tibet kamen, genossen Tausende von Eseln, Yaks, Maultieren, Pferden, Männern, Frauen und Kindern die Vorzüge dieser Straße.

Im gleichen Jahr beschlossen Dschigme und ich auf Tsarongs Rat hin ein eigenes Haus in Lhasa zu bauen. Tsarong meinte, die Stadt werde sich so schnell ausdehnen, daß es später schwer sein würde, einen hübschen Bauplatz zu finden, und seine Vorhersage traf auch ein. Wir kauften Metok Dumra, ein vier Morgen großes Stück Land in den Außenbezirken der Stadt, wo mein Vater seinerzeit eine Regierungsgerberei betrieben hatte und später viele Häuser erbaut wurden. Damals fürchteten sich die meisten Leute noch, außerhalb des Stadtkerns zu siedeln, weil es viele Diebe gab.

Gemeinsam mit Hugh Richardson – dem englischen Repräsentanten in Lhasa – zeichnete Dschigme die Pläne, und als er einen Monat abwesend war, weil er den Regenten besuchte, überwachte ich den Bau, der etwa acht Monate in Anspruch nahm. Zuerst wurde eine riesige Mauer um das Grundstück gebaut, zur allgemeinen Verwunderung, denn die Häuser in Lhasa waren normalerweise nicht voneinander isoliert. Wir schickten einen Mann nach Kongpo, der aus dem Waldgebiet im südlichen Tibet Holz besorgen sollte, und ich ging an den Fluß und kaufte Stämme, die auf dem Kjitschu-Fluß nach Lhasa gebracht wurden. Die Steine kaufte ich von Männern, die ihre Ware auf Eseln zum Verkauf auf Baustellen in die Stadt trieben, außerdem gab es in der Nähe einen Steinbruch. Obgleich wir zwei Pferdewagen besaßen, mußte ich zusätzliche Transportmittel mieten, und zwar in erster Linie Esel. Ich achtete streng darauf, daß weder die Arbeiter – Leibeigene von unserem Dopta-Gut – noch wir selbst betrogen wurden. Bei der geringsten Unaufmerksamkeit konnte es nämlich geschehen, daß wir übervorteilt wurden, und ebenso wichtig war es, daß die Arbeiter und Händler zu ihrem Recht kamen. Als alle zufrieden waren, klappte es reibungslos. Die Leute erhielten gutes Essen, das ich mit ihnen teilte. Der Reting-Regent hörte, daß ich das Essen mit unseren Leibeigenen teilte, und erzählte Dschigme davon. Es machte mir Spaß, den Leuten bei der Arbeit zuzuschauen, mit ihnen zu scherzen und mich mit ihnen zu unterhalten. Mein Gesicht und die Hände wurden tiefbraun vom langen Aufenthalt an der frischen Luft, und ich genoß die Arbeit sehr.

An dem Tag, als das Haus fertig war, waren auch alle Rechnungen bezahlt. Dann engagierten wir viele Künstler, die die kunstvoll geschnittenen Innensäulen, Wände und Möbel bemalten.

Sobald das Taring-Haus fertig war, baten wir Dschigmes Eltern, zu uns zu kommen und bei uns zu leben, denn uns Tibetern gilt es als eine der höchsten Pflichten, sich im Alter um die Eltern zu kümmern. Hinzu kommt, daß jeder ältere Tibeter nach Möglichkeit in Lhasa wohnen wollte, um regelmäßig den Dschokhang besuchen zu können. Dschigmes Eltern waren einverstanden, und es war sehr schön, als sie zum erstenmal das Neujahrsfest in unserem neuen Heim mit uns gemeinsam verbrachten.

Das tibetische Neujahrsfest heißt *Losar* und wird im Februar oder März gefeiert. Für Ausländer ist es nicht gerade einfach, den tibetischen Kalender zu verstehen, und es ist unmöglich, eine Korrelation zwischen unserer Zeitrechnung und dem westlichen Kalender auszuarbeiten. (Aus diesem Grunde weiß ich auch nicht, auf welches westliche Datum mein Geburtstag fällt.) Die erste Schwierigkeit liegt darin, daß unser Mondjahr aus zwölf Monaten zu je dreißig Tagen besteht – was insgesamt nur dreihundertsechzig Tage ergibt. Aus diesem Grunde wird jedes dritte Jahr ein besonderer Monat hinzugezählt und beliebig innerhalb der zwölf Monate an einer Stelle eingefügt, die für das entsprechende Jahr gerade als günstig gilt. Die nächste Schwierigkeit ist, daß das Mondjahr in Wirklichkeit dreihundertvierundfünfzig Tage hat und nicht dreihundertsechzig. Bestimmte Tage müssen also ausgelassen werden, und es gibt Felder in unserem Kalender, die keine Nummer tragen, sondern nur das Wort *Tschad* (abschneiden). Dieser Tag existiert einfach nicht. Da man unglückliche Tage möglichst vermeiden will, kommen gewisse Daten zweimal vor, und in zwei aufeinanderfolgenden Feldern wiederholen sich Nummern, damit im Laufe des Jahres *Tschads* an anderer Stelle ausgeglichen werden. Gegen Ende des Jahres arbeitet der Staatsastrologe einen neuen Kalender aus, und niemand weiß bis kurz vor Neujahr, welche Daten das nächste Jahr haben wird.

Die tibetischen Monate sind lediglich numeriert und haben keine Namen. Die sieben Wochentage werden nach Sonne, Mond und den fünf sichtbaren Planeten benannt. Die Bauern taufen ihre Kinder häufig nach dem Tag der Geburt, zum Beispiel Pasang (Montag) Dölma, wenn ein Mädchen montags zur Welt kam.

Früher basierte unser Kalender auf einem Zwölfjahreszyklus, und jedes Jahr war nach einem Tier benannt: Maus, Ochse, Tiger, Hase, Drache, Schlange, Pferd, Schaf, Affe, Vogel, Hund und Schwein. Im elften Jahrhundert n. Chr. wurde dann ein Zyklus mit sechzig Jahren eingeführt, indem man die Namen dieser Tiere mit den fünf Elementen kombinierte, nämlich mit Holz, Feuer, Erde, Eisen und Wasser. Ein Element gehört zu zwei aufeinanderfolgenden Tieren, und um den Unterschied deutlich zu machen, wird der ersten Bezeichnung das Wort «männlich» hinzugefügt, der zweiten das Wort «weiblich». Das «Holz-weiblich-Ochse-Jahr» folgt also auf das «Holz-männlich-Maus-Jahr». Dieser Zyklus heißt *Rabdschung* und begann 1027 n. Chr. Ein einzelnes Jahr heißt *Lokhor.*

Die Tages- und Nachtstunden sind ebenfalls nach den zwölf Tieren benannt.

Mitternacht	Maus
nach Mitternacht	Ochse
Morgendämmerung	Tiger
nach der Morgendämmerung	Hase
Sonnenaufgang	Drache
Vormittag	Schlange
Mittag	Pferd
nach Mittag	Schaf
Nachmittag	Affe
Abend	Vogel
Sonnenuntergang	Hund
nach Einbruch der Dunkelheit	Schwein

Unser Neujahr beginnt mit dem Aufstieg des neuen Mondes im Februar oder März (westlicher Zeitrechnung), je nachdem wann der Sondermonat eingefügt wurde. Während wir vom alten Jahr Abschied nahmen, überlegten wir uns gut, wie wir es anstellen konnten, damit das neue Jahr glücklich wurde. Etwa zehn Tage vor Neujahr begann der Austausch von Lebensmittelgeschenken und das Beschenken armer Freunde und Verwandter. Die Flaggen und Banner der Häuser und die weißen Fransen, die die Fenster umsäumten, wurden ausgewechselt. (Unmittelbar nach den Feierlichkeiten konnte man sie wieder abnehmen, die neuen Flaggen jedoch mußten bis zur völligen Abnutzung gehißt bleiben.) Man buk *Khabse*, die *Losar* Pasteten, in vielerlei Varianten und stellte sie mit Kostproben aller möglichen anderen Nahrungsmittel auf die Hausaltäre. Jeder Besucher erhielt vier bis sechs *Khabse*, die jeweils dreißig Zentimeter lang waren. Die Mönche und die Armen freuten sich auf die *Khabse*, und in den großen Häusern wurden deshalb zwei- oder dreitausend Pasteten in Butter oder Öl gebacken, eine Woche lang lag der Geruch über der ganzen Stadt. Einige Tage vor Neujahr schickte man große Tabletts mit *Khabse* und einen

Schal an ausländische Freunde. Es war Sitte, daß man den Schal mit Dank zurückgab. Freunde, die von weither kamen, erhielten alles Nötige, damit sie Neujahr gebührend feiern konnten.

Zu *Losar* wurde sehr gründlich saubergemacht. Sämtliche Glastüren der Schreine wurden geputzt, und einige Familien ließen neue Brokat- oder Satinkleider für die Götterstatuen anfertigen. Etwa zwei Wochen vor dem Fest säte man Gerste und Weizen in Töpfe, zu *Losar* war das Getreide dann zehn bis zwölf Zentimeter hoch und sah herrlich grün und frisch aus, wenn es den Altar schmückte. *Tsampa*-Mehl und Weizenopfer befanden sich in speziellen Holzkästen mit zwei Abteilungen; das Getreide wurde angehäufelt, dann steckte man zwei kleine Banner, die mit Gold- und Silberpapier und gefärbter Butter verziert waren, hinein. Zu diesem *Taschi-Kele*-Opfer (Viel Glück) gehörte ein Krug *Tschang*. In jedem tibetischen Haus nahmen die Menschen am Neujahrstag eine Prise von jedem Getreide und warfen es in die Luft, zuerst den Weizen, dann das *Tsampa*-Mehl. Das *Tschang* spritzte man mit dem vierten Finger als Opfergabe in die Luft, danach nahm man einen Tropfen auf die Zunge. Als Zeichen dafür, daß Neujahr war, wurde der Kopf eines Schafes, den man mit gefärbter Butter verziert hatte, auf den Altar gelegt.

Am letzten Tag des alten Jahres betete jedermann, um alles Böse und Unheil aus dem Haus zu verbannen. Die Regierung und die Mönche veranstalteten rituelle Tänze zu dem gleichen Zweck im Potala-Palast und in anderen Klöstern.

Drei Tage lang besuchten sich die Leute gegenseitig, um einander ein gutes neues Jahr zu wünschen; im allgemeinen war es nur ein kurzer Besuch, nur Freunde blieben manchmal länger. Ältere Leute schickten ihre Söhne und Töchter, die den Freunden an ihrer Stelle viel Glück im neuen Jahr wünschten.

Es war sehr wichtig, daß man so früh wie möglich aufstand, um das neue Jahr zu begrüßen. Nach der *Taschi-Delek*-Zeremonie wurde in jedem Haus gekochtes süßes *Tschang* serviert. Dann setzte man sich dem Rang nach ins Gebetszimmer, zuvor verneigte man sich vor den Göttern und schenkte ihnen Schärpen; die jüngeren Familienmitglieder überreichten den älteren *Taschi-Kele*-Schals, die Diener schenkten sie ihrer Herrschaft. Am letzten (dritten) Tag des *Losar* erhielten die Diener ihre Schals zurück, gleichzeitig gab man ihnen *Tschang*, und sie unterhielten sich mit Tanz und Gesang bis zum Morgengrauen.

Nach den Feierlichkeiten im Hause begab sich jedermann zum Dschokhang und stellte sich an, um alle Schreine zu besuchen. Tausende von Menschen bildeten eine Schlange, und bis auf die Regierungsbeamten mußte sich jeder hinten anstellen; die Beamten hatten Vortritt; weil sie bei Sonnenaufgang einer Feier im Potala beiwohnen mußten, die in Anwesenheit Seiner Heiligkeit abgehalten wurde.

Die Feierlichkeiten des ersten Tages fanden auf der obersten Terrasse des Palastes statt, wo der Dalai Lama (oder der Regent) persönlich das Gebet sprach. Es war sehr kalt dort oben, und niemand durfte einen Schal oder einen Zeremonienhut tragen, um die Ohren zu wärmen. Den hohen Beamten wurde von zu Hause ein Frühstück geschickt, das sie nach dem Gebet auf dem Dach in der Halle zu sich nahmen. Die Speisen waren vorgeschrieben, und die rangältesten Beamten erhielten jeweils einen quadratischen hölzernen Tisch, ein jüngerer Beamter servierte ihnen und nahm den Dienern die Speisen ab. Den Tee lieferte die Regierung. (Die jüngeren Mönchs- und Laienbeamten brachten ihr Frühstück selbst mit.) Wir gaben uns große Mühe, nur die besten Speisen zu schicken, weil das Essen gewöhnlich mit Freunden geteilt wurde; ich packte Dschigmes Frühstück immer in eine kleine silberne Schüssel, die in eine weiße Serviette eingehüllt wurde.

Im Laufe des Morgens gingen alle Beamten nach Netschung, um dem Staatsorakel, das sich in Trance befand, *Taschi Delek* zu wünschen. Am zweiten Tag der Neujahrsfeierlichkeiten – Königs-Neujahr genannt – wurden die ausländischen Gesandten im Potala bewirtet und spezielle Tänze aufgeführt. In der Halle standen *Khabse* bereit, und man konnte nach Belieben getrocknetes Yakfleisch aus einem riesigen Gefäß nehmen; die hünenhaften Leibwachen Seiner Heiligkeit verstreuten die Menge, wenn es zu turbulent wurde, ohne dabei an die eigene Sicherheit zu denken.

Sechs Männer, die über ein Meter achtzig groß waren, bildeten die Leibwache des Dalai Lama. Fand man irgendwo in Tibet einen unverheirateten hochgewachsenen Mann, brachte man ihn zu Seiner Heiligkeit, vorausgesetzt, er war damit einverstanden, Mönch zu werden. Man zwang niemanden, diese Auszeichnung anzunehmen. Die hochgewachsenen Männer waren größtenteils ungebildete Khampas, deren Pflicht es war, die Räume Seiner Heiligkeit zu bewachen und während der Zeremonien für Ordnung zu sorgen. Ihre Schultern waren wattiert, damit sie noch gewaltiger aussahen, und mit ihren tiefen, dröhnenden Stimmen ermahnten sie häufig die Menge, ruhig zu sein.

Hinter dem Potala gab es einen besonderen Platz, den *Songyap*. Dorthin begaben sich am dritten und letzten Tage des *Losar* die Beamten, um sich die Zeit mit Bogenschießen, Gesang, Tanz und *Tschang* zu vertreiben. Sie kehrten erst lange nach Sonnenuntergang angeheitert und glücklich heim.

Während *Losar* waren alle Arten von Feuerwerk erlaubt, danach jedoch folgte das 21 Tage dauernde *Monlam Tschemro* (das Große Gebetsfest), an dem jegliches Feuerwerk verboten war.

Monlam begann am dritten oder vierten Neujahrstage, je nachdem, ob im vorangehenden Monat ein Tag ausgefallen war. Mit diesem Fest wurde Buddhas Sieg über die bösen Geister gefeiert, die ihn während seiner Meditationen in Versuchung geführt hatten. Mehr als 20 000 Mönche kamen aus allen nahe gelegenen Klöstern nach Lhasa, einschließlich der drei größten Klöster Tibets – Ganden, Drepung und Sera –, und nur wenige Mönche blieben als Wächter zurück.

Während der *Monlam*-Zeremonien besaßen die beiden Stadtmagistrate von Lhasa keine Macht, sondern die beiden obersten Mönche des Drepung-Klosters sorgten für strenge Ordnung, wobei ihnen eine Gruppe Mönche aus ihrem Kloster behilflich war. Niemand durfte zu Pferde über den *Barkor* reiten; selbst die *Schap-pēs* mußten zu Fuß gehen. Keine Frau durfte das Haus verlassen, ohne vorher ihre vollständige Festkleidung und den Kopfschmuck angelegt zu haben, Straßen und öffentliche Brunnen wurden besonders gründlich saubergehalten, weil die beiden obersten Mönche für die Gesundheit der Mönche, der Bürger und Pilger verantwortlich waren, die die Stadt bevölkerten. Alle Mönche erschienen viermal täglich im Dschokhang, und zu bestimmten Zeiten durfte sich kein Mönch auf der Straße blicken lassen; tauchte doch einer auf, wurde er verprügelt. Die Mönche waren derart diszipliniert, daß man sie meistens überhaupt nicht wahrnahm.

Zu *Monlam* wurde täglich dreimal im Dschokhang für 20 000 Mönche Tee serviert. Das *Latschag*-Büro, in dem Dschigme als einer der Schatzmeister tätig war, war für die Tee- und Butterversorgung zuständig. Es gab eine besondere Teeküche mit etlichen riesigen Kesseln in der Nähe des Tempels, und schon Monate vorher mußte man Brennmaterial sammeln. Viele Leute spendeten Tee und Butter, weil es als sehr verdienstvoll gilt, heilige Mönche zu speisen. Wir Buddhisten glauben, daß man, um in diesem Leben und in der nächsten Inkarnation glücklich zu werden – abgesehen von dem Erreichen des Nirwana – viele Verdienste anhäufen muß, indem man den Göttern opfert, heiligen Lamas, Armen und Bedürftigen hilft.

Etwa zwei Monate vor *Monlam* mußten sich diejenigen, die Tee oder Butter spenden wollten, im *Latschag*-Büro melden, wo man eine Liste der Wohltäter aufstellte und jedem mitteilte, wann er seine Ration abliefern sollte. Die Armen konnten ein kleines Stückchen in einen Kessel werfen, damit der Tee besser schmeckte. Die Teeköche hatten keine leichte Aufgabe, sie standen an den Kesseln und rührten mit riesigen Stangen den kochenden Tee. Sie waren zwar daran gewöhnt, aber die meisten Menschen konnten die Hitze des Wasserdampfes nicht ertragen.

Monlam war für die Regierung, die Einwohner Lhasas und die vielen Pilger aus anderen Teilen Tibets und den angrenzenden Ländern ein äußerst wichtiges Fest. Jedermann tat etwas für die Mönche, die so fleißig für das Wohl aller Lebewesen und speziell für das Wohl Tibets und das Gedeihen und Blühen des Buddhismus beteten. Es mag in Tibet gute und schlechte Mönche gegeben haben, aber damit verhielt es sich wie mit dem Meer, man findet dort Geröll neben Edelsteinen. Die Regierung gab den Mönchen pro Tag dreimal Tee, Reis und Geld; selbst die Ärmsten taten ihr Bestes und erlangten dieselben Verdienste wie die Reichen, die mehr spenden konnten.

Beim *Monlam*-Fest konnte jedermann spezielle Gebetswünsche auf einen Zettel schreiben und ihn unter die Mönche werfen. Die Zettel wurden weitergereicht, bis sie in die Hände der obersten Mönche gelangten, die stufenweise geordnet saßen; schließlich las einer von ihnen den Wunsch auf dem Zettel und sprach das gewünschte Gebet.

An bestimmten Tagen wohnten Seine Heiligkeit oder der Regent den Gebetsfeierlichkeiten bei; Ganden Tri Rimpotsche, der Abt des Ganden-Klosters, war wie all die anderen Hohen und Heiligen Lamas jeden Tag anwesend.

Die verschiedenen Klöster hatten eigene Unterkünfte in der Stadt, dennoch konnte man sich nur schwer vorstellen, wo all die Mönche unterkamen. Morgens und abends fanden im Dschokhang und auf einer Plattform, die auf den *Barkor* führte, religiöse Debatten statt. Während einer dieser öffentlichen Debatten erkundigte sich ein Reisender bei einem Moslem-Händler, der in Lhasa wohnte, was die Mönche da eigentlich täten. Der Moslem erwiderte, er habe gehört, es habe zu Buddhas Lebzeiten einen heftigen Streit über Religion gegeben, vermutlich seien die Mönche noch immer dabei, die Streitigkeiten beizulegen.

In der Nacht des 15. Tages im ersten Monat fand das große Butterfest statt, und der ganze Marktplatz wurde mit Butteropfern und flackernden Butterlampen geschmückt. Zu diesem Zweck färbte man die Butter mit pulverisierten Farbstoffen und stellte Skulpturen daraus her; vor jeder Gabe stand die Gestalt eines reichen, lachenden, fetten Mannes. Die Mönche hatten ein besonderes Talent für diese Dinge, und einige Opfergaben, die von Klöstern und Adligen gestiftet werden mußten, waren zwölf Meter hoch. Manchmal schaute der Dalai Lama die Kunstwerke an, und alle hohen Beamten hatten die Pflicht, sie zu inspizieren. Der Dalai Lama verteilte Preise für die schönste Arbeit.

Am 25. Tag kehrten die Mönche in die Klöster zurück. Bevor sie jedoch Lhasa verließen, mußte jeder einzelne von ihnen einen Stein zum Fluß tragen, um die Deiche zu festigen – diese Sitte geht auf den Sommer des Jahres 1562 zurück, als Lhasa überflutet wurde.

Unmittelbar nach *Monlam* hielten die sehr heiligen Lamas viele Tage lang spezielle Riten ab, die Unheil abwenden sollten, und an einem ganz bestimmten Tag verbrannten sie *Tormas* (kegelförmige Süßigkeiten für religiöse Zwecke), die dann fortgeworfen wurden, um alle bösen Geister auszutreiben, die der Religion oder dem Land Tibet Schaden zufügen konnten.

Am 21. Tag des ersten Monats war Generalprobe für die jährlichen Rennveranstaltungen. Einige Wettbewerbe waren für Männer, einige für Pferde mit und ohne Reiter. Jeder Beamte schickte seinem Rang entsprechend eine Anzahl Pferde, und jedes Tier erhielt ein Brandzeichen, damit man direkt nach dem Rennen den Besitzer feststellen konnte. Vier Tage später fand das Rennen statt; die Männer liefen etwa drei Kilometer weit, die Strecke für Pferd mit Reiter betrug etwa viereinhalb Kilometer und das Rennen für Pferde ohne Reiter ging über eine Distanz von etwa siebeneinhalb Kilometern. Nachdem ein Pistolenschuß abgefeuert wurde, starteten alle drei Gruppen gleichzeitig an verschiedenen Punkten. Jede Gruppe hatte ein eigenes Ziel, an dem Männer bereitstanden, um die Sieger zu ermitteln. Beim Lauf der Männer gab es viel zu lachen, weil sich unter den Teilnehmern Greise und kleine Jungen befanden. Auf dem Rücken oder auf der Brust trugen sie den Namen des Adligen, für den sie starteten. Wenn das Regierungspferd im Rennen ohne Reiter nicht an erster Stelle durchs Ziel ging, wurden die Stallmeister mit einem Bußgeld belegt. Von einem Zimmer im Dschokhang aus schauten der Dalai Lama und der *Kaschag* dem Rennen zu, und obgleich die Tibeter vom Spielteufel besessen sind, wurde nicht gewettet, weil das Rennen von der Regierung veranstaltet wurde. Einmal gewann Tsarongs Pferd Gyatso den ersten Preis. Tsarong schenkte es dann seinem Freund Mr. Ladenla, dem berühmten buddhistischen Gelehrten, der fließend zehn Sprachen beherrschte; im Laufe der Zeit gewann Gyatso viele Male den *Governer's Cup* in Darjeeling.

Am 22. Tag des ersten Monats fand der feierliche Namensappell des Heeres statt. Alle jungen Adligen mußten einmal Kommandeur der Kavallerie *(Yasor)* werden, und obwohl diese Pflicht mit sehr hohen Kosten verbunden war, mußte jeder das Kommando übernehmen. (Dschigme wurde nur deshalb befreit, weil wir kein eigenes Gut besaßen.) Zwei hochangesehene Adlige befehligten die Armee, die sich in zwei Sektionen teilte, in die *Rechten Reihen* und die *Linken Reihen*. Die beiden Befehlshaber und die *Schap-pēs* mußten jeweils 24 berittene Männer in voller Ausrüstung stellen; die *Dapons* schickten je dreizehn Leute, die Söhne von Adligen sieben und so weiter. Es gab mehr als 1000 Berittene, und jeder einzelne mußte seine Geschicklichkeit unter Beweis stellen.

Die jüngeren Regierungsbeamten nahmen alle drei, vier Jahre an diesem Wettbewerb teil, wenn jeweils 40 oder 50 junge Männer neu in den Regierungsdienst eingetreten waren. Schon monatelang vorher mußten sie trainieren, weil der Wettbewerb hohe Anforderungen stellte. Die Rennbahn bestand aus einer geraden Strecke mit erhöhten Seitenwällen, die

die Pferde hinderten auszubrechen. Die Reiter berührten die Zügel nicht, sondern mußten drei Ziele treffen, die in Abständen von etwa neun Metern angebracht waren. Geschwind versuchten die Reiter mit ihren Vorderladern das erste Ziel zu treffen, dann warfen sie die Waffe über die Schulter, zogen Pfeil und Bogen aus dem Köcher, schossen auf das zweite, steckten blitzschnell Pfeil und Bogen zurück, holten die Speere hervor und visierten das dritte Ziel an.

Die Pferde der jungen Beamten trugen prächtiges Sattelzeug, Mähnen und Schwänze waren mit bunten Seidenbändern durchflochten. Dschigme nahm 1938 an diesem Wettbewerb teil; er trainierte zwar fleißig, auf das Äußere seines Pferdes jedoch legte er keinen Wert, also kümmerte ich mich darum. Für viele Frauen und Verwandte war der Wettkampf ein wichtiges Ereignis.

Zum Abschluß mußten auch die beiden obersten Offiziere ihre Geschicklichkeit beweisen, sie konnten sich jedoch entschuldigen. Von neun Uhr vormittags bis fünf Uhr nachmittags wohnten alle Laienbeamten in besonderen Zelten der Veranstaltung bei; sie erhielten ein vorzügliches Essen, den besten Tee und *Tschang*. Auch die Einwohner Lhasas ergötzten sich an diesem Schauspiel. Der Frühling begann meistens um diese Zeit, und jederman war gern auf dem Lande.

Monlam endete am 27. Tag, wenn die Regierung ein Fest für die *Schap-pēs* und Laienbeamten gab, das einen ganzen Tag dauerte. Es gab Wettbewerbe im Bogenschießen, und jeder, der traf, erhielt einen Schal. Außer dem Bogenschießen zu Pferde gab es in Tibet noch zwei andere Arten dieses Sports. Im späten Frühling und im Sommer gingen viele Beamte gleich nach der Arbeit in die Parkanlagen, um Fitzepfeil zu spielen. Die Pfeile trugen an der Spitze schmale hölzerne Vorrichtungen mit durchlöcherter Spitze, und der pfeifende Ton, der auf diese Weise entstand, war fester Bestandteil der sommerlichen Atmosphäre Lhasas; da unser Haus am Stadtrand lag, war dieser Ton dort häufig zu hören. Die Zielscheibe maß etwa 25 Zentimeter im Durchmesser, war mit Sägespänen ausgestopft und an einen dicken Vorhangstoff geheftet. Wurde die Zielscheibe aus einer Entfernung von etwa 24 Metern getroffen, fiel sie herab. Die andere Art des Bogenschießens wurde anläßlich *Losar* und *Monlam* praktiziert und bestand darin, daß man feststellte, wer einen Pfeil am weitesten schießen konnte. Diese Pfeile bestanden aus gutem, abgelagerten Bambus, der mit zunehmendem Alter leichter wird, und trugen den Namen des Schützen. Der Sieger erhielt als Preis ein Pferd von der Regierung; es wurde ihm in Gegenwart aller *Schap-pēs* überreicht, geschmückt mit einer Satteldecke aus Brokat und einer Schärpe. Bei den Wettkämpfen zu *Monlam* wurde gewettet, und die *Schap-pēs* tranken ein bißchen mehr, als sie eigentlich vertrugen. An diesem Tage trugen sie die *Sokscha*, den Hut der Beamtendiener, was bedeutete, daß alle von gleichem Rang waren. Zu Ende des Gebetsfestes herrschte eine ausgelassene Stimmung. Spätabends kehrten die *Schap-pēs* heim, begleitet von der Regierungskapelle, die mit flatternden Schärpen singend und musizierend neben ihnen einherschritt.

Nach *Monlam* übernahmen die beiden Stadtmagistrate wieder die Verantwortung für die Stadt, und Lhasa wurde wie üblich regiert. Sie waren nicht halb so streng wie die beiden obersten Mönche, und man konnte wieder ohne Angst auf der Straße erscheinen. Die Klöster Tibets besaßen ein vorzügliches Organisationssystem, und die Mönche hielten sich stets strikt an die Regeln. Wenn jemand Mönchskleider trug, spielte es keine Rolle, was für ein Mensch er war, jeder gläubige Buddhist achtete ihn ohne Vorbehalte.

Im Sommer 1939 erfuhren wir, daß man Seine Heiligkeit, den 14. Dalai Lama, gefunden hatte, und als sich die Nachricht verbreitete, er befinde sich bereits auf dem Wege nach Lhasa, war die Freude aller Tibeter unbeschreiblich groß. Besonders die Stadtbewohner waren sehr aufgeregt. Die Regierung schickte Beamte aus, die die Reisegesellschaft Seiner Heiligkeit an bestimmten Etappen begrüßen sollten. Als wir hörten, daß es 100 Tage dauern würde, bis der Zug die Stadt erreichte, packte uns Ungeduld – aber es gab viel zu tun. Die Regierung ließ alle Paläste streichen und Unterkünfte für die Familie Seiner Heiligkeit vorbereiten; die Klöster fertigten Prozessionsbanner, und die ausländischen Freunde Tibets erwarteten aufgeregt das große Ereignis. (Der *Tschogjal* von Sikkim bat Dschigme, dem neuen Dalai Lama im Namen des Staates Sikkim wertvolle Geschenke zu überreichen, unter anderem zwei Pferde von edler Rasse. Der arme Dschigme mußte bis zur Ankunft des Dalai Lama für sie sorgen und hatte große Angst, sie könnten vor der Zeremonie sterben.) Nepalesen, Bhutanesen, Chinesen, Mongolen – alle machten sich bereit, Seine Heiligkeit zu empfangen. Das gelbe Pfauenzelt aus Satin, das nur für den Empfang eines neuen Dalai Lama in Lhasa benutzt wird, wurde hervorgeholt und ausgebessert; vom langen Liegen hatte es viele Löcher bekommen. Es war etwa viereinhalb Meter hoch, mit gelber Seide gefüttert und hatte eine seidene Decke; es bedeckte eine Fläche von etwa dreißig Quadratmetern.

Der Überlieferung gemäß wurde das Empfangslager für den neuen Dalai Lama im Rigya-Grund, drei Meilen vor Lhasa, aufgeschlagen. Jeder Beamte, ob Mönch oder Laie, mußte in diesem Lager ein eigenes Zelt haben, und viele Leute ließen sich neue Zelte nähen. Einige alte Adelsfamilien besaßen hübsche Zelte, Dschigme und ich jedoch mußten eines anfertigen lassen, was sehr aufregend und schwierig war, weil alle Schneider völlig überlastet waren und hektisch Zelte, Banner und neue Kleider fabrizierten.

Als der Zug Seiner Heiligkeit am 8. Oktober 1939 in Rigya eintraf, hatten die Beamten ihre Zelte um diejenigen herum aufgeschlagen, in denen der fünfjährige Dalai Lama sich aufhalten, schlafen und sich ankleiden sollte. Fast alle Bewohner von Lhasa – Beamte, Lamas, Männer, Frauen und Kinder – kamen nach Rigya, wo Seine Heiligkeit die erste Audienz im Pfauenzelt gab. Gebete wurden abgehalten, Volkstänze aufgeführt, man verteilte Pasteten und getrocknete Früchte, und aus einem riesigen Trog mit getrocknetem Yakfleisch konnte jedermann nehmen, soviel er wollte. (Das sollte Wohlstand bringen.)

Die Reisegesellschaft Seiner Heiligkeit blieb zwei Nächte im Lager; am 25. Tage des achten Monats im Erd-Hase-Jahr (1939) zog man bei Sonnenaufgang gegen Lhasa – den Zeitpunkt hatte der Staatsastrologe festgesetzt. Der kleine Dalai Lama saß inmitten der Prozession in seiner Sänfte, die von 16 jüngeren Beamten in grünen Satingewändern und Hüten mit roten Quasten getragen wurde. Vor der Sänfte ritt der *Löntschen*, der ein Gewand nach mongolischer Art und einen Hut mit goldenen Bändern und Seidenquasten trug. Direkt hinter ihm ritt der Reting-Regent in seinen besten Kleidern auf einem Pferd, das mit Brokat behängt war, einen goldenen Knoten auf dem Kopf trug und von zwei jüngeren Beamten geführt wurde. Der Prozession voran schritt der Staatsastrologe in weißem Satin, in der Hand das *Sihapo*-Banner. Dann folgten jüngere Mönchs- und Laienbeamte; wichtige Persönlichkeiten wie *Schap-pēs* und *Tsi-pons* waren Seiner Heiligkeit am nächsten. Der älteste Beamte, der die Sänfte bewachen mußte, ging direkt neben ihr, die Familie Seiner Heiligkeit und die ausländischen Gesandten folgten den hohen Beamten. Die Prozessionsordnung wurde im Lager verlesen, bevor der Zug aufbrach, und die hünenhafte Mönchseskorte Seiner Heiligkeit sorgte gemeinsam mit den Sekretären dafür, daß jeder auch wirklich den ihm zugewiesenen Platz einnahm.

Die privaten Diener der Beamten – jeweils sechs bis acht – trugen ihre besten Gewänder und rote Kappen. Sie gingen der Prozession schon voraus, um alles Nötige für ihren Herrn vorzubereiten. Als sich die Prozession in Bewegung setzte, wurde eine Trommel, das berühmte *Da-Ma,* geschlagen, dazu erklang Flötenmusik, von den Klosterdächern dröhnten die Muschelhörner, und jedermann vernahm diese Musik. Die *Da-Ma*-Trommel, die aus Ladakh, einer buddhistischen Provinz Nordindiens eingeführt wurde, und die dazugehörige Flöte, *Suna* genannt, wurden nur bei ganz besonderen Anlässen benutzt. Für tibetische Ohren ist der Klang dieser beiden Instrumente mit Feierlichkeit und Freude verbunden. Männer läuteten kleine Schellen als Begleitung zu *Da-Ma* und *Suna*, des weiteren gehörten etwa 20 Jungen zur Kapelle, die Volkstänze aufführten. Die Tanzgruppe genoß eine Menge Privilegien. Die Bauernjungen wurden in einer eigenen Schule streng erzogen und waren sehr geachtet; ihre Alltagsuniform war aus grünem Tweed mit weißen und roten Noppen geschneidert, dazu trugen sie kleine gelbe Kappen. Sie hießen *Gartrukpa*, und ihr Lehrer, der *Garpon*, zählte zu den Beamten des fünften Ranges. Die *Gartrukpa* tanzten bei allen wichtigen Zeremonien im Potala und konnten bei entsprechender Befähigung Beamte werden; die meisten wurden Schreiber im *Tsetschag* und im *Latschag*. Viele der Jungen avancierten ebenso wie viele Stallburschen später zu Leibdienern Seiner Heiligkeit.

Während der Prozession legte man je einem Pony zwei *Da-Mas* mit verschiedenen Tönen über den Rücken. Insgesamt waren sechs Ponys dafür ausersehen. Sie waren mit Seide und Satin geschmückt und wurden von einem Mann geführt, der einen schwarzen Rock, eine Brokatjacke und ein ringförmig gebundenes weißes Tuch auf dem Kopf trug. Die Trommler schlugen jeweils beide Trommeln zur gleichen Zeit, und das gab einen wunderschönen Klang. Die Trommler und Flötenspieler trugen Brokatgewänder, weiße Blusen, flache Hüte mit Quasten und lange goldene Ohrringe.

Anläßlich der Todestage Tsongkhapas und aller Dalai Lamas wurde das *Da-Ma* auf dem Dach des Potala geschlagen, damit alle Einwohner Lhasas den Klang hörten. Eine zauberhafte Stimmung lag dann über der Stadt: Fast alle Menschen waren auf die Dächer ihrer Häuser gestiegen, zündeten Öllampen an und beteten. Tibeter halten alle Feierlichkeiten peinlich genau ein und versuchen nach besten Kräften, die eigene Zukunft glücklicher zu gestalten, indem sie darum beten, daß mehr Menschen ohne Sorgen leben können. Es heißt, man solle stets das Beste erhoffen, und Tibeter glauben, es bringe Glück, wenn man gutgelaunt und fröhlich feiert.

Als Seine Heiligkeit einzog, war Lhasa mit den schönsten Flaggen geschmückt, und Seidenbanner in fröhlichen Farben flatterten im Winde. Beide Straßenseiten waren mit weißen und gelben Kreidelinien markiert, alle 30 Meter stand ein Weihrauchgefäß. Reihen von Mönchen säumten die Straße, die Armeeregimenter mit ihren Kapellen bildeten eine Ehrengarde. Die Sänfte hatte an allen Seiten Fenster, damit Seine Heiligkeit hinausschauen und sehen konnte, wie ihn die Menschen begrüßten – alle waren glücklich, einige beteten um ein langes Leben für ihn, andere weinten vor Freude. Am stolzesten waren Kyitsang Rimpotsche und Kunsangtse *Dzasa*, jene Männer, die den neuen Dalai Lama gesucht und gefunden hatten. Sie trugen ihre besten Reisegewänder, um noch würdiger auszusehen. Der *Gyap* (besonderer Titel für den Vater des Dalai Lama) war wie ein *Schap-pē* gekleidet, die *Gyälyum* (die Mutter Seiner Heiligkeit) trug ein Trachtenkleid im Stil der Amdo-Gegend, das wunderschön aussah. Jedermann war glücklich, sie zu sehen, und gleichzeitig belustigt über ihre Tracht.

Als die Prozession das Lager verlassen hatte, ritten wir geschwind voraus, um zuzuschauen, wie das Orakel Seine Heiligkeit begüßte; dabei sahen wir die gesamte Prozession noch einmal. Als Seine Heiligkeit die Stadt erreichte, begrüßte ihn das Staatsorakel. Das Orakel trug ein vollständiges Kostüm und befand sich in Trance, der Mann sah äußerst grimmig aus. (In diesem Zustand war sein Gesicht schlimmer anzuschauen als jede Maske.) Er überreichte dem Dalai Lama einen Schal, wobei er seine Stirn gegen die Seiner Heiligkeit legte. Zur allgemeinen Überraschung schien sich Seine Heiligkeit nicht im geringsten zu fürchten; er legte dem Orakel den Schal um den Hals, als seien sie alte Freunde. Das Orakel schritt dann neben der Sänfte einher, bis Seine Heiligkeit mit seiner Familie und all den Beamten den Dschokhang betrat. Vor der kostbarsten

Buddhastatue hatte man einen hohen Sitz errichtet. Lamas und Mönche beteten, während wir zu den Schreinen gingen und den obersten Gottheiten Schärpen opferten. Später führte man Seine Heiligkeit zu den Schreinen in Ramotsche Tsuklakhang und in den Norbu-Lingka-Palast, wo der Regent, der *Löntschen* und viele Beamte, Lamas, Mönche und ausländische Gesandte in der Halle bereitsaßen, um sich religiöse und volkstümliche Tänze anzuschauen. Man überreichte Seiner Heiligkeit Schärpen, empfing seinen Segen und erhielt Tee und Pasteten.

Der Dalai Lama blieb so lange im Norbu-Lingka-Palast, bis ein günstiger Tag kam und er in den Potala übersiedeln konnte; seine Eltern blieben in Gyatso, bis man neben dem Potala ein großes Haus für sie erbaute. Sie besaßen außerdem ein kleines Haus in der Nähe des Norbu-Lingka-Palastes, wo die *Gyälyum* sich meistens aufhielt. Solange Seine Heiligkeit noch klein war, sah sie ihn, sooft sie es wünschte.

11 Tibetische Sitten, tibetischer Glaube

Wir waren sehr glücklich in unserem neuen Taring-Haus – Dschigmes Eltern, Dschigme, ich und unsere kleinen Töchter. Wir hatten dort einen herrlichen Ausblick über die weite, grüne, von kahlen Bergen umschlossene Ebene, auf der Lhasa erbaut wurde. Im Norden liegen die heiligen Berge, an deren Hängen viele schöne, alte Klöster standen, die immer einen friedlichen, würdevollen Anblick boten. Auf der anderen Seite des Flusses, im Süden, lag der Bumpari-Berg, auf dem die Leute Flaggen hißten und Weihrauch verbrannten; jeden Morgen sahen wir dort Rauch aufsteigen – was bedeutete, daß jemand für sich, für alle Lebewesen und ganz besonders für den Frieden in der Welt betete. Ein Berg allerdings war ein böser Berg, der Tschakyakarpo, der im Süden lag. Nach dem *Monlam*-Fest beschossen die Soldaten diesen Berg, wobei ihnen ein schwarzes Zelt als Zielscheibe diente; auf diese Weise sollten die bösen Geister gebannt werden.

Von unserem Haus hatte man einen prachtvollen Blick auf den Hauptpalast Seiner Heiligkeit, den Potala, der sich am Rande der Stadt, nach Süden blickend, auf einem einzelnen, etwa 150 Meter hohen Berg erhob. Tatsächlich glich das mächtige rotweiße Gebäude eher einer Festung als einem Palast, und seine vergoldeten Dächer gleißten in der reinen Luft und der strahlenden Sonne. Der Mitteltrakt war dunkelrot gestrichen und bildete das Zentrum des religiösen Lebens in Tibet; hier befanden sich die Wohnräume Seiner Heiligkeit, viele

Tempel, Schreine und Gräber nebst einem Kloster für etwa 100 Mönche. Die beiden Flügel des Gebäudes waren weiß getüncht; in ihnen waren die wichtigsten Regierungsstellen untergebracht, besondere Gefängnisse für sehr wichtige Gefangene und Unterkünfte für einige Laienbeamte. Außerdem gab es eine Anzahl riesiger Hallen, wo verschiedene Zeremonien und Versammlungen abgehalten wurden, und etliche Höfe, in denen die *Losar*-Klostertänze stattfanden. Auf den Dächern wurden häufig Klostertrompeten – zweieinhalb bis drei Meter lang – geblasen, und jeden Nachmittag erklangen zwei Muschelhörner mit verschieden hohen Tönen, die eine eigentümliche Tonfolge ergaben, das sogenannte *«Ee-Uu»*.

Unterhalb des Westflügels stand ein gelbes Haus, in dem der Staatsastrologe wohnte, daneben die Kagyur-Druckerei, aus der viele religiöse Schriften kamen. Unterhalb des Ostflügels lag das Hauptquartier der Armee, innerhalb der großen Mauern befanden sich der zweite Gerichtshof der Stadt, die Pferdeställe Seiner Heiligkeit und die Gefängnisse.

Hinter dem Potala ergießt sich am Fuße des Hügels ein kleiner Fluß in einen See, der etwa 200 Meter lang ist. In der Mitte des Sees liegt eine winzige Insel, auf der man einen Tempel erbaut hatte, das *Lu Khang* (Haus der Schlange). Jedes Jahr am 15. Tag des vierten Monats (dem Geburtstag Buddhas) brachte man etwa 50 Boote, aus Weiden geflochten und mit Yakhäuten bespannt, zu Wasser, und singend und tanzend ruderten viele Menschen in ihren Festtagsgewändern um die Insel. (Die Tänzer legten Planken über die Boote und nahmen Musikinstrumente mit; ihre Musik und das Stampfen der Füße war noch in beträchtlicher Entfernung zu hören.)

Pema Dolkar pflegte an diesem Tag ein Picknick aus vielen vegetarischen Delikatessen zuzubereiten – an einem so heiligen Tag aß kein Tibeter Fleisch –, und nachdem wir zuvor den Tempel aufgesucht und gebetet hatten, ruderten wir mit den Kindern in einem Boot über den See. Es war herrlich. Viel Romantik lag in der Luft, denn junge Mädchen hielten nach ihrem Liebsten in einem anderen Boot Ausschau, und jedermann suchte seine Freunde. Die Boote glitten langsam über das Wasser und kamen gelegentlich dem Ufer so nahe, daß man den Bekannten in der Zuschauermenge zulächeln und sich mit ihnen unterhalten konnte. Alle Beamten in ihren Zeremoniengewändern wurden herumgerudert, und wenn das Boot mit den *Schap-pēs* vorüberkam, bildeten die Würde und Gemessenheit, die es ausstrahlte, einen merklichen Kontrast zur Fröhlichkeit und Unbeschwertheit der übrigen Boote, saß in ihm doch der Mönchs-*Schap-pē*. An diesem Tag waren Dschigme und seine drei *Latschag*-Kollegen mit ihren Schreibern womöglich noch wichtiger als die *Schap-pēs*, denn der *Latschag*-Dienststelle oblag es, all die anderen Beamten zu bewirten. Die dreißig Schreiber bereiteten einen speziellen Buttertee, ein gekühltes Getränk aus gekochten Rosinen sowie ein Gericht aus süßem Reis mit Rosinen. Wir freuten uns sehr darauf, Dschigme in seinen Festtagskleidern vorbeirudern zu sehen; die Kinder waren ziemlich aufgeregt und riefen immer wieder laut *«Pala! Pala!»*, wenn sie ihn erkannten.

Wenn sich die Menge abends zerstreute, besuchten viele Leute noch den Elefanten, der hinter dem Potala zu sehen war. Der König von Nepal hatte ihn und einen Gefährten Seiner Heiligkeit 1937 geschenkt; zu unserer Zeit war er schon ziemlich betagt und sein Gefährte bereits tot. Er hieß Langtschenla; *Langtschen* bedeutet Elefant, *la* ist ein Ehrentitel. Jeden Tag trank er aus einem Brunnen auf dem Gelände des Potala. Als ich einmal von Dekyi Lingka nach Hause ritt, hörte ich seine Glocke bimmeln, und im nächsten Augenblick erschien auch schon Langtschenla. Ich bekam große Angst und befürchtete, mein Pony könne durchgehen. Also sprang ich ab und ließ die Zügel hängen. Aber Langtschenla ging friedlich vorüber und bereitete mir keine Unannehmlichkeiten.

Um Dschigme die Sorge um den Haushalt abzunehmen, übernahm ich die volle Verantwortung und kümmerte mich nach besten Kräften um meine Schwiegereltern. Normalerweise begann unser Tag bei Sonnenaufgang (zwischen fünf und sechs Uhr morgens); wir verrichteten unsere Gebete und legten am Altar Opfer nieder, zündeten Butterlampen an und verbrannten Weihrauch. Dann besprach ich mit unserem Koch den Speiseplan und versorgte ihn aus dem Vorratslager mit allem Nötigen für die zwei Hauptmahlzeiten des Tages. Die meisten adeligen Familien kauften Reis, Zucker und Mehl in großen Mengen, wohingegen Fleisch und Gemüse jeden Tag vom Verwalter oder vom Koch geholt wurden, die täglich über ihre Ausgaben abrechneten. Im Taring-Haus verwaltete ich die Finanzen. Viele Leute brachten alle Butter, die sie brauchten, von ihren Gütern mit, wir allerdings kauften sie. In der Küche standen große irdene Herde, die geschwärzt und geölt waren, damit sie schön glänzten, und sie waren mit Bernstein oder Türkisen besetzt. Zum Heizen der Wohnräume benutzten wir Holzöfen; da aber Holz in Lhasa selten und teuer war, heizten die Armen mit Dung.

Samstags, wenn Dschigme nicht ins Amt ging, gab es oft besondere Speisen, weil an diesem Tage ganz sicher Besuch von Freunden oder Verwandten zu erwarten war. An manchen Samstagen waren wir den ganzen Tag über zu Besuch in anderen Häusern, aber meistens verbrachte Dschigme seine Freizeit mit Gartenarbeit. Es war üblich, daß gute Freunde den ganzen Tag über blieben und beide Hauptmahlzeiten beim Gastgeber einnahmen.

In den meisten tibetischen Haushalten gab es mehr Dienstboten als bei uns. Wir versuchten, unsere Ausgaben niedrig zu halten, indem wir nur die nötigsten Diener beschäftigten. Wenn wir zusätzliche Hilfe brauchten, holten wir Dienstboten von unseren Gütern oder liehen sie von Verwandten und Freunden. Es gab eine Dienerin für meine Schwiegermutter, zwei Diener für Dschigme, die ihn stets begleiten mußten, wenn er ausging, einen Teekoch, einen allgemeinen Koch, einen Hilfskoch, einen Pferdeknecht, zwei Gärtner, zwei Maultiertreiber und einen Diener für mich. Im Gegensatz zu den meisten vornehmen Tibeterinnen hatte ich auf eine Dienerin verzichtet, nachdem meine erste Zofe und ihr Mann als Verwalter über eines unserer kleinen Pachtgüter eingesetzt worden waren – aber mein Diener begleitete mich stets, wusch die Wäsche und erfüllte viele andere Pflichten. Außerdem leitete ich ein junges Mädchen an, mir bei der Betreuung der Kinder zu helfen; die ersten drei oder vier Monate allerdings badete und wickelte ich sie selbst. Das ältere Kind schlief nachts in seinem Bettchen neben Dschigmes Lager, während das Bett des jüngeren an meiner Seite stand. Mitten in der Nacht holte ich manchmal das Baby zu mir ins Bett und wechselte seine nassen Windeln. Nachts störte ich das Mädchen nie, aber nachdem es die Kinder bei Sonnenaufgang geholt hatte, schlief ich noch zwei, drei Stunden tief, und diesen gesunden Schlaf genoß ich.

Als Dschigme *Dapon* war, kümmerte ich mich intensiv um seine Uniform; ich putzte seine Stiefel, die Gürtel und Gamaschen und polierte die Knöpfe. Dschigme kümmerte sich nicht viel um sein Äußeres und um seine tibetische Kleidung oder die Uniformen. Ich hielt auch sein Pferd und das Sattelzeug in Ordnung, weil sein Militärsattel stets auf Hochglanz poliert sein mußte. Als sein wunderschönes graues Pony starb, wollte ich ihm gern ein anderes Pferd schenken. Durch die Vermittlung eines Freundes konnte ich ein herrliches graubraunes Pferd aus dem Stall des Reting-Regenten erwerben, ich tauschte es gegen ein schwarzes Fuchsfell, das ich aus Kalkutta mitgebracht hatte. Echte schwarze Fuchsfelle, aus denen Hüte für Mönchs- und Laienbeamte gefertigt wurden, waren in Tibet sehr geschätzt.

Ich handelte regelmäßig, um unser Einkommen aufzubessern. Wir besaßen etwa 20 Packesel, die einmal im Jahr mit Wolle nach Indien zogen, die dort gegen indische Währung verkauft wurde. Auf dem Rückweg brachten sie mit, was wir im nächsten Jahr brauchten, außerdem Zigaretten, Medikamente und Tee. Diese Waren verkaufte ich in Lhasa an Händler, denen ich zeigte, welche Summe ich in Indien gezahlt hatte. Ich erhielt dann einen Profit, der den gerade gültigen Preisen entsprach.

Im Herbst reiste ich manchmal zum Taring-Gut, um die Ernte zu überwachen und mit dem Verwalter die Abrechnung aufzustellen. Unsere Leibeigenen freuten sich immer sehr auf unsere Ankunft, und ich half ihnen, soweit es mir möglich war, bei der Lösung ihrer Probleme.

Als das Taring-Haus fertig war, pachteten wir zwei kleine Güter in der Nähe von Lhasa – eines vom Armeehauptquartier und eines von der Ragaschar-Familie –, die uns mit Gras, Getreide, Brennmaterial und Eiern versorgten. Anders wäre es nämlich unmöglich gewesen, sechs bis sieben Pferde in der Stadt zu füttern und ausreichend Heizmaterial für den Haushalt zu bekommen.

Zu meinen Pflichten gehörte es auch, dafür zu sorgen, daß jedermann im Haushalt, einschließlich der Diener, je nach Bedarf neue Kleider erhielt. Alle Tibeter – ausgenommen die ganz Armen – beschäftigten Schneider, und fast das ganze Jahr über arbeiteten einige in unserem Hause. Der älteste Schneider war ein kluger, ausgesprochen sympathischer Mann, der der Gilde der Regierungsschneider angehörte, wir hatten des öfteren außerordentlich interessante Gespräche miteinander.

Am meisten jedoch interessierte ich mich nach wie vor für das Unterrichten, und so brachte ich meiner Tochter und den Kindern von Freunden und Verwandten tibetische Rechtschreibung und Grammatik und Englisch bei. Auch machte es mir viel Spaß, Erste Hilfe zu leisten, und gelegentlich kamen Bettler ins Taring-Haus und ließen mich ihre Wunden und Geschwüre behandeln. Erwartete eine meiner Nichten oder eine Dienerin ein Kind, versorgte ich sie, und vielen Kindern half ich eigenhändig ans Licht der Welt. Am wichtigsten allerdings war mir das Studium des Buddhismus, und ich bemühte mich, die falsche oder trügerische Natur aller Dinge zu erkennen. Das Studium ist sehr schwierig, und ich lud berühmte Lamagelehrte in unser Haus ein und ließ mich von ihnen unterweisen.

Buddha fand die Wahrheit, indem er über das Wesen des Lebens nachsann und die Vergänglichkeit unserer Existenz erkannte. Die Lehren der einzelnen buddhistischen Linien in Tibet stimmten in folgenden Punkten überein: man soll alles Böse meiden, gute Taten vollbringen und das Denken reinigen. Die Lehre basiert auf dem achtfachen Pfad:

1. Rechtes Verstehen (frei sein von Aberglauben und Selbsttäuschung)
2. Rechtes Denken (der hohen menschlichen Intelligenz entsprechend)
3. Rechte Sprache (freundlich und wahr)
4. Rechtes Handeln (friedlich, ehrlich und rein)
5. Rechte Lebensweise (kein Lebewesen verletzen oder in Gefahr bringen)
6. Rechter Eifer (Selbsttraining und Selbstkontrolle)
7. Rechte Aufmerksamkeit (stets aktiv und wachsam sein)
8. Rechte Konzentration (in tiefer Meditation über das Wesen des Lebens nachdenken)

Buddha war es, der diese Lehre perfekt in die Praxis umsetzte. Viele seiner Nachfolger unternahmen den Versuch, ihm nachzueifern; durch Pilgerfahrten hofften sie, fromme Ehrfurcht und Reue empfangen zu können. Wir Buddhisten opfern und beten, um das Verlangen, den Haß und böse Gedanken zu vermindern. Alle Buddhisten glauben an die Tat und ihre Folge, an Ursache und Wirkung, was dazu beiträgt, daß wir versuchen, die Sünde zu meiden. Man hat uns folgendes gelehrt:

Alles Übel entsteht durch den Menschen selbst.
Der Mensch selbst verunreinigt sich.
Der Mensch selbst kann Böses vermeiden.

Der Mensch selbst kann sich reinigen.
Niemand kann einen anderen Menschen reinigen.

Die wahre Lehre ist zwar stark zusammengefaßt, das Verständnis jedoch ist schwer, die Praxis noch schwieriger. Selbst in einem buddhistischen Land wie Tibet war es nicht leicht, tatsächlich nach der Religion zu leben, und deshalb unterzogen sich die Menschen Riten und befolgten viele Vorschriften, um nach und nach die richtigen Schritte zu tun. Man findet Gott oder die Wahrheit in sich selbst, wenn man sich mit der Lehre beschäftigt. Der Verstand ist sehr wichtig; wenn man ihn nicht kultiviert, gibt es keinen geistigen Fortschritt, und durch Güte entsteht Einsicht und Verständnis. Man kann nichts wirklich glauben, was man nicht selbst herausgefunden hat. Viele tibetische Buddhisten glaubten, was man ihnen erzählte; es ist leicht, einfach Vorschriften zu befolgen, ohne selbst Anstrengungen zu unternehmen. Aber andere Menschen suchen, finden und glauben. Die Wahrheit existiert; es spielt keine Rolle, ob man sich von Buddha oder Jesus Christus zu ihr hinführen läßt. Sie existiert, und die großen Lehrer leiten uns, helfen, unser Ziel zu erreichen. Wir Tibeter haben nichts dagegen, daß sich unsere Kinder mit anderen Religionen beschäftigen; es ist gut, erst einmal von vielen Speisen zu kosten, bevor man sich für eine spezielle entscheidet. Man muß innerlich sehr gefestigt sein, wenn man glücklich sein will; ohne Religion denkt man zuviel an sich, nimmt sich selbst zu wichtig.

In Lhasa lebten über tausend tibetische Moslems, die ursprünglich aus Kaschmir stammten. Ihre Frauen waren meistens Tibeterinnen, die zum Islam übergetreten waren, was auf keinerlei Widerstand stieß; es kam allerdings so gut wie nie vor, daß ein Moslem Buddhist wurde, denn die Tibeter respektieren alle Religionen gleichermaßen und unternehmen keinen Versuch, jemanden zu bekehren. Die Moslems glauben nicht an die Wiedergeburt; sie fasteten streng und nahmen für verliehenes Geld keine Zinsen. Der Buddhismus lehrt, daß die Kontrolle des Verstandes und das Erkennen des Selbst wichtiger sind als die Abtötung des Körpers.

Wir Tibeter sind trotz Buddhas Lehren sehr abergläubisch. Ein Sprichwort sagt, wenn jemand abergläubisch genug ist, kann selbst ein leeres Haus ausgeraubt werden. Unser Aberglaube entwickelte sich aus der Beobachtung, daß bestimmte Anzeichen wiederholt zu den gleichen Folgen führen. Wenn man vor der Abreise nach einem fernen Ort unbeabsichtigt Nahrungsmittel verschüttet, dann bedeutet das Unglück. Glück hingegen bringt es, begegnet man vor der Abreise zufällig einer Person, die ein mit Wasser oder Tee gefülltes Gefäß trägt. Wenn ein Rabe, der stets fern der Menschen lebt, über einem Haus nistet, so ist das ein böses Omen. Es gibt ein kleines Buch, in dem die Töne des Raben interpretiert werden, denn der Rabe gilt als Vogel der Götter. Der Rabe kann zwei Laute produzieren, und zunächst gilt es herauszufinden, in welche Richtung der Vogel blickt. Ein leiser, knackender Ton bedeutet Glück – man erhält ein Geschenk, Besuch kommt oder man hat auf irgendeine Weise Erfolg; gibt der Rabe jedoch einen lauten bellenden Ton von sich, droht Unglück. Nistet ein Sperling im Haus, ist das ein gutes Omen, Vogeldreck hingegen, der einer Person auf den Kopf fällt, bringt Unglück. Der Traum von einer Sonnen- oder Mondfinsternis verkündet den Tod eines Königs, eines Lama oder Elternteiles; träumt man vom Sonnenaufgang, wird man Glück haben, ein Traum vom Sonnenuntergang bringt Unheil. Besonders denjenigen, die meditieren, empfiehlt man, ihre Träume zu beobachten. Träumt ein Mensch, der ernstlich über den Sinn und das Wesen des Lebens nachdenkt, er trüge neue Kleider, ginge über eine Brücke oder nähme ein Bad, dann gilt das als Anzeichen dafür, daß er den Zweck seiner Meditation erreicht hat.

Am fünfzehnten Tage des fünften Monats (Juni-Juli) veranstaltete man in ganz Tibet ein Picknick. Es hieß «Weltgebet», weil jedermann an diesem Tage für das Glück aller Lebewesen auf der ganzen Welt betete. Die Läden schlossen für einige Tage, und abends gingen die Regierungsbeamten direkt von der Arbeit zum Fluß, wo sie von ihren Familien in wunderschönen Zelten erwartet wurden. Überall, wohin man schaute, spielten die Menschen, erfreuten sich an Musik und Gesang. Während dieser Feierlichkeiten gab die Taring-Familie stets ein großes Fest für ihre Freunde und Verwandten, das drei Tage dauerte. Bei anderen Gelegenheiten fanden Feste bei Tsarong oder unseren Freunden statt. Am ersten Tag des Festes verbrannte jede Familie viel Weihrauch und hißte Gebetsflaggen. Diese Sitten sind ebenso wie verschiedene andere religiöse Gebräuche Tibets, die mit Hochzeit, Geburt und Tod zusammenhängen, eigentlich nicht buddhistischen Ursprungs, sondern vielmehr Reste der ursprünglichen animistischen Bön-Religion.

Als Padmasambawa, der große indische Heilige, auf Einladung des Königs Trisong Detsen (742–797 n. Chr.) nach Tibet kam, wurde er von Bön-Geistern angegriffen, die seine Mission vereiteln wollten, den Buddhismus in Tibet zu verbreiten. Mit seinen mächtigen Zauberformeln gelang es ihm schnell, die Geister zu überwinden. Er zwang sie zu schwören, daß sie von nun an die neue Religion verteidigen würden – auf diese Weise wurde vieles aus der alten Religion in den tibetischen Buddhismus übernommen. Man verbrannte zum Beispiel weiterhin Weihrauch und hißte Gebetsfahnen, auf denen nun allerdings buddhistische Gebete standen, damit der Wind sie in zahllosen Vervielfältigungen lesen konnte.

Der Buddhismus erlitt starke Einbußen unter der Regierung des Königs Langdarma (803 n. Chr.). König Ralpatschen, einer der drei frömmsten Könige, tat viel für die neue Religion, aber sein Bruder Darma war ein strikter Gegner des Buddhismus. Ein Mann namens Be Gyator tötete Ralpatschen, als sich der König gerade einmal ausruhte und *Tschang* trank, indem er ihm den Kopf umdrehte, bis das Genick gebrochen war. Langdarma bestieg den Thron, Be Gyator wurde zum Ersten Minister ernannt, und viele andere, die sich für die Bön-Religion einsetzten, wurden Regierungsminister. Sie entwarfen neue

Gesetze, die den Buddhismus vernichten sollten, schlossen die Haupttempel und zerstörten alle Statuen. Es heißt, Langdarma habe die tibetische Sitte eingeführt, nach der die Beamten ihr Haar mit roten Bändern durchflechten und zu Knoten aufstekken, weil er seine Hörner verstecken wollte – die verrieten, daß er ein Zauberer war. Den Friseuren wurde bei Todesstrafe untersagt, auch nur das Geringste über die Hörner des Königs verlauten zu lassen. Es heißt auch, Langdarma habe eine schwarze Zunge gehabt, und seither ist es üblich, daß sich Tibeter, wenn sie Personen von hohem Rang begegnen, am Kopf kratzen und die Zunge herausstrecken, um zu zeigen, daß sie weder Hörner noch eine schwarze Zunge haben. Langdarma stellte die buddhistischen Mönche vor die Wahl, zu heiraten, Waffen zu tragen oder Jäger zu werden. Blieben sie dem Buddhismus treu, war ihnen die Todesstrafe sicher. Aber Langdarma konnte den Buddhismus nur in Zentraltibet auslöschen, nicht in den entlegeneren Teilen des Landes.

Schließlich spitzte sich die Situation derart zu, daß ein Einsiedler namens Lhalung Paldor, der in einer Höhle bei Yerpa in der Nähe von Lhasa meditierte, beschloß, etwas zu unternehmen. Er begab sich auf den Weg nach Lhasa, angetan mit einem schwarzen Hut und einem schwarzen Mantel; mit Holzkohle und Fett beschmierte er seine Kleidung und seinen Schimmel, Pfeil und Bogen verbarg er in den langen Ärmeln seines Gewandes. Vor Lhasa band er sein Pferd am Flußufer fest, ging in die Stadt und traf Langdarma mit einigen Ministern vor dem Dschokhang. Er verbeugte sich vor dem König, zielte gleichzeitig auf sein Herz und schoß den tödlichen Pfeil ab. In der anschließenden Verwirrung entkam Lhalung Paldor, bestieg sein Pferd und zwang es, ans andere Ufer zu schwimmen, damit die Kohle abgewaschen würde. Dann wendete er den Mantel, galoppierte auf seinem Schimmel zurück nach Yerpa und verbarg sich in seiner Höhle. Obgleich Suchmannschaften in verschiedene Richtungen ausgeschickt wurden, fand niemand einen schwarzgekleideten Mann auf einem Rappen. Ein

Hirte aus Yerpa hatte den Einsiedler zwar im Verdacht, sagte sich jedoch: «Ich werde kein Salz in die Suppe schütten, die viele Menschen essen sollen», und hielt den Mund. Dennoch verbreitete sich bald das Gerücht, Lhalung Paldor habe den König umgebracht; der Einsiedler verließ seine Höhle und suchte im östlichen Tibet Zuflucht.

Sein Bild war in vielen Klöstern zu sehen, auch in seiner Höhle in Yerpa stand eine Statue. Nach Langdarmas Tod unterstützte der Adel den Buddhismus, und man gründete viele Klöster, die erst kürzlich von den Chinesen zerstört wurden.

Wir gingen oft nach Yerpa, einem sehr heiligen Ort, wohin die Einwohner Lhasas im Sommer pilgerten. Einmal besuchten die Tsarong-, Taring- und Dordsche-Familien gemeinsam mit Heinrich Harrer die Höhlen, die nur unter erheblichen Schwierigkeiten zu erreichen sind. In der Nähe war das Grab einer Nonne, die bei der Höhle vom Felsen gestürzt war. Dschigme und Harrer kletterten ohne Mühe hinauf, mich jedoch erschöpfte schon der Weg bis zum Höhleneingang; an die tausend Meter tief fiel der Fels jäh ab, und der heulende Wind zerrte mich von den kleinen Büschen, an denen ich mich krampfhaft festhielt. Schließlich kam Dschigme und erlöste mich.

Für die Tibeter ist Indien ein heiliges Land voller gelehrter Menschen, die mitfühlender sind als wir, und zwar deshalb, weil Buddha nie seinen Fuß auf tibetischen Boden gesetzt hat. Die Tibeter sind kriegerischer. Hinduismus und Buddhismus haben viel Ähnlichkeit miteinander. Buddha, Sohn eines Hindu-Königs, übernahm viele Lehren des Hinduismus, und seine eigene Lehre bildet heute einen Teil des Hinduismus. Der größte Unterschied ist der, daß Hindus im Gegensatz zu den Buddhisten an ein Ego glauben. Auch gab es bei uns weder ein Kastensystem wie in Indien noch sozialen Snobismus wie in einigen europäischen Ländern. Tibeter wurden nach ihrer Klugheit und ihrem Verständnis eingestuft und die alten Familien deshalb geachtet, weil sie von großen, heiligen Persönlichkeiten abstammten. Wir glauben, daß jene Menschen freundlich und intelligent sind, die in früheren Inkarnationen Verdienste erworben haben.

Seit meiner Kindheit hat sich das Wetter in Lhasa sehr verändert, und in den letzten Jahren gab es keine schweren Schneefälle mehr, dennoch spielten wir weiterhin ein altes Spiel, um den ersten Schnee zu feiern. Man übersandte einem Freund ein geschickt getarntes Paket mit frischem Schnee, kleinen Speiseportionen und einen Brief, in dem man um ein Fest bat. Nahm der Freund das Paket an, mußte er eine Party geben, bei der alle die Speisen serviert wurden, die das Paket enthielt. Wurde der Überbringer des Paketes jedoch erwischt und der Schnee entdeckt, durften alle Familienmitglieder den Boten mit einer Hammelkeule verdreschen und ihn von Kopf bis Fuß mit Kleister einreiben. In diesem Falle mußte der Absender die Party veranstalten. Dieses Spiel des Schneelandes galt als günstig und glückbringend für das Wohl des Landes, wenn es mit viel Spaß und Vergnügen gespielt wurde.

Während Seine Heiligkeit studierte und heranwuchs, entspannte sich jedermann im Lande, und die Beamten und ihre Frauen spielten Mah-Jongg mit hohen Einsätzen. Der Reting-Regent stand im besten Einvernehmen mit dem *Kaschag*, der Familie des Dalai Lama und allen Klöstern. Sein eigenes Kloster, Sera, unterstützte ihn bedingungslos, und er hätte an der Macht bleiben können, bis Seine Heiligkeit selbst die Regierung übernahm. Aber 1940 beschloß er zurückzutreten, weil er ein beschauliches Leben führen wollte, was ihm bei der großen Verantwortung und den Pflichten als Regent nicht möglich war.

Als Reting den *Kaschag* und seine Freunde von seinem Vorhaben informierte, war jedermann überrascht. Er war beim Volk beliebt, weil er dem Land Glück gebracht hatte, und die *Kaschag*-Minister und die Hohen Lamas der Klöster baten ihn eindringlich, seinen Entschluß rückgängig zu machen. Aber Reting sagte zu Dschigme und all den anderen, er wolle meditieren, denn der Staatsastrologe habe ihm prophezeit, er werde jung sterben, wenn er nicht ein frommes Leben führe. Er fügte hinzu, er werde seine Macht jemandem übergeben, der noch fähiger sei als er selbst, nämlich Taktra Rimpotsche, einem stillen Mann, der über siebzig Jahre alt war und von dem kaum jemand etwas wußte. Er war gelehrt und sehr bewandert in der Religion, aber er hatte keinerlei Erfahrung mit Regierungsarbeit. Er war zwar nicht Retings Lehrer gewesen, aber das Verhältnis zwischen den beiden war sehr gut, und Reting achtete und liebte ihn wie seinen Lehrer. Er dachte, er könne Taktra Rimpotsche nötigenfalls beeinflussen. Er beging, wie sich später herausstellte, einen großen Fehler, als er seinen Nachfolger nicht vom *Tsongdu* wählen ließ.

Im Jahre 1933 war Tsering Yangsom (Tsarongs zweitälteste Tochter mit Tseten Dolkar) mit ihren Schwestern zur Mount-Hermon-Schule in Darjeeling gereist und hatte dort Dschigme Dordsche kennengelernt, den ältesten Sohn des Radscha und der Rani Dordsche von Bhutan. Er war ein kluger junger Mann, Tsering Yangsom ein schlankes, sehr hübsches Mädchen mit viel Charme, außerdem war sie fromm und freigebig. Die beiden beschlossen zu heiraten, und 1942 baten Dschigme Dordsches Eltern Dschigme und mich, die traditionelle Verlobungszeremonie auszurichten. Rani Dordsche war Dschigmes Tante, und er hat während seiner Schulzeit in Indien bei ihr gewohnt.

Tsarong erhielt von der tibetischen Regierung die Erlaubnis, seine Tochter fortzugeben und sie Staatsbürgerin von Bhutan werden zu lassen. Er und Pema Dolkar baten mich, den Brautzug nach Indien zu begleiten, weil es den beiden gesundheitlich schlechtging. Dieser Auftrag machte mich sehr glücklich. Der Zug bestand aus Tsarongs Vertreter, sechs Dienern, einer Kammerzofe für die Braut, zwei Dienern für mich, einem Maultiertreiber für die 20 Packtiere und einem Knecht für die vielen Reittiere.

Die Reise wurde auf den Herbst festgesetzt, damit wir Indien im Winter erreichten, der günstigsten Zeit für Tibeter. Es war Tsarongs Wunsch, daß wir die Reise genossen, und sie war so geplant, daß wir genau einen Monat für den Weg von Lhasa nach Kalimpong benötigten. Tsering Yangsom bat ihre Halbschwester Tseyang, meine älteste Tochter, sie zu begleiten. Tseyang war 1939 von der Mount-Hermon-Schule nach Hause zurückgekehrt, weil sie so sehr unter Heimweh litt, daß sie nicht lernen konnte; in jedem Brief an uns zeichnete sie ein weinendes Mädchen. Jetzt, da sie ein bißchen älter war, wollte sie wieder nach Indien zurück, um ihr Studium fortzuführen.

Unsere Reise erinnerte mich an meinen ersten Ritt nach Darjeeling als Kind. Als wir den Nathala-Paß überschritten, hatten wir einen atemberaubend schönen Blick auf Gangtok. Der Staat Sikkim hatte Unterkünfte für uns bereitgestellt, und abends begrüßten uns viele Staatsminister. Am nächsten Tag ließen wir die Pferde zurück und fuhren mit dem Auto nach Gangtok, wo man einen Staatsempfang für uns gab. Drei Tage später reisten wir nach Kalimpong weiter, und auf Anordnung der Regierung war die enge Straße für jeden anderen Verkehr gesperrt. Sir Basil Gould, Regierungsbeamter für Sikkim, empfing uns im Rasthaus, und viele Freunde, unter ihnen Annie, Vera und Vicky MacDonald, besuchten uns. Der Zweite Weltkrieg war ausgebrochen, und in Kalimpong waren viele amerikanische und britische Soldaten und Offiziere stationiert.

Am nächsten Tag begab sich der Hochzeitszug zum Bhutan-Haus. Viele Bhutanesen mit Trommeln und Trompeten, in bunten Brokat gekleidet, rote Schals über die Schultern geschlungen, tanzten vor dem Brautwagen einher, in dem Tseyang und ich Tsering Yangsom begleiteten. Eine nepalesische Hochzeitskapelle spielte direkt neben dem Wagen. Zu meiner Überraschung erblickte ich Surkhang *Schap-pē* und Kunphela in der Menge der Zuschauer. Die gesamte Dordsche-Familie erwartete uns an der Treppe des Bhutan-Hauses mit Schals, und nach den Zeremonien im Gebetsraum mischten wir uns unter die vielen Gäste in den riesigen, herrlich geschmückten tibetischen Zelten, die im Garten aufgeschlagen worden waren. Als der Empfang vorüber war, hatten wir mehr als hundert Flaschen Sherry geleert.

Sieben Tage lang dauerten die Feierlichkeiten. Freunde kamen zum Mittag- und Abendessen ins Haus, einige indische Freunde wurden in eine andere Halle gebeten, wo man ihnen vegetarische Speisen vorsetzte. 3000 arme Leute wurden im Garten gespeist, unsere Diener aus Lhasa erhielten Geschenke und wurden länger als eine Woche besonders gut bewirtet.

Als sich unsere Reisegesellschaft in Kalimpong auflöste, behielt ich vier Diener für meine Heimreise. Dschigme Dordsche, seine Braut und ich begaben uns anschließend nach Kalkutta, um einzukaufen – aber weil Krieg war, waren die Läden Kalkuttas so gut wie leer. Ich kaufte lediglich 500 Teeladungen und 100 Ladungen Schuhleder, Waren, mit denen ich einen recht guten Profit erzielte. Ich blieb noch allein in Kalkutta, um das Leder zu kaufen, und eines Tages wurde die Stadt bombardiert. An jenem Abend traf ich Kunphela, der mir riet, nach Kalimpong zurückzukehren, weil das Reisen auf den Straßen möglicherweise schwierig werde, wenn noch mehr Bomben fielen. Außerdem erhielt ich zwei Telegramme von Dschigme: «Warum bleibst du in Kalkutta? Komm sofort zurück.» Weil Kunphela ein kluger Mann war, beschloß ich heimzureisen und schickte meinen Diener, eine Fahrkarte zu kaufen; er kehrte unverrichteter Dinge zurück, und ich ging selbst zum Bahnhof. Nach langem Hin und Her bekam ich schließlich eine Karte. Zwei Diener ließ ich in Kalkutta zurück, damit sie sich um die Waren kümmerten. Nach einigen Tagen Aufenthalt in Kalimpong reiste ich nach Lhasa zurück.

Während des Zweiten Weltkrieges wurden alle Importgüter in Tibet unerschwinglich teuer, aus Indien jedoch wurde viel Stoff nach China geschickt, und unsere Händler erzielten damit einen guten Profit.

Im Jahre 1939 besaßen viele Leute in Lhasa ein Radio, und man hörte täglich Nachrichten aus aller Welt. In ganz Tibet wurden bis zu Kriegsende regelmäßig religiöse Riten abgehalten, damit der Krieg bald beendet werde.

12 Der Fall des Ex-Regenten Reting

Im Jahre 1946 mußten wir ein offizielles Fest geben, eine sehr kostspielige Angelegenheit. Alle hohen Beamten vom vierten Rang aufwärts mußten einmal während ihrer Laufbahn für alle Laienkollegen ein fünf Tage dauerndes Fest veranstalten; einschließlich aller Vorbereitungen und dem Aufräumen hinterher konnte man allerdings gut und gerne zwei Wochen rechnen. Die Ausgaben waren sehr hoch, denn die Preise für Nahrungsmittel waren um das Zehnfache gestiegen, seitdem mein Schwiegervater und Tschapase im Jahre 1931 gemeinsam ein Fest gegeben hatten. Dschigme teilte sich die Rolle des Gastgebers mit Ngapo Ngawang Dschigme.

Bei diesen Festen wurden täglich für mindestens 100 Männer, 30 Frauen, 30 Kinder und 100 Diener drei Mahlzeiten mit den erlesensten Speisen serviert. Zwei Freunde aus der Regierungsstelle, die viele Helfer anwarben, wurden gebeten, die ganze Sache zu organisieren, und an einem günstigen Tag traf sich der Festausschuß, um zu beraten, wie viele Diener, Köche und *Tschang*-Mädchen eingestellt werden mußten und wieviel Nahrung und zusätzliche Möbelstücke gebraucht wurden. Es gab eine Liste derer, die bereit waren, Matten, Teppiche und Geschirr zu verleihen, und jener, die Mehl, Eier, Fleisch, Butter und andere Nahrungsmittel verkauften. Dann ernannte das Komitee einen Verwalter und heuerte Diener an, einschließlich der Teeköche, die aus den Klöstern kamen, weil Mönche die besten Teeköche sind. Man lieh außergewöhnlich zuverlässige Diener von ihren Arbeitgebern und bereitete Räumlichkeiten für die *Schap-pēs* und ihre Frauen, für die älteren und jüngeren Beamten, Kinder und Diener vor. Man engagierte ein Orchester, das zum Tanz aufspielte und Sänger begleitete, denn es wurde erwartet, daß während des Festes im ganzen Haus eine fröhliche Stimmung herrschte.

Drei Tage vor Beginn des Festes ritten einige Diener in ihrer besten Livree fort, um die Einladungen zu verteilen, die zusammen mit einem gefalteten Schal überreicht wurden. Auf diese Weise bat man die Herren und Damen des Hauses, mit ihren Kindern dem Fest zwei Tage oder länger beizuwohnen. Man bat sie, möglichst früh zu erscheinen, und wenn es sich um enge Freunde oder Verwandte handelte, lud man sie ein, über Nacht zu bleiben. Die Diener berichteten dann, wie viele Leute die Einladung angenommen hatten, und ritten jeden Morgen wieder zu diesen Häusern, um die Gäste an die Einladung zu erinnern; einige Leute zögerten nämlich zu kommen, wenn man sie nicht jeden Tag aufs neue einlud. Die Damen mußten aus diesem Anlaß ihre vollständige Tracht tragen, und zu Beginn des Festes empfingen Verwalter, jüngere und ältere Beamte die ehrenwerten Gäste am Eingang. Man reichte die Gäste weiter, bis sie schließlich in ein Zimmer geleitet wurden, wo der Gastgeber sie an der Tür begrüßte und einen Schal entgegennahm, den er zurückgab.

Die *Schap-pēs* gingen noch ins Amt, bevor sie gemeinsam zum Fest ritten. Alle Beamten erwarteten sie am Tor, während auf dem Haus Flaggen gehißt wurden, religiöse Hörner erklangen, Weihrauch verbrannt wurde und Künstler glückbringende Verzierungen mit weißer Kreide auf die Platten des Hofes zeichneten. Wenn die *Schap-pēs* feierlich ihre hohen Sitze in der Halle eingenommen hatten, und zwar dem Rang nach, reichte man ihnen Tee, Reis und *Tschang*, von dem sie nur sehr wenig nahmen. Ihre Diener halfen ihnen danach, die Festgewänder auszuziehen, und sie begaben sich in einen anderen Raum, wo man bereits drei oder vier quadratische Tische bereitgestellt hatte. Hier servierte man ihnen Tee in alten chinesischen Schalen oder Jadebechern mit Silberständer. Zu den Mahlzeiten saßen jeweils acht Leute an einem Tisch, beim Domino, Mah-Jongg und beim Kartenspiel jeweils vier. Einige Beamte und ihre Frauen interessierten sich leider mehr für das Mah-Jongg, wobei es um hohe Einsätze ging, als für das Essen.

Jeden Tag erhielten die Gäste ein Frühstück, das aus zwölf kleinen Speisen und vier Hauptgerichten bestand, aus Hammelkoteletts, gekochten Eiern, süßem Käse, Trockenfleisch, kaltem Braten, Würsten, gefüllter Lunge und Gemüse. Wie gewöhnlich bildete *Tsampa* die Hauptmahlzeit, denn das war das wichtigste Nahrungsmittel für Tibeter aller Klassen.

Mittags bildeten Eiernudeln mit sechzehn kleineren Delikatessen und vier Hauptgängen die wichtigste Mahlzeit. Nach dem Mittagessen wurde den Laien *Tschang* serviert, die Mönche erhielten Tee; darauf folgte nachmittags Tee und Kuchen. Die Mönche schauten den Laien beim Trinken lächelnd zu: Kein Mönch trank in der Öffentlichkeit, aber einige Mönchsbeamte nahmen es mit dieser Vorschrift nicht sehr genau.

Das Abendessen – die umfassendste und köstlichste Mahlzeit – begann mit sechzehn kleinen Speisen, gefolgt von acht Gängen, die abwechselnd auf Platten und in Schalen serviert wurden, dann kamen vier Gemüseplatten, importierte Meerestiere, und abschließend wurde eine riesige Suppenschüssel mitten auf den Tisch gestellt, dazu reichte man Reis und *Mo-mo* (mit Fleisch gefüllte Klöße). Zwischendurch gab es immer wieder verschiedene Süßigkeiten. Die Kinder erhielten die Abendmahlzeit rechtzeitig und gingen vor Sonnenuntergang mit ihren Kindermädchen heim.

Das Frühstück wurde nach tibetischer Sitte zubereitet, Mittag- und Abendmahlzeiten waren zum Teil chinesisch, und man aß mit Stäbchen oder Löffeln. Die Organisatoren überwachten die Bedienung und nötigten gelegentlich die Gäste, tüchtig zuzugreifen. Wenn sie mit hohen Persönlichkeiten und deren Frauen sprachen, zogen sie höflich den Hut. Nach dem

Essen schenkten die *Tschang*-Mädchen, die ihre besten Kleider trugen, *Tschang* und ausländische Getränke ein. Wenn alle ein bißchen angeheitert waren, besuchten die Herren die Damen in ihrem Zimmer und ermunterten sie, noch mehr zu trinken, und vor den Augen der Diener und jener, die noch nüchtern waren, wurde ganz offen angebändelt. Die nüchternen Gäste verließen die Party unbemerkt, wenn das Treiben allzu ausgelassen wurde. Es machte viel Spaß, bis zum Schluß zu bleiben; einige Leute konnten sich nicht erheben, weil ihnen die Beine beim Sitzen während der langen Mahlzeiten eingeschlafen waren. Jedermann wollte dabeisein, wenn sich der wichtigste Gast verabschiedete; die Kerosinlampe begleitete ihn wie ein Wandelstern, und die übrigen Gäste blieben zurück in einem dämmrigen Raum, der von wenigen Kerzen erleuchtet wurde. Unsere Diener kümmerten sich sehr nett um uns, sonst hätten wir in unserem Zustand in der Dunkelheit über die Stufen stolpern können. Selbst die Pferde waren aufgeregt und wieherten laut. Man verabschiedete sich hastig, und am nächsten Morgen entschuldigte sich jeder bei jedem für sein Verhalten am Vorabend – abends jedoch ereignete sich dasselbe aufs neue, und so ging es weiter, bis das Fest zu Ende war.

Für die *Schap-pēs* war ein besonderer Raum oder ein Zelt bereitgestellt, wo sie wichtige Beratungen abhielten oder ihre Arbeit für die Regierung erledigten. Einige *Schap-pēs* erhielten zu diesem Fest sogar einen Brief von seiner Heiligkeit, dem Dalai Lama.

Am letzten Tag wurden die Mahlzeiten ein wenig früher serviert, und man hielt eine Zeremonie ab, die «glückliches Ende» hieß. Die *Schap-pēs* nahmen noch einmal ihre hohen Sitze ein und trugen ihre vollständige Uniform; man reichte Tee und Reis, und der Vertreter des Gastgebers gab jedem einen Schal, den man sich diesmal um den Hals legen mußte. Viel Weihrauch wurde im Hof verbrannt, während jeder Gast einige Prisen *Tsampa*-Mehls in die Luft warf und dreimal *«So! So!»* sagte und damit den Sieg der Götter erbat. Wenn man die Hand zum vierten Mal erhob, rief man: *«Lha Gyalo!»* – das heißt «Sieg den Göttern!» Dann verabschiedeten sich die Veranstalter des Festes in aller Form von den aufbrechenden Gästen.

Es hatte stets den Anschein, als würde eine Menge Essen vergeudet, weil einige Gäste zu schüchtern waren, um ausgiebig zuzulangen. Zum Schluß eines solchen Festes stellte ich aber stets mit Freude fest, daß die Reste an wartende Bettler und Arme verteilt wurden.

Ein paar Monate später stand uns erneut eine beträchtliche Ausgabe bevor, als nämlich meine älteste Tochter Tseyang Dschigmes jüngsten Bruder Rigsin Namgyäl heiratete. Schwiegermutter war neunundvierzig Jahre alt, als Rigsin Namgyäl geboren wurde, und die Eltern – besonders aber seine Mutter – wünschten sich, ihn noch vor ihrem Tode verheiratet zu sehen. Er besuchte zunächst eine tibetische Schule in Lhasa und später St. Joseph's in Darjeeling – die Kosten dafür trug der Staat Sikkim –, danach lernte er bei mir Tibetisch.

Namgyäl ist ein ungewöhnlich netter Mann – er ist groß, im Ausdruck seinem Vater ähnlich, fleißig und intelligent. Nach der Hochzeit arbeitete er zwölf Jahre in Lhasa als Sekretär des *Kaschag*. Ich liebe ihn wie meinen eigenen Sohn, weil ich ihn seit seiner Kindheit gut kenne.

Als die Hochzeitsfeier vorüber war, brachte ich unsere beiden Töchter, Tsarongs Tochter Tsering Dölma und seinen jüngeren Sohn Phuntsok Gyantsan (beide aus der Ehe mit Tseten Dolkar) nach Darjeeling zur Schule. Die Reise von Lhasa nach Gangtok dauerte nahezu drei Wochen, und wir legten pro Tag etwa 40 Kilometer zurück. Mit einem Auto, das uns die sikkimesische Regierung zur Verfügung stellte, fuhren wir von Gangtok nach Kalimpong, wo ich Kleider für die Kinder anfertigen ließ.

Bevor ich nach Tibet zurückkehrte, fuhr ich mit Rani Dordsche nach Kalkutta und Bombay. In Kalkutta herrschte Aufruhr, Läden wurden geplündert und Autos verbrannt. Mit Hilfe eines Freundes von Rani Dordsche erreichten wir jedoch unbehelligt den Howrah-Bahnhof und gelangten nach Bombay.

Als wir uns in Bombay aufhielten, übernachteten Mr. Schakabpa und einige seiner Freunde in unserem Hotel. Auch Mahatma Gandhi kam in die Stadt, und am nächsten Morgen war vor unserem Hotel, das in der Nähe des Marinehauptquartiers lag, ein großer Menschenauflauf. Ich dachte, Mahatma Gandhi sei in der Menge, und bat Rani Dordsche, mit mir hinauszugehen, damit wir ihn begrüßen konnten. Als wir draußen waren, stellten wir fest, daß eine Meuterei ausgebrochen war. Matrosen warfen aus den Fenstern des Marinehauptquartiers Stühle, Hockeyschläger und alles, was nicht niet- und nagelfest war; wir eilten zurück ins Hotel und erfuhren dort, daß die indischen Seeleute gegen ihre britischen Offiziere meuterten. Schon bald waren die Straßen voller Panzer, in den Zeitungen stand, 100 Schiffe hätten Englands Häfen verlassen, und eine Ausgangssperre wurde verhängt. Man konnte Bombay nur unter erheblichen Schwierigkeiten verlassen, aber Mr. Schakabpa besorgte Fahrkarten, und wir fuhren gemeinsam nach Kalkutta zurück. Meine beiden Diener versprachen mir, die Verantwortung für die Diamanten und Perlen zu tragen, ganz gleich, was geschehen werde.

Die Lage in Kalkutta hatte sich gebessert. Ich kaufte Zigaretten und Stoff ein, die nach Jünnan geschickt wurden, erzielte jedoch nur einen mageren Gewinn. Die beiden treuen Diener, die mit den Waren nach China reisten, taten zweifellos ihr Bestes und trugen keine Schuld.

Damals besuchten Dschigme und ich häufig Schuksep Jetsun Lotschen Rimpotsche, die ebenfalls eine Lehrerin meiner Schwester Norbu Yudon war. Die Einsiedlerin Lotschen Rimpotsche war eine Heilige, die Reinkarnation Maduk Lapdons, einer Gottheit des Nyingmapa-Sitzes von Padmasambawa. Sie war etwa um 1820 in Tsopadma (Rawalsar, im Distrikt Mandi) in Indien als Tochter einer nepalesischen Mutter und eines tibetischen Vaters geboren worden. Im Alter von sechs Jahren predigte sie bereits mit einer *Thang-ka*; sie sang mit einer wunderbar melodiösen Stimme von der Religion, und wer sie hörte, spürte, wie sich ihm Frömmigkeit ins Herz senkte. Als Kind ritt sie auf einer kleinen Ziege, und wenn sie mit der *Thang-ka* durch die Straßen Lhasas zog und an den Türen predigte, eroberte sie die Herzen vieler Mädchen, die dann Nonnen wurden und ihr folgten. Lotschen Rimpotsche war als «Ani Lotschen» bekannt, und meine Mutter hatte sie als Kind häufig singen und predigen gehört. Mit 40 Jahren gelobte Ani Lotschen ihrer Mutter, für immer in den Bergen zu bleiben und zu meditieren; kurz darauf fand sie einen Ort bei Lhasa, der Schuksep hieß; dort befand sich eine Höhle, in der bereits Gyalwa Longtschen Rabjampa meditiert hatte. Dieser große Lama hatte Padmasambawas Lehren befolgt, und viele heilige Lamas kamen von weither, selbst aus Osttibet; sie wanderten mit wunden Füßen viele, viele Kilometer weit, Nahrung und Bettzeug auf dem Rücken, um diese Höhle zu sehen und an dem heiligen Ort zu beten. Auch viele Nonnen kamen, und in der Nähe stand ein kleines Kloster für etwa 80 Frauen. Die Gläubigen besuchten Ani Lotschen regelmäßig, denn ihre Höhle lag in der Nähe von Lhasa, und sie hatte viele Anhänger unter den Lamas, Mönchen, Beamten und den Frauen. Manchmal verließ eine Nonne ihr Kloster, um zu heiraten; aber Ani Lotschen meinte dazu nur: «Macht nichts – und wenn sie auch nur eine einzige Woche Nonne war – sie wird ihr Leben lang anders sein als andere Frauen.» Als sie schon über 100 Jahre alt war, besuchte sie der Reting-Regent; sie sollte eigentlich hinuntergebracht werden ins Kloster, aber er bat sie, in ihrer Höhle zu bleiben, und stieg statt dessen zu ihr hinauf.

Als wir wieder einmal nach Schuksep gepilgert waren, um Ani Lotschens Segen zu erhalten und ihre Predigt anzuhören, bat ich sie, darum zu beten, daß auch ich einmal fähig sein würde, in den Bergen zu wohnen und ein frommes, abgeschiedenes Leben zu führen. Sie sagte, das werde niemals geschehen, und erklärte mir, das wahrhaft fromme Leben bestehe darin, daß man seinen Verstand beobachte, denn der Verstand kontrollierte die Sinne und Empfindungen.

Mein Neffe Wangdula (Norbu Yudons ältester Sohn) besuchte Lotschen Rimpotsche häufig mit seiner Frau Tschodonla, deren Bruder mit Lungschars Enkelin verheiratet war. Dieses fromme junge Paar liebte einander sehr und hatte vier reizende Kinder. Lotschen Rimpotsche erklärte ihnen die Lehre vom Karma, indem sie das Gleichnis der Frau erzählte, die an einen Fluß kam und die beiden älteren Kinder am Ufer zurückließ, während sie das Jüngste auf dem Rücken hinübertrug. Die älteren Kinder ertranken, und die arme Mutter konnte nichts tun, um sie zu retten. Lotschen Rimpotsche sagte: «Das ist das Karma der Vergangenheit, das niemanden verschont.» Damals nahmen Wangdula und seine Frau dies Gleichnis als eine ganz normale Predigt der heiligen Einsiedlerin, und niemand dachte daran, daß ihr Schicksal ähnlich verlaufen könne.

1941 wurde Wangdula *Dzongpon* von Dzonga in Westtibet. Ein Jahr später brach in der Stadt eine Typhusepidemie aus, und viele Kinder starben. Wangdula brachte seine Familie nach Kyirong Dzong, einem wunderbar gelegenen Ort an der Grenze nach Nepal; aber trotz seiner Vorsichtsmaßnahme bekamen alle vier Kinder die entsetzliche Krankheit, die beiden Jungen und die beiden Mädchen – von denen keines älter als sieben Jahre war – starben innerhalb einer Woche. Wangdula und Tschodonla litten sehr. Tschodonla erfuhr erst einige Zeit später, daß ihre Mutter, kaum fünfzigjährig, in derselben Woche in Lhasa gestorben war.

Wangdula gab seinen Posten als *Dzongpon* auf und kehrte nach Lhasa zurück, wo Tschodonla bald ein Mädchen gebar, das beiden ein großer Trost war. Ani Lotschens Predigten halfen ihnen, ihre Tragödie zu tragen, und sie waren ganz zufrieden mit ihrer neugeborenen Tochter.

In Tibet gab es viele Nonnenklöster, Heilige wie Ani Lotschen waren jedoch selten. Samding war das Staatskloster für Nonnen; es lag etwa 100 Kilometer von Lhasa, und die Äbtissin hieß Dordsche Phagmo, die «Donnerkeil-Sau». Zu Samding gehörten ein weiteres großes Kloster in Gyantse, Nanying genannt, und eine Anzahl Güter, durch die die Ausgaben gedeckt wurden. Der 13. Dalai Lama hielt sich während seiner Flucht nach Indien einige Tage in Samding auf. Das Kloster lag auf einem kleinen Hügel und schaute über den herrlichen Yamdok-See.

Der Name Dordsche Phagmo war 250 Jahre alt und stammte aus der Zeit, als die Dsungar-Tataren in Zentraltibet einfielen, Dörfer und Klöster plünderten. Am Tor von Samding verlangte ihr Anführer, der gehört hatte, in diesem Kloster sei ein Schatz verborgen, Einlaß. Die Äbtissin verweigerte ihm den Zutritt, daraufhin befahl er seinen Männern, die Türen gewaltsam aufzubrechen. Als das geschehen war, standen die Tataren in einem Hof voller Schweine, angeführt von einer riesigen Sau. Der Anblick widerte die Männer dermaßen an, daß sie auf der Stelle kehrtmachten. Sobald sie außer Sichtweite waren, verwandelten sich die Schweine wieder in Menschen, und die riesige Sau, die Äbtissin, wurde geadelt, weil sie durch ihre Zauberkräfte das Kloster und seine Lamas bewahrt hatte. Seit jener Zeit wurde Dordsche Phagmo von allen Tibetern verehrt und in jeder Äbtissin von Samding wiedergeboren. Sie besitzt Privilegien, die sie nur mit dem Dalai Lama und dem Pantschen Lama teilt.

1947 breitete sich Unbehagen in Lhasa aus, als sich die Situation zwischen dem Ex-Regenten Reting und dem Regenten Taktra zuspitzte. Als Taktra seinerzeit Regent geworden war, hatte sein Schatzmeister Tschakno Toohomo viel Macht erhalten, wodurch er ohne weiteres in der Lage war, seinen Herrn zu beeinflussen; er war nicht besonders klug und besaß keinerlei Erfahrung mit einer derartigen Verantwortung. Er wußte, daß die Zeitspanne seiner Macht knapp bemessen war und wollte soviel wie möglich für sich herausholen. Er erledigte die gesamte Verwaltungsarbeit, und es mißfiel ihm, daß Taktra Rat annahm von Reting, den auch die übrigen Diener Taktras nicht sonderlich schätzten. Das stimmte Reting traurig. Seine eigenen Leute zettelten daraufhin eine Verschwörung an. Sein rachsüchtiger Privatsekretär – ein geschickter Lama namens Nyungne Rimpotsche, der vorzüglich malte und wunderschöne Holzschnitte schuf – baute im März 1947 ein Bombenpaket und schickte es Taktras Privatsekretär ins Büro mit der Botschaft, es stamme vom Gouverneur von Tschamdo. Als das Paket geöffnet wurde, explodierte die Handgranate, ohne jedoch jemanden zu verletzen. Der Verdacht fiel sofort auf Reting, und nachdem man die Angelegenheit gründlich untersucht hatte, schickte die Regierung eine Abordnung zu seinem Amtssitz in Lhasa; dort erfuhr man, daß er sich in seinem Kloster aufhielt. Nyungne Rimpotsche erkannte seine Schuld und empfand Reue; er eilte in Numas (Dschigmes Schwager) Haus und erschoß sich in der Toilette.

Nun bat Taktra den *Kaschag*, Truppen auszuschicken, die Reting nach Lhasa bringen sollten, und zwei *Schap-pēs*, Surkhang und Lhalu, ritten mit 50 oder 60 Soldaten zum Reting-Kloster. Sie erzählten später, sie hätten Angst gehabt, Reting würde ihnen während des Segnens eine Kugel durch den Kopf jagen. Wider Erwarten jedoch empfing er sie höflich. Ein Hauptmann verneigte sich, berührte den Fuß des Ex-Regenten und bat ihn, mit ihnen nach Lhasa zu kommen. Reting war einverstanden und verließ noch am gleichen Abend sein Kloster. Einige Soldaten blieben zurück und plünderten den Palast des Ex-Regenten; es kam zu Schießereien, bei denen etwa 20 Soldaten und Mönche getötet wurden. Meine Schwester Norbu Yudon hielt sich zu der Zeit in Reting auf; ihre Tochter Tseyang hatte nämlich den Bruder des Ex-Regenten geheiratet, und die ganze Familie weilte zu Besuch im Kloster. Sie wären um ein Haar getötet worden; in letzter Sekunde gelang es ihnen, nachts in einem Lederboot den Fluß zu überqueren, allerdings mußten sie alles, was sie an Besitztümern mitgebracht hatten, zurücklassen.

Vom Dach des Taring-Hauses erlebten wir den traurigen Anblick, wie Reting am 18. April von Lhalu und Surkhang

Schap-pē zum Potala geführt wurde. Der Zug kam am Sera-Kloster vorbei, und die Mönche hätten ihn ohne weiteres retten können; dort im Kloster wäre er gut aufgehoben gewesen, während die Mönche mit der Regierung hätten verhandeln können; sie schienen aber noch nichts zu wissen und verhielten sich ruhig. Am nächsten Tag allerdings protestierte das gesamte Kloster, und es kam zu einem Schußwechsel zwischen Soldaten und Mönchen. Erst nach etwa zwölf Tagen hatte man die Mönche unter Kontrolle, nachdem 70 oder 80 erschossen worden waren. In der Zwischenzeit schritten die Untersuchungen im Potala fort, man verhörte Reting. Es gab genug Dokumente, die bewiesen, daß Nyungne Rimpotsche die Gefolgsleute des Ex-Regenten angeführt und versucht hatte, den Regenten zu stürzen. Schließlich gestanden Retings Gefolgsleute, daß auch das Bombenpaket von ihnen stammte. Weiterhin stellte sich heraus, daß Reting seine Leute wiederholt gebeten hatte, keine Ränke zu schmieden, aber sie beachteten seine Worte nicht. Diejenigen, die an der Verschwörung teilgenommen hatten, wurden zu lebenslänglicher Haft verurteilt oder aus Lhasa ins Exil verbannt – das hing davon ab, wie tief sie in die Angelegenheit verwickelt waren. Ich erfuhr, daß Reting sehr niedergeschlagen war und sich für den Aufruhr entschuldigt hatte, der durch die Schlechtigkeit seiner Gefolgsleute und die Undankbarkeit und das Unvermögen Taktras, dem er so sehr vertraut hatte, entstanden war. Während der Untersuchungen waren die Häuser seiner Verwandten und Freunde von der Regierung versiegelt worden; die Folge war, daß die betroffene Familie nur ein oder zwei Räume bewohnen durfte. Die übrigen Zimmer wurden abgesperrt, auf jedes Schloß drückte man das Regierungssiegel, die Polizei beobachtete das Haus, das nach Abschluß der Verhandlung entweder konfisziert oder seinen Eigentümern zurückgegeben wurde. Später stellte sich heraus, daß auch Retings Verwandte völlig unschuldig waren, und man gab ihre Häuser wieder frei. Lediglich ein Neffe, ein *Dzasa*, 24 Jahre alt, mußte vier Jahre im Gefängnis verbringen. Obgleich man ihm nichts nachweisen konnte, wurde er erst freigelassen, als Seine Heiligkeit die Regierung übernahm und allen Gefangenen eine Generalamnestie gewährte.

Drei Wochen nach Retings Verhaftung erfuhren wir, daß man ihn im Potala tot aufgefunden hatte. Es hieß, er habe sich zu Tode gegrämt, aber weil sein Tod so unerwartet eintrat, bestellte der *Tsong-du* einen Arzt und einige Beamte, die die Leiche untersuchten; Tsarong und Schatase waren dabei, und Tsarong erzählte mir später, man habe bis auf einige blaue Male am Gesäß keine Verletzungen feststellen können. In Tibet gab es keine Leichenschau, und so war es unmöglich festzustellen, ob jemand an Vergiftung gestorben war. Retings Leiche wurde verbrannt, und ganz Lhasa betrauerte ihn. Ich hörte später, der Vater des Dalai Lama habe sich für seine Freilassung eingesetzt, aber bevor noch etwas geschehen konnte, war er bereits tot. Seine Heiligkeit war damals dreizehn Jahre alt und sehr bedrückt, als er vom Tod des Regenten hörte, der seine Pflicht auf der Suche nach dem neuen Dalai Lama so getreulich erfüllt hatte.

Im Laufe des gleichen Jahres reisten Dschigmes Eltern nach Schigatse, um das neue Haus anzuschauen, das Tschime und seine Frau hatten bauen lassen. Tschime war stets außerordentlich freundlich zu seiner Frau, den Kindern und seinen Eltern, und wenn einer von ihnen erkrankte, pflegte er sie fachkundig. Mein Schwiegervater hatte an sich eine robuste Gesundheit, obgleich er gelegentlich über Schmerzen im Bein klagte und manchmal an Nasenbluten litt; diese Blutungen erfüllten uns mit großer Besorgnis, aber er überstand jeden Anfall und behauptete nachher sogar, er fühle sich erheblich besser, selbst wenn er eine ganze Schale voll Blut verloren hatte. Kurz nach seiner Ankunft in Schigatse erlitt er einen neuen Blutsturz, und diesmal starb er, im Alter von 72 Jahren, zum großen Kummer der ganzen Familie. Seine Leiche wurde in Schigatse verbrannt, und wir erbauten ein kleines goldenes Grab für seine Asche.

Bevor meine Schwiegermutter nach Lhasa zurückkehrte, reisten Dschigme und ich nach Indien, um die Schulferien mit unseren Kindern zu verbringen. Wir besuchten bei dieser Gelegenheit viele heilige Orte in Indien und Nepal und beteten für meinen Schwiegervater. In Nepal waren wir Staatsgäste, und weil wir beide Nepali sprachen, genossen wir unsere Pilgerfahrt sehr, die allerdings durch die Nachricht von der Ermordung Mahatma Gandhis überschattet wurde. Alle Tibeter verehrten ihn, denn er gilt als Reinkarnation des Padmasambawa.

13 China bedroht Tibet

Ende der 40er Jahre drangen Gerüchte nach Tibet: die Kommunisten seien im Anmarsch. Wir glaubten jedoch, es würde Jahre dauern, bis sie Tibet erreichten, weil wir im Radio gehört hatten, zunächst wollten sie Formosa einnehmen. Jedermann war besorgt, denn es gab vielerlei Anzeichen dafür, daß Unheil in der Luft lag. Im Jahre 1949 erschien ein Komet mit langem Schweif am Himmel, und die alten Leute sagten, derselbe Komet sei auch 1910 erschienen, als die Chinesen in Tibet eingefallen waren. Prophezeiungen, daß auf die große Religion Buddhas ein dunkler Schatten fallen werde, fanden sich in einigen Büchern, und als sich die Gerüchte immer mehr verdichteten, ließ die Regierung Riten abhalten, die Unheil abwenden sollten. Gleichzeitig machte man anderen Ländern klar, daß das Verhältnis zwischen Tibet und China stets das zwischen «Geistlichem und Schutzherrn» gewesen sei. Wir erklärten, Tibet sei niemals ein Teil Chinas gewesen, und es bestünde auch keine Notwendigkeit, «uns von ausländischen Imperialisten zu befreien», weil niemals fremde Mächte unser Land kontrolliert hatten. Unsere Regierung stellte zusätzlich eine Abordnung auf, die nach England, Amerika, Indien und Nepal reisen sollte, um Hilfe gegen die Chinesen zu erbitten. All diese Nationen baten uns jedoch, keine Abordnung zu entsenden, da sie uns doch nicht helfen könnten – das brach den Tibetern das Herz. Man schickte auch eine Eingabe an die Vereinten Nationen, aber ohne Erfolg.

Indien riet uns, Verhandlungen mit den Chinesen zu eröffnen, und zwar auf der Basis des Simla-Vertrages von 1914. *Tsi-Pon* Schakabpa und *Tsetchag* Thubten Gyalpo wurden durch das Wahlsystem, mit dem ein Regent gewählt wurde, dazu bestimmt, eine Delegation nach Peking anzuführen. Dschigme sollte sie als englischsprechender Dolmetscher begleiten. 1950 brachen sie nach Hongkong auf, aber schon in Indien, und zwar in Delhi, erfuhren sie von den Chinesen, daß deren Botschafter nach Indien unterwegs sei, und man riet ihnen, seine Ankunft abzuwarten und dann mit ihm die Verhandlungen aufzunehmen. Im September jenes Jahres bat mich Dschigme, nach Delhi zu kommen, wo die Mitglieder unserer Delegation Gäste der indischen Regierung waren.

Auf dem Weg nach Delhi blieb ich einige Tage in Kalimpong bei meiner Schwester Norbu Yudon, die wegen ihres Sohnes Wangdula eine schwierige Zeit durchlebte. Seine Frau Tschodonla war erneut schwanger geworden, und kurz darauf hatte man ihn zum *Dzongpon* von Phari ernannt. Er war ein sehr guter Vater, der selbst die Windeln wechselte und Tschodonla nachts half, wenn die Kinder einmal aufwachten und weinten. Zu jenem Zeitpunkt war er 28, seine Frau drei Jahre jünger; sie hatten jung geheiratet, weil ihre Mütter eng befreundet waren und einander versprochen hatten, den Sohn und die Tochter zu verheiraten, sobald die Kinder erwachsen waren. Damit Tschodonla bei ihrer Niederkunft in besten Händen war, brachte Wangdula seine Frau in das kleine Hospital, das zur britischen Handelsmission in Yatung gehörte, wo sie trotz der guten Pflege starb, nachdem sie ihm eine Tochter geboren hatte.

Wangdula litt entsetzlich. Mit seinem Baby kehrte er nach Phari zurück, kündigte seine Stellung und reiste zu seiner Mutter, die gerade in Kalimpong die Ferien verbrachte. Dort verlor er völlig die Kontrolle über sich. Er ging in Läden, zerbrach Waren und schlug wildfremde Leute. Daraufhin verhaftete ihn die Polizei, und er sollte ins Gefängnis. Mit Hilfe der MacDonalds und Tsering Yangsoms – Dschigme Dordsches Frau – gelang es meiner armen Schwester, ihn freizubekommen, und er verbrachte ein, zwei Tage im Krankenhaus. Danach versprach Wangdula seiner Mutter, sich zusammenzunehmen, aber man mußte ihn ständig beobachten. Als ich nach Kalimpong kam, war er immer noch nicht ganz gesund. Eines Tages sagte er zu mir, er hielte Riten ab für seine verstorbene Frau und die Kinder. Neben drei geöffneten Keksdosen standen eine Schüssel mit Süßigkeiten und einige Gläser mit Wasser. Nach einer Weile warf er alles aus dem Fenster und sagte, die Riten seien nun beendet und die Teufel bekämen die Nahrung. Das ging einige Zeit so weiter.

Norbu Yudon hielt sich sehr tapfer in dieser schweren Zeit, und nach einigen Monaten besserte sich Wangdulas Zustand. 1953 ging es ihm bereits wieder so gut, daß er in Schigatse, wo er als Regierungsbeamter arbeitete, erneut heiratete und seine Frau noch ein Kind bekam. Seine zweite Frau habe ich nie kennengelernt. 1951 wurde Norbu Yudons zweiter Sohn, Dorwangla, in Lhasa getötet, als er und seine Frau nach Einbruch der Dunkelheit ins Kungsangtse-Haus zurückkehren wollten.

Ich wußte nicht, wie Norbu Yudon dies alles ertragen sollte, aber sie sagte mir, mit der Hilfe Ani Lotschens könne sie das Schicksal erkennen, das sie ertragen müsse. Ich war sehr froh, daß sie ein so tiefes Verständnis des Karma erreicht hatte.

Als in Delhi die Verhandlungen mit den Chinesen begannen, stand überhaupt nicht zur Debatte, ob wir mit diesem und jenem einverstanden waren oder nicht, denn der Hauptpunkt der Chinesen war, daß Tibet als Teil Chinas zu betrachten sei. Mr. Schakabpa hatte Mr. Nehru bereits auseinandergesetzt, daß Tibet zum Wohl aller ein neutraler Pufferstaat bleiben müsse, aber Mr. Nehru schien sich damals über die Bedeutung dieser Tatsache nicht im klaren zu sein.

Während wir noch in Indien waren, fand unerwartet eine Invasion der Chinesen statt, und sie eroberten die wichtige Provinz Tschamdo in Osttibet. Damals fand in Lhasa gerade ein

Regierungsfest statt, und obgleich der Gouverneur von Tschamdo – Ani Tschampalas Sohn – versuchte, sich über Funk mit der Zentralregierung zu beraten, trafen die Antworten wegen des Festes verspätet ein: auf diese Weise ging Tschamdo verloren. Die Beamten von Tschamdo, die sich in höchster Gefahr befanden, waren sehr zornig über diese Nachlässigkeit. Ngawang Dschigme, der Gouverneur, und Robert Ford, der englische Funker, wurden als Gefangene nach China gebracht.

Der alte Taktra-Regent trat sofort zurück, und man bat Seine Heiligkeit, die volle Verantwortung für die tibetische Regierung zu übernehmen – was er am 17. November im Alter von fünfzehn Jahren auch tat. Er verlegte die Regierung in die Grenzstadt Yatung und sandte *Dzasa* Khemey und Tsulten Tendar über Indien nach Peking, um dort weitere Verhandlungen zu führen. In Peking trafen sie Khentschung Thubten Lekmon, Rimschi Samphosey und Ngawang Dschigme, die auf dem Landweg aus Lhasa gekommen waren. Im Mai 1951 zwang man diese Beamten, den Siebzehn-Punkte-Vertrag zu unterzeichnen, ohne daß sie vorher Seine Heiligkeit oder die Regierung konsultieren konnten. Da weder von den Vereinten Nationen noch von irgendeinem anderen Land Hilfe zu erwarten war, mußten wir wohl oder übel diesen Vertrag akzeptieren, und fünf Monate später kehrte Seine Heiligkeit mit der Regierung aus Yatung traurig nach Lhasa zurück.

Als der Dalai Lama aus Lhasa aufgebrochen war, folgten ihm die meisten adligen Familien Tibets mit einem Großteil ihrer Habe. Prinz Peter und Prinzessin Irene von Griechenland und Mr. Marco Pallis rieten uns eindringlich, in Indien zu bleiben, und Dschigme zögerte die Heimkehr hinaus. Ich sagte jedoch zu ihm: «Wie können wir fortbleiben, wenn alle zurückgehen? Wir können nicht in der Fremde leben und alle Verwandten, besonders aber nicht Schwiegermutter, im Stich lassen.» Ganz gleich, was geschah, wir mußten zurückgehen und gemeinsam mit unseren Verwandten und Freunden die schweren Zeiten durchstehen.

Der Beauftragte Chinas, General Tschang Tsching Wu, reiste unmittelbar vor Seiner Heiligkeit über Indien nach Lhasa. In seinem Gefolge befanden sich ein Arzt, ein Dometscher und einige engere Berater. Er war mit seinem Empfang nicht zufrieden und klagte auch über die Unterbringung im Trimon-Haus.

Damals waren außer dem General und seinen Begleitern kaum Chinesen in Lhasa – innerhalb knapp eines Jahres jedoch bevölkerten 10 000 Chinesen, und zwar weibliche und männliche Soldaten, die Stadt. Sie mieteten oder beschlagnahmten die Häuser vieler Adliger und hatten Befehl, Beleidigungen von seiten der Tibeter unbeachtet zu lassen. Als die Chinesen kamen, spuckten die Tibeter sie an, klatschten in die Hände, was sehr beleidigend ist, und die Kinder bewarfen sie mit Steinen. Die Mönche waren noch schlimmer: Dschigme und ich sahen einmal, wie einige von ihnen die Enden ihrer Schärpen verknoteten und auf vorbeireitende Chinesen einschlugen – die jedoch nahmen, wie befohlen, keine Notiz davon, weil man die Tibeter in dem Glauben lassen wollte, die Truppen seien tolerant.

Die vielen tausend Menschen, die zusätzlich in der Stadt lebten, verursachten eine schreckliche Nahrungsknappheit; die Chinesen konnten wegen der schlechten Straßen keine Nahrung mitbringen, und täglich stiegen die Preise. Dennoch begannen die Chinesen, tibetische Beamte, Mönche und Händler zu bewirten. Ich hatte geglaubt, alle Kommunisten arbeiteten gleich viel und äßen dasselbe, aber nun sahen wir, daß es eine Menge Unterschiede gab. Den Generälen waren Soldaten als Diener zugeordnet, und sie durften ihre Frauen mitbringen. Ihre Speisen kamen aus einer Spezialküche, in der dreimal täglich *Mo-mo* und vier weitere Delikatessen zubereitet wurden, die man mit Reis servierte. Die gewöhnlichen Soldaten jedoch sammelten in Baumwollstrümpfen *Tsampa*; sie erhielten nur zwei Mahlzeiten pro Tag – *Mo-mo*, gelegentlich *Tsampa* mit einer Gemüsesorte – dazu einmal täglich Wasser und chinesischen Tee. Heizmaterial war derart knapp, daß man Hörner und Knochen verbrannte, so daß Lhasa von einem fast unerträglichen Gestank erfüllt war. Die Chinesen verlangten eine hohe Staatsanleihe, und die tibetische Regierung tat ihr Bestes, um diese Forderung zu erfüllen, indem sie Geld von Klöstern und Privatleuten lieh. Auf den Straßen erklangen viele Lieder, die gegen die Chinesen gerichtet waren.

Wir alle hatten zunächst Angst, weil wir gehört hatten, im Anfang käme man mit den Kommunisten gut zurecht, später jedoch seien sie wie «eine nasse Haut, die immer enger wird, wenn sie trocknet». Aber unserer Regierung und dem Volk blieb keine Wahl, wir mußten uns an den Siebzehn-Punkte-Vertrag halten und mit den Chinesen allein nach besten Kräften fertig werden.

Bevor die Chinesen kamen, waren wir Tibeter glücklich und führten ein gemütliches Leben. Tibet war kein reiches Land, aber alle hatten genug Nahrung und Kleider. Die Regierung sorgte dafür, daß für den Fall einer Mißernte Getreide gespeichert wurde. Das Tun und Denken der Tibeter wurde von der Religion bestimmt. Nicht selten sah man einen Bauern beten, während er seinen Esel vorantrieb; Händler beteten beim Geschäftsabschluß, und Beamte beteten als erstes, wenn sie frühmorgens aufstanden, und in ihrer Freizeit. Sicherlich wäre vieles an unserer Lebensführung zu kritisieren, aber das Volk fühlte sich wohl und war zufrieden.

Diese angenehme Atmosphäre veränderte sich, sobald die Kommunisten kamen. Wir nannten sie *Tenda Gyamar*, «die rotchinesischen Feinde der Religion», und die meisten Leute waren betrübt, daß sie nun in Tibet waren. Zunächst verhielten sich die Soldaten diszipliniert und zurückhaltend; sie sagten, sie seien gekommen, um uns zu helfen, und würden heimkehren, sobald wir auf eigenen Füßen stehen könnten. Sie schenkten den Mönchen und einzelnen Klöstern zu *Monlam* Geld. Sie ehrten Seine Heiligkeit, indem sie ihm, sobald er erschien, Soldaten und eine Militärkapelle schickten, die sich zu unserer Armee gesellten. Aber das dauerte nicht lange. Laufend kamen alarmierende Berichte, speziell aus Kham. Die Chinesen sagten zum Beispiel: «Der Buddhismus verführt das Volk. Mönche und Lamas tragen die Religion als Maske, um das Volk besser ausbeuten zu können.» Jedes einzelne Wort erfüllte die Herzen der Tibeter mit Trauer.

Nach und nach verschlechterte sich die Situation. Um das Volk besser schulen zu können, führte man in den städtischen Schulen das Studium der politischen Wissenschaften ein und gründete verschiedene Organisationen. Jedermann wurde beobachtet, und die fröhliche, unbeschwerte Atmosphäre schlug um in Furcht und Argwohn. Dennoch blieb unsere Regierung bis zum Schluß intakt, und unsere kleine Armee schloß sich niemals dem chinesischen Heer an.

Als die Chinesen kamen, brachten sie etwa 200 tibetische Dolmetscher aus Ba mit, einer Provinz, die lange Zeit unter chinesischer Herrschaft gestanden hatte. Aber die chinesischen Führer wollten, daß alle Soldaten Tibetisch lernten, und deshalb richteten sie 1952 eine Militärschule ein. Als Gebäude dafür requirierten die Invasoren das Dungtschi Trokhang, das Sommerhaus der Laienbeamten am Fluß. Man hatte es gebaut, damit die Beamten zu ihren Festen nicht jedesmal in ihren Gärten Zelte errichten mußten. 800 chinesische Soldaten, die Tibetisch lernen sollten, schliefen dort auf der Erde, auf Heu gebettet, und man konnte das Haus niemals wieder für ein Fest benutzen. Die Chinesen baten die tibetische Regierung, ihnen vier Gelehrte, zehn gewöhnliche Männer und fünf Frauen für die Ausbildung der vielen hundert weiblichen Soldaten zur Verfügung zu stellen. Niemand wollte freiwillig den Chinesen helfen, aber da wir so gut wie möglich mit ihnen auskommen mußten, ernannte die Regierung Mönchsgelehrte aus den großen Klöstern, dazu zehn jüngere Beamte und fünf Lehrerinnen – Frauen von Beamten, von denen man wußte, daß sie sich zur Lehrerin eigneten. Ich gehörte zu ihnen, weigerte mich jedoch zunächst, weil ich an das Schicksal meines Vaters und meines Bruders dachte, die man verdächtigt hatte, mit den Chinesen zusammengearbeitet zu haben. Ich sagte, ich würde kommen, blieb jedoch noch eine Woche zu Hause, bis der chinesische Professor Liu und seine Frau eines Tages bei uns vorbeischauten. Er hatte in Yale studiert und seine Frau, Professor Yu, war Dozentin für Englisch. Sie leiteten gemeinsam die Schule und machten einen sympathischen Eindruck. Sie sagten, sie hätten auf mich gewartet, und ich müsse sofort mitmachen, weil sie inzwischen mit den anderen Lehrern begonnen hätten, die notwendigen Lehrbücher zusammenzustellen. Zu Beginn des Frühjahrs 1952 erteilte ich dann Unterricht an der Schule für chinesische Soldaten.

Bis zum Dungtschi Trokhang waren es vom Taring-Haus etwa fünfzehn Minuten zu gehen. Die Mönchsgelehrten stellten Lesebücher nach einer neuen Methode zusammen, und es wurde beschlossen, zunächst nach Gehör zu unterrichten, ohne die Buchstaben zu zeigen. Die Lehrer mußten sinnvolle Sätze im umgangssprachlichen Stil niederschreiben, in Klammern wurden sie in der gehobenen Sprache wiederholt. Die Gelehrten prüften die Sätze, und es stellte sich als sehr schwierig heraus, sie in der Umgangssprache zu formulieren, weil unsere Umgangssprache und die Schriftsprache erheblich voneinander abweichen. Die Lehrbücher wurden schließlich nebst chinesischer Übersetzung fertiggestellt.

Obgleich Tibetisch recht einfach ist, entstehen durch die Verwendung von Höflichkeitsformen zwei völlig verschiedene Sprachen.

Es heißt zum Beispiel:

	Umgangssprache	*Höflichkeitsform*
Kopf	Go	U
Hand	Lakpa	Chak
Mund	Kha	Shal
Haus	Khangpa	Sinshak
Tee	Cha	Solcha

Es gilt als höflich, jedem Namen ein «la» anzuhängen: Pema

– Pemala, Wangdu – Wangdula, Taschi – Taschila. Es empfiehlt sich, jedermann in der Höflichkeitsform anzureden, Grenzen sind keine gesetzt. Dennoch gibt es ganz besondere Formen für sehr hohe Persönlichkeiten, die nicht zu Leuten von wesentlich niederem Rang passen; redet man zum Beispiel Leibeigene so an, dann klingt es spöttisch. Aber man kann auch Leibeigene mit «Dondupla», «Taschila» und so weiter anreden. Eltern gebrauchen ihren kleinen Kindern gegenüber keine Höflichkeitsformen, wenn die Kinder jedoch erwachsen und verheiratet sind, klingt es nett, wenn man im Laufe der Unterhaltung diese Form verwendet.

Die Chinesen organisierten den Unterricht vorzüglich. Er begann um acht Uhr früh und endete um fünf Uhr nachmittags, fand an fünf Wochentagen statt, und mittags war eine Stunde Pause. Wir unterrichteten ausnahmslos im Freien, und obgleich es im Frühling gelegentlich empfindlich kalt war, mußten die Schüler auf dem nackten Boden sitzen. Die meisten lernten schnell, etwa 100 Wörter pro Tag, und am Ende eines jeden Monats mußten sie einen Test ablegen, bei dem 100 Sätze zu lesen und zu schreiben waren.

Während der zehnminütigen Pausen zwischen den einzelnen Stunden brachten mir meine Schülerinnen heißes Wasser, in dem ich Kaffee, Zucker und Milchpulver auflöste. Die Mädchen waren 16 bis 18 Jahre alt und sagten häufig: «Sie sehen wie meine Mutter aus.» Einige von ihnen hatten ihre Eltern drei, vier Jahre nicht gesehen, und besonders der erste Schub Soldaten war sehr einsam, weil die Autostraßen von Tschamdo nach Lhasa und von Xining nach Lhasa erst innerhalb der nächsten zwei Jahre entstanden.

Ich unterrichtete meine Schüler nach besten Kräften, wiederholte die Sätze geduldig, bis die Mädchen begriffen hatten. Es war ein komisches Gefühl, mitten unter den Chinesen zu sein; wir hatten soviel Angst vor ihnen, und doch erteilten wir ihnen Unterricht. Immer wieder sagte ich mir, daß auch sie Menschen waren und man sie nicht hassen durfte. Was blieb den armen kleinen Dingern denn anderes übrig? Sie hatten ebenfalls große Angst.

Nach dem Unterricht mußten die Lehrer über die vorteilhaftesten Lehrmethoden diskutieren, und jeden Samstag erteilten uns chinesische Offiziere politischen Unterricht, den auch die Tibeter erhielten, die in verschiedenen chinesischen Organisationen arbeiteten. Meine Schülerinnen rieten mir eindringlich, mich mit dem Kommunismus zu beschäftigen; wenn ich nämlich bei den Zusammenkünften nach meiner Meinung gefragt würde, müsse ich die Regeln ihrer Politik kennen – sonst würde alles, was ich sagte, gegen mich sprechen, und ich könne in Schwierigkeiten geraten.

Manchmal wurden wir Lehrer über die Geschichte Tibets und unsere traditionellen Sitten befragt; die Chinesen wußten zwar alles, wollten jedoch unsere Einstellung überprüfen. Auch forderte man uns auf, zu sagen, was uns an den chinesischen Soldaten mißfiele, damit man es abstellen könne. Wir beklagten, daß einige Soldaten Tiere, die sie essen wollten, ohne Mitleid und Erbarmen töteten, was uns Tibeter sehr verletzte. (Sie spielten erst mit den Tieren herum, anstatt sie schnell und schmerzlos zu töten.) Auch baten wir die Chinesen, in der Nähe des Dschokhang keine Hörner oder Knochen zu verbrennen und mit dem morgendlichen Drill zu warten, bis Lamas und Mönche ihre Gebete beendet hatten. Die Punkte wurden notiert, eine Besserung jedoch trat niemals ein.

Abends mußten wir Chinesisch lernen; man konnte auch andere Fächer wählen. Meine Kollegen baten mich, ihnen Englisch- und Arithmetikunterricht zu geben; sie wollten Englisch lernen, damit sie die Namen auf der Landkarte lesen konnten, was ihnen in Chinesisch unmöglich war. Weil die Lehrer es wünschten, erfüllte ich ihre Bitte. Man konnte an unserer Schule außerdem Hindi und Nepali lernen. Zwei tibetische Moslems, die jetzt in Pakistan wohnen, lehrten Hindi, und ein junger Tibeter-Nepalese gab Nepali-Unterricht – er lebt heute in Nepal. Dann stellte sich heraus, daß es den Chinesen überhaupt nicht paßte, wenn man Fremdsprachen lernte, obgleich sie anfangs gesagt hatten, «jede Sprache ist gut». Sie hielten englischsprechende Leute für proamerikanisch oder probritisch und glaubten, wir haßten die Kommunisten. Professor Liu und seine Frau, die in Amerika studiert hatten, wurden nach China zurückgeschickt, nachdem sie ein Jahr in Lhasa verbracht hatten. Es waren nette Menschen, aber die Kommunisten trauten ihnen nicht.

Es war außerordentlich schwierig, mit den Chinesen auszukommen, weil sie so mißtrauisch waren. General Tang Kua San kam häufig in die Schule. Er war ein kleiner Mann mit verschlagenen Zügen, so daß ihm die Lehrer den Spitznamen Ani (Nonne) verliehen. Er lachte ganz eigenartig und sagte: «Wenn ich mehr Zeit habe, werde ich mir die Lehrer einmal vorknöpfen.» Auch sah General Tschang Tsching Wu nicht gerade anziehend aus, und alle älteren Offiziere waren sehr stolz. Ich fühlte mich immer unbehaglich, wenn wir bei Versammlungen oder Festen mit ihnen zusammensein mußten. Dennoch gab es einige gutaussehende jüngere Offiziere, und die gewöhnlichen Chinesen waren ganz normale Menschen, mit denen man ohne weiteres Freundschaft schließen konnte. Unser Volk ist so gastfreundlich, daß es für die netten Chinesen leicht war, sich mit uns anzufreunden. Unsere kleinen Vergnügungen gefielen ihnen, und einige wurden nahezu waschechte Tibeter; sie hatten jedoch große Angst voreinander und wurden regelmäßig gegen ihren Willen versetzt.

Die Chinesen bauten in Lhasa einige Krankenhäuser, eines für die Tibeter, die anderen für ihre eigenen Leute und die Soldaten. Es war eine besondere Vergünstigung, wenn bestimmte Tibeter in diese Lazarette aufgenommen wurden, die weitaus besser waren als das öffentliche Krankenhaus, obgleich das sehr nützlich war. Die chinesischen Ärzte und Ärztinnen waren allesamt nicht älter als dreißig.

Die tibetische Heilkunde beruht auf den Lehren des Herrn der Medizin, Gangemenla, und sein dickes Buch gibt Anleitungen für eine äußerst wirksame wissenschaftliche Behandlungsmethode. Die tibetischen Ärzte mußten das gesamte Werk auswendig lernen; in ihm werden die Formen der Krankheiten und die Heilmethoden beschrieben; um die angewandte Chirurgie allerdings war es schlecht bestellt, obgleich sich auch dafür in dem Buch detaillierte Anleitungen fanden. Staroperationen wurden häufig durchgeführt, allerdings ohne großen Erfolg. Man verwendete viel Medikamente, die auf Pflanzenbasis hergestellt wurden; viele der Kräuter wuchsen in Tibet, und man führte große Mengen getrockneter Kräuter und Gewürze aus Indien ein. Den Granatapfel verordnete der Arzt zum Beispiel bei Verdauungsstörungen und Magenbeschwerden. Die Privatärzte stellten ihre Medikamente selbst her und forderten von den Armen keinen Pfennig Honorar, obgleich sie dieselbe Behandlung erhielten wie die Reichen. Es gibt bei uns daher die Redensart «freundlich wie ein Arzt».

Gute tibetische Ärzte erkannten den Charakter eines Patienten und konnten ihm Auskunft geben über die Gesundheit seiner Nächsten, indem sie die Nerven an der Handwurzel abtasteten; man sprach von weiblichen und männlichen Nerven. Der Urin des Patienten wurde gleich frühmorgens untersucht und mit dünnen Stäbchen geschlagen, wobei man besonders die Blasen und den Geruch beobachtete. War der Urin milchigtrüb, litt der Patient an Gonorrhöe, war er rotgefärbt, hatte er Fieber. Um den Schmerz zu stillen, sengte man die Nerven an; selbst Geisteskranke wurden dieser Behandlung unterzogen. Es gab zwei Behandlungsmethoden – entweder erhitzte man ein Eisen und legte es an den Nerv, oder man mischte Kräuter und Koblauch, zündete die Mischung oberhalb der schmerzende Stelle an und ließ sie in die Haut einbrennen, bis der Nerv erreicht war. Das war eine sehr derbe Methode, aber man verwendete sie häufig bei Kopfschmerzen und Verdauungsstörungen. Der Aderlaß galt als Heilmethode für hohen Blutdruck. Auch hierbei gab es zwei Methoden – man stach die Vene an und ließ das Blut herauströpfeln, oder man zündete in einem kleinen Napf von der Größe einer Kaffeetasse ein Stück Papier an; den Napf befestigte man über einer kleinen Öffnung, die man mit einem Messer dort eingeschnitten hatte, wo der Patient am meisten Schmerzen empfand. Der Arzt klopfte dann unaufhörlich gegen den Napf, und wenn er nach einiger Zeit entfernt wurde, war er mit geronnenem Blut gefüllt. Ich habe selbst einmal erlebt, wie man diese Prozedur am Rücken meiner Mutter durchführte. Heiße Dampfbäder mit Medikamenten wurden bei Lähmung, Rheumatismus, Arthritis und Geschlechtskrankheiten verordnet. Tuberkulose konnte nicht behandelt werden, aber es gab dafür gute Medikamente gegen Nervosität; spezielle Vitaminpillen stärkten Körper und Geist. Einige Pillen wurden aus pulverisierten Edelsteinen hergestellt, und die meisten Leute führten gleichzeitig Riten durch, damit der ärztlichen Behandlung auch bestimmt Erfolg beschieden war.

In neuerer Zeit importierten die tibetischen Ärzte Impfstoffe und Penizillininjektionen für Geschlechtskrankheiten aus Indien, aber es gab viele Menschen, die ausschließlich auf die tibetische Medizin schworen.

Die Ärzte fügten ihren Medikamenten eine Beschreibung der Schmerzen und eine ausführliche Gebrauchsanweisung bei. Dingja berichtete einmal von einem Mann, der seine Medizin schluckte, wütend wurde, weil sie überhaupt nicht half, und sagte, ebensogut könne er auch die Gebrauchsanweisung schlucken.

Es gab in Lhasa zwei Schulen für Ärzte – Tschokpuri und Mentsikhang –, die beide staatlich gefördert wurden. Die Studenten von Mentsikhang sammelten in den Bergen Kräuter und begaben sich jeden Herbst nach Yerpa, wo das religiöse Yerpa-Tsetschu-Fest stattfand. Viele Leute aus Lhasa besuchten diesen sehr heiligen Ort, der wunderschön und friedlich war. Einmal besuchten Dschigme und ich dieses Fest mit unseren beiden Töchtern, die damals fünf und sieben Jahre alt waren. Wir kletterten in die Berge hinauf zum Lager der Medizinstudenten, und beim Abstieg sahen wir unsere beiden lieben Töchter und einige Diener tief unten auf einem grünen Hügel mit dem Mittagessen auf uns warten. Ich muß oft an diese Zeit zurückdenken.

14 Furcht in Lhasa

Seitdem die Chinesen in Lhasa waren, hatten sie etwas gegen die beiden *Löntschen* Lukhangwa und Losang Taschi, die der Dalai Lama im November 1950 zu Ministern ernannt hatte und die tapfer dagegen protestiert hatten, daß die Chinesen Lhasa an den Rand einer Hungersnot brachten. 1952 sah sich Seine Heiligkeit gezwungen, sie um ihren Rücktritt zu bitten; der *Kaschag* riet ihm dazu, in der Hoffnung, das Verhältnis zu den Chinesen werde sich bessern.

Zwar warfen uns die Chinesen vor, wir versorgten sie nicht angemessen mit Nahrung und Futter, doch wurden die köstlichsten Speisen aufgetragen, sobald eine Versammlung stattfand. Gelegentlich wurden Damen dazu eingeladen, aber wir alle hatten Angst und haßten es, hinzugehen. Doch weil es den Chinesen mühelos gelungen war, sich unserer beiden Minister zu entledigen, hielten wir es für das Klügste, ihnen nicht zu widersprechen. Obgleich wir sehr unglücklich waren, wollten wir solange wie möglich in unserem Lande bleiben.

Ende 1952 hatten die Chinesen neue Schulen für tibetische Kinder, «patriotische» Verbände, Kulturgruppen, ein politisches Beratungsbüro und ein Zeitungsredaktionsbüro eingerichtet. In jenem Winter veranstaltete die Frau des Generals Tschang Tsching Wu eine Gesellschaft für die Frauen aller Beamter, bei der der Vorschlag gemacht wurde, wir sollten eine Frauenvereinigung gründen, die die Tätigkeit der Regierung unterstützen würde. Eine schaute die andere an, und schließlich ergriffen die Frauen der *Schap-pēs* das Wort und sagten: «Es wäre gewiß sehr schön, wenn wir eine solche Vereinigung hätten. Aber zunächst einmal müssen wir mit dem *Kaschag* sprechen, weil es bisher keine öffentliche Frauenarbeit in Tibet gegeben hat und wir keine Erfahrung damit haben.» Die Generalsfrauen waren mit unserem Vorschlag einverstanden; sie sagten, Erfahrung könne man nur in der Praxis sammeln, und erklärten sich bereit, uns zu helfen. Zwei *Schap-pē*-Frauen, Ngapo Tseten Dolkar (Ngawang Dschigmes Frau) und Shasur *Lhatscham,* wurden gebeten, beim *Kaschag* vorzusprechen, der dann dem Dalai Lama Bericht erstattete. Seine Heiligkeit gab unverzüglich seine Zustimmung zur Gründung der Patriotischen Frauenvereinigung von Lhasa (kurz P. F. genannt), und ich war gezwungen, einzutreten. Gleichzeitig wurde unter anderen chinesischen Führern die Patriotische Jugendvereinigung (P. J.) ins Leben gerufen.

Die Frau des Generals schlug vor, die Gründung der P. F. am 8. März, dem Internationalen Tag der kommunistischen Frauen, im Yuthok-Haus zu feiern. Alle waren einverstanden, und an jenem Tag sah man viele Banner, die der Dalai Lama, der *Kaschag* und das chinesische Armeehauptquartier gestiftet hatten. Alle Frauen und Schülerinnen Lhasas wurden eingeladen; etwa 500 erschienen. Ich verlas in meinem Amt als Sekretärin das Programm, und die Schwester Seiner Heiligkeit hielt eine Ansprache. Die chinesische Armee veranstaltete abends ein Konzert, dem der *Kaschag* und die Jugendvereinigung beiwohnten.

Die P. J. wurde am 4. Mai gegründet, dem Tag der Internationalen Jugend, wie es hieß. Alle Frauen und Jugendlichen waren Mitglieder dieser Vereinigungen, man richtete Büros ein, die Tagesroutine wurde festgelegt, und man schlug vor, jede Vereinigung solle eine eigene Versammlungshalle erhalten. Die Regierung stellte Grundstücke zur Verfügung, und jedermann war aufgerufen, beim Bau der Gebäude mitzuhelfen. Für unsere adligen Damen war diese grobe Arbeit jedoch ziemlich schwer, und ich sagte den Chinesen, die jüngeren könnten wohl mitarbeiten am Bau, die älteren jedoch könnten mit einem Spaten nicht umgehen, weil sie nur gelernt hätten, einen Haushalt zu führen. Die Chinesen erwiderten darauf: «Das können sie halten, wie sie wollen.» Aber einige Damen waren derart verängstigt, daß sie trotzdem kamen. Es war ein trauriger Anblick, sie bei dieser ungewohnten Arbeit zu sehen; aber wir alle mußten Opfer bringen.

1953 baten die Chinesen Ngapo Tseten Dolkar, eine Ansprache vor den adligen Damen Tibets zu halten, mich bat man, zu den einfachen Frauen zu sprechen. Mit Hilfe eines Dolmetschers redete ich vier Stunden lang – nach zwei Stunden legten wir eine Pause ein. Ich sprach vor mehr als 400 weiblichen chinesischen Soldaten, einschließlich der Frauen der Generäle und Offiziere. Ich sagte: «Die tibetische Frau genoß stets die gleichen Rechte wie der Mann, bis auf die eine Ausnahme, daß nämlich keine Frau ein Regierungsamt bekleidet. Dennoch sind wir der Regierung nützlich, indem wir uns um die Güter kümmern, damit unsere Männer frei sind, dem Lande zu dienen. Speziell in einfachen Kreisen wird die Frau in allen Angelegenheiten um Rat gefragt, obgleich es als Tugend gilt, wenn die Frau ihren Mann achtet, indem sie aufsteht, wenn er nach Hause kommt, ihm den Tee reicht und so weiter. Es ist Sitte, daß der Hausherr vor seiner Frau sitzt, obgleich ältere Frauen vor jüngeren Männern rangieren. Die Tibeterinnen arbeiten auf dem Feld, stellen die meisten Milchprodukte her, kümmern sich um die Tiere, betätigen den Blasebalg der Schmiede, weben, säen, kochen, malen, zeichnen und handeln oder führen Läden in der Stadt. Sie können auch schießen und kämpfen, und es gibt in unserer Geschichte einige Kriegsheldinnen. Lediglich weibliche Zimmerleute habe ich noch nicht gesehen. Die Frauen nehmen an religiösen Zeremonien teil, einige Nonnen wurden berühmte Gelehrte. Frauen haben ihren eigenen gesellschaftlichen Freundeskreis, sie kommen zusammen, singen, tanzen und trinken wohl auch mitunter bei besonderen Anlässen ein bißchen mehr, als ihnen guttut. Sie nehmen an allen sozialen Tätigkeiten der Männer teil, sie spielen sogar Mah-Jongg mit hohen Einsätzen. Sie vermitteln zwischen streitenden Freunden und bringen selbständig Fälle vor Gericht. Niemals in der Geschichte mußten tibetische Frauen physisch oder seelisch leiden, ganz im Gegensatz zu Frauen in anderen Ländern – in China zum Beispiel, wo man die entsetzliche Sitte kannte, kleinen Mädchen die Füße zu binden, wobei die großen Zehen nach innen gerichtet wurden. Die zugespitzten Füße zwängte man in kleine schwarze Schuhe, so daß die Frauen nur langsam gehen konnten. Moslemfrauen müssen bis auf den heutigen Tag stets ihr Gesicht verhüllen, und die Hindufrauen praktizierten Sati, folgten ihrem verstorbenen Mann ins Grab und ließen sich bei lebendigem Leib verbrennen. Das hörte erst auf, als die Engländer diese Sitte verboten. Dergleichen hatten wir Tibeterinnen niemals zu erdulden, und es ist bekannt, daß wir sehr tüchtig sind und stets ein vergnügtes Leben geführt haben. Die Männer übernehmen zwar die Schwerarbeit, aber dennoch heißt es, ohne Frauen könne nichts getan werden, weil sie klüger seien als die Männer. Der Mann bringt die Anstrengung und die Kraft, seine Frau die Klugheit; Anstrengung und Klugheit im Verein führen bei jeder Tätigkeit zu den fruchtbarsten Ergebnissen.»

Mein chinesisches Publikum lauschte aufmerksam, und gelegentlich schrieb man meine Ausführungen mit. Zum Schluß erhielt ich herzlichen Applaus, und man dankte mir.

Damals verkauften viele Adlige ihre Häuser zu hohen Preisen. Man bat auch Dschigme und mich, das Taring-Haus zu verkaufen oder zu vermieten, aber wir sagten, wir hätten eine große Familie und brauchten daher das Haus. Wären wir doch nur klüger gewesen, wir Narren! Wir glaubten, wir würden bis an unser Lebensende in Tibet bleiben. Wir hatten viele Verwandte in Tibet und dachten nie daran, uns zu retten, denn eines wußten wir: Was auch geschehen mochte, wir mußten Seiner Heiligkeit dienen und bei unserer Familie bleiben.

1954 erhielt Seine Heiligkeit die Einladung zu einer langen Reise nach China, und uns allen war nicht wohl dabei, wenn wir daran dachten, daß er ein Jahr fern von Tibet weilen würde. Aber die Chinesen versicherten uns, diese Reise würde dazu beitragen, die Kenntnisse und das Wissen des Dalai Lama zu erweitern, und da er ganz China bereisen sollte, wurden außerdem Repräsentanten der Klöster und etwa 100 Beamte eingeladen. Schließlich wurde beschlossen, Seine Heiligkeit solle mit großem Gefolge reisen, und Dschigme sollte ihn als Fotograf begleiten. Tsering Dölma, die Präsidentin der P. F., und Ngapo Tseten Dolkar reisten mit, und auch ich war auf China gespannt. Schon bald nachdem Tsering Dölma mit der Frau des Generals gesprochen und sie gebeten hatte, mich vorübergehend von meiner Arbeit bei der P. F. zu suspendieren, erhielt ich die Reiseerlaubnis. Rigsin Namgyäl und Tseyan waren in Lhasa und kümmerten sich um meine Schwiegermutter.

1952 hatte unsere älteste Tochter Ngodup Wangmo die Schule verlassen und ein Jahr später Sampo Dapon geheiratet, einen sympathischen, gutaussehenden jungen Mann, den ältesten Sohn des Samdup Phodhang *Schap-pē* aus dem Haus des 7. Dalai Lama. Aber 1954 verstand sie sich bedauerlicherweise mit ihrem Mann nicht mehr. Sie war bereits in anderen Umständen und wollte unbedingt mit uns nach China reisen; als wir damit einverstanden waren, fühlte sie sich gleich wesentlich besser. Alle Beamten mußten ihre eigenen Zelte mitbringen und für den Transport sorgen; Dschigme, Ngodup Wangmo und ich hatten zwei kleine Zelte, fünf Diener, zwei Maultiertreiber und Vorräte an *Tsampa*, Trockenfleisch, Butter, Tee, Reis, Mehl, Zucker und Konserven aus Indien.

Das Gefolge Seiner Heiligkeit verließ Lhasa in Begleitung des chinesischen Beauftragten, und bevor wir den Kyitschu-Fluß überquerten, fand in einem riesigen Zelt am Flußufer ein Empfang statt. Alle Einwohner Lhasas erschienen in ihren

Festtagskleidern, um sich vom Dalai Lama zu verabschieden. Im Zelt saßen Regierungsbeamte, Abgeordnete aller großen Klöster und einige Angehörige des chinesischen und des tibetischen Heeres, deren Kapellen Musik machten. Am Ufer schwangen Mönche religiöse Banner, Hunderte von Leuten verbrannten Weihrauch und hißten Flaggen, um Seiner Heiligkeit eine sichere Reise und eine glückliche Heimkehr zu wünschen. Einige waren in die Berge gestiegen und verbrannten dort Weihrauch, denn je höher man steigt, desto mehr Glück bringt es. (Die Berge, die Lhasa umgeben, sollen besonders glückbringend sein und haben acht glückliche Zeichen. «Lhasa» bedeutet «Ort der Götter».)

Es war Spätsommer, und wir ritten durch Weizen-, Gersten- und Bohnenfelder. An jedem Rastplatz kamen die Bauern und Mönche des Ortes, um Seine Heiligkeit mit großer Ehrerbietung zu begrüßen und ihm die höchsten Ehren zu erweisen. Wir mußten reiten, weil die Chinesen die Autostraße noch nicht fertiggestellt hatten.

Am dritten Tage erreichten wir ein zauberhaftes grünes Plätzchen, an dem das Lager Seiner Heiligkeit wie stets bereits aufgeschlagen war. (Zwei Gruppen Diener mit zwei verschiedenen Ausrüstungen schlugen abwechselnd das Lager auf, so daß es jeweils bei Ankunft seiner Heiligkeit fertig war.) Bis nach Tamo in Südtibet war die tibetische Regierung verantwortlich für die Unterbringung Seiner Heiligkeit und des chinesischen Generals, der sich an diesem Abend darüber beschwerte, daß sein Lager keinen Wall hatte wie das gelbe Baumwollzelt Seiner Heiligkeit. Die Verantwortlichen sorgten dafür, daß auch der General einen Wall erhielt.

Dieser wunderschöne Rastplatz gehörte zum großen Dekhung-Kloster, dessen höchste Lama-Inkarnation der damals achtjährige Enkel Tsarongs (Dadul Namgyäls Sohn) war. Er kam mit seinen Mönchen, um die Reisegesellschaft Seiner Heiligkeit zu empfangen, und besuchte uns in unserem Zelt, während die älteren Mönche alles Nötige für den Empfang vorbereiteten. (Er ist ein sehr hoher Lama und hat den Titel des *Hutukthu* inne – den Sitz oberhalb der *Schap-pēs*. Seine Mutter ist eine Nichte Dschigmes.)

Die Mutter des Dalai Lama und seine älteste Schwester Ngapo Tseten Dolkar, die Frau des Generals, Ngodup Wangmo und ich waren die einzigen Frauen, die offiziell mitreisten, aber ein jüngerer Offizier hatte seine Frau in Männerkleidung mitgenommen. Es war ein nettes junges Paar, und wir schlossen Freundschaft. Die Frau zog erst in China ihre richtigen Kleider an.

Die Chinesen und unsere hohen Beamten unterhielten sich oft über den Weg, aber ich hatte keine Ahnung, was das zu bedeuten hatte. Die Stimmung war nicht gerade froh, obgleich die Landschaft herrlich war; die Gegend um Lunang könnte durchaus in der Schweiz liegen. Dort erfuhren wir von der entsetzlichen Flutkatastrophe, die am 17. Juli 1954 die ganze Stadt Gyantse fortgespült hatte. Mehr als 2000 Menschen, unter ihnen viele Freunde von uns, waren dabei ertrunken.

Nach zwölf Tagen wurde die Reise sehr gefährlich, weil die Chinesen uns auf die Straße führten, die für Kraftwagen erbaut worden war. Das Projekt war eine beachtliche Leistung, allerdings waren zahllose Chinesen und Tibeter beim Bau ums Leben gekommen. Die Poyulgegend hat derart starke Niederschläge, daß die neue Straße oft vom Regen einfach fortgespült wurde. Eine beschädigte Brücke wurde von den Soldaten mit Baumstämmen repariert. Überall lagen lose Felsbrocken herum, und wir sahen bei Erdrutschen riesige Steine abgleiten. Teilweise fiel die Straße so jäh ab, daß wir stundenlang zu Fuß durch den 20 Zentimeter tiefen Schlamm waten mußten; die arme Ngodup Wangmo stand die Strapazen nur deshalb durch, weil ich ihr nicht von der Seite wich. Meine Stiefel sahen entsetzlich aus, was den kleinen Bruder Seiner Heiligkeit, Ngari Rimpotsche, sehr erheiterte. Als wir diese schreckliche Straße entlangzogen, stürzten etliche Maultiere in den Fluß oder über die Klippen auf den Felsen, und einige zerplatzten förmlich. Unsere besorgten Beamten hielten Zusammenkünfte ab und baten die Chinesen, den Zug auf den alten Handelsweg umzuleiten. Der General erwiderte, seine Regierung sei verantwortlich für die Sicherheit des Dalai Lama, seine Familie und die beiden Lehrer, die übrigen Beamten könnten, falls sie es wollten, gern den anderen Weg nehmen. Natürlich blieben alle auf der Autostraße bei Seiner Heiligkeit.

Trotz der gefährlichen Straße genossen wir die eigentliche Reise. Unser weißes Seidenzelt aus England ließ keinen Tropfen Wasser durch, und es ließ sich so klein zusammenfalten, daß ich es unter meinen Sattel packen konnte; unsere drei Feldbetten paßten bequem hinein, und wir benutzten die kleineren Kisten als Tisch. Unser Koch Pasang kochte wohlschmeckenden Curry mit Reis, und jeden Abend kamen Freunde zum Essen. Dennoch fühlten wir uns meistens unbehaglich, besonders unter den Chinesen. Wir Tibeter wußten nie, ob wir den Chinesen gegenüber ehrlich sein sollten, denn selbst wenn man offen mit ihnen sprach, blieben sie mißtrauisch. Wie gewöhnlich verdächtigte man Dschigme und mich, probritisch, beziehungsweise proamerikanisch eingestellt zu sein, weil wir Englisch sprachen und ein Leben führten, in dem sich englische und tibetische Sitten vermischten – wir benutzten zum Beispiel Messer und Gabel beim Essen und legten ein Tischtuch auf. Trotzdem waren wir echte Tibeter. Damals wie heute erfüllte Religion unsere Herzen, und wir beide suchten ernsthaft nach der Wahrheit, glaubten fest an das Karma, meditierten und beteten.

Da es bereits Spätsommer war, fielen gelegentlich heftige Regenschauer; meistens jedoch war das Wetter gut, die Sonne schien vom blauen Himmel herab, und kein Lüftchen regte sich. In Demo schlugen wir unser Lager direkt am Fluß auf, dessen Ufer leuchtende violettrosa Primeln und gelber Hahnenfuß bedeckten. Hier kam auch der alte Diener Seiner Heiligkeit, Simyokla, an den Fluß, um dicht bei unserem Zelt die

Strümpfe und die Unterwäsche Seiner Heiligkeit zu waschen. Ich half ihm dabei und bot ihm danach Tee und Süßigkeiten an. Jeden Tag sah ich die Mutter und die Schwester Seiner Heiligkeit, weil Tsering Dölma bei mir Tibetisch lernte.

Nach 24 Tagen waren wir in der Nähe von Tamo bei Poyul, dort standen chinesische Autos bereit. Es waren neue russische Jeeps für Seine Heiligkeit und seine engsten Mitarbeiter, etwa 30 Jeeps für Beamte vom vierten Rang aufwärts und etwa 50 Lastwagen für jüngere Beamte und Diener. Ein Diener blieb bei uns, die übrigen schickten wir mit den Maultieren nach Lhasa zurück. Von nun an sorgten die Chinesen für Unterbringung und Essen. Die wohlschmeckenden Speisen wurden in drei Klassen eingeteilt und in einer großen Küche, einer mittleren und einer kleinen für die höchsten Beamten gekocht. Zunächst aß Dschigme allein in der kleinen Küche; Ngodup Wangmo und ich in der mittleren – was die Mutter und Schwester Seiner Heiligkeit sehr traurig stimmte, weil sie meinten, eine Familie müsse gemeinsam speisen. Dschigme sagte, er wolle herüberkommen und uns beim Essen Gesellschaft leisten, aber wir überzeugten ihn davon, daß es besser sei, seine Mahlzeiten wie vorgesehen einzunehmen; es gab einige nette Leute unter den jüngeren Beamten, und wir waren recht fröhlich. Später drängten wir uns in die kleine Küche.

Tamo ist ein herrliches Tal mit vielen Bäumen und immergrünem Gebüsch, mitten hindurch sprudelt ein Fluß. Die Chinesen hatten neue Häuser errichtet, und Seine Heiligkeit hielt mit Hilfe eines Dolmetschers eine kurze Ansprache an die vielen chinesischen Arbeiter dieser Gegend; er dankte ihnen für den Bau der Straße, erklärte ihnen den Zweck seiner Reise, ermunterte sie zu weiteren Höchstleistungen und wünschte ihnen viel Glück.

In jedem Tal erklang laute chinesische Musik aus Lautsprechern, und jeder Rastplatz war mit Girlanden geschmückt, man gab ein Bankett und hatte eine militärische Ehrenwache für Seine Heiligkeit bereitgestellt. Nach zwei Tagen erreichten wir Tschamdo, einen lieblichen Ort, der nicht stark bewaldet war und an Schottland erinnerte, etwa an die Gegend um Perth. Hier ging ich ins Zimmer der Ngapos und traf zufällig Seine Heiligkeit, der gerade Tseten Dolkar und Ngawang Dschigme besuchte. Er erkundigte sich freundlich nach unserer Gesundheit, fragte, ob uns die Reise gefiele und ob man uns eine anständige Unterkunft zugewiesen habe. Ich empfing seinen Segen und sagte ihm, wir seien zufrieden.

Im Tschamdo-Kloster zündeten wir Lampen an und beteten, im herrlichen Dargo-Gompa-Kloster gaben die Mönche einen Empfang für Seine Heiligkeit, dem Tausende von Menschen beiwohnten.

Der kleine Ort Tatschienlu liegt in einem freundlichen grünen Tal, und mir gefiel die Atmosphäre dort besonders gut, weil alle Menschen Tibeter waren. Tatschienlu war die letzte tibetische Stadt in der Nähe der alten, ursprünglichen Grenze zwischen Tibet und China. Die Gegend war bezaubernd; ein Fluß schlängelte sich durch die Hügel, und das Wasser schlug tosend gegen die Felsen. Der weiße Schaum erinnerte mich an die glücklichen Tage im Tschumbi-Tal, wo die MacDonalds sich so liebevoll um mich gekümmert hatten. Dschigme und ich kauften auf dem kleinen Markt des Ortes köstliche, wohlschmeckende *Tenschin* (Kuchen).

Als Dritschu hinter uns lag, befanden wir uns in einem Gebiet, in dem die Tibeter seit zwanzig Jahren unter chinesischer Herrschaft standen. Das allerdings hatte ihre Lebensweise nicht beeinflußt, weil der Glaube unseres Volkes unerschütterlich war. An vielen Orten blieb Seine Heiligkeit ein oder zwei Tage, um zu predigen und die Menschen zu segnen, und wenn ihn Gläubige an der Straße erwarteten, ließ er seinen Wagen anhalten und segnete auch sie.

15 Mein erster Besuch in China

Nicht weit von Tatschienlu gab es eine große Hängebrücke, Luthing Tschawo genannt, und man bat Dschigme, sie nicht zu fotografieren. Auf der anderen Seite des Flusses befanden wir uns auf chinesischem Boden. Als wir bei herrlichem Wetter den berühmten riesigen Arleng-Hren-Paß überschritten, erinnerte mich die Landschaft stark an das Vorgebirge des Himalaja. Der Boden schien fruchtbar zu sein, und Lebensmittel waren in dieser Gegend billig. Verstreut in den Bergen lagen chinesische Dörfer, und die Leute sahen völlig anders aus als wir in ihren blauen wattierten Hosen und Jacken mit schwarzen Turbanen. Selbst die Lasten trugen sie anders als wir; wir transportieren sie auf dem Rücken, die Chinesen aber tragen sie an über die Schultern gelegten Stangen. Unsere Bauern sitzen im Lotossitz und essen aus hölzernen Näpfen *Tsampa* mit den Händen, Gemüse mit Löffeln. Die Chinesen hingegen kauern sich mit hochgezogenen Knien auf den Boden oder sitzen auf Schemeln an Tischen und essen mit hölzernen Stäbchen aus flachen Porzellangefäßen. Die Tibeter benutzten im allgemeinen keine Stäbchen, nur wir Adligen hatten diese Sitte von den Chinesen übernommen, ebenso wie wir die Europäer imitierten, indem wir mit Messer und Gabel aßen.

Jenseits des großen Passes befanden wir uns in der Provinz Szetschwan und machten in Lang-Tretse halt, wo unsere Laienbeamten ihr langes Haar wuschen. Sie hatten dafür eigens einen Friseur namens Gyurme mitgebracht, denn die tibetischen Laienbeamten mußten ihr Haar flechten und auf besondere Art aufstecken. Erst zehn, fünfzehn Tage später wurde es erneut gekämmt. Im allgemeinen flochten die Laien das Haar selbst und banden gelegentlich die beiden Zöpfe einfach auf dem Kopf zusammen. Alle Mönche, bis auf die Angehörigen der Sakyapa-Linie, hatten kahlgeschorene Köpfe.

Als wir das bezaubernd gelegene Tschengtu erreichten, wies man Seiner Heiligkeit ein Haus zu, das einem der alten Generäle der Kuomintang gehört hatte. Bei dem großen Empfang bestand die Frau des chinesischen Generals darauf, daß ich mich wegen meiner Stellung in der P. F. den übrigen Tibeterinnen anschloß.

Von Tschengtu aus flog Seine Heiligkeit mit allen hohen Offizieren nach Sian, unter ihnen Dschigme; zwei Tage später folgten wir per Auto. Während unseres Aufenthaltes in Tschengtu besuchten Ngodup Wangmo und ich mit einigen tibetischen und chinesischen Offizieren, die man uns als Begleiter zurückgelassen hatte, den Zoo. Weil Ngodup Wangmo unbedingt Eis essen wollte, gingen wir in ein Restaurant und bestellten eines, das aber nicht besonders gut schmeckte. – Als wir wieder im Rasthaus waren, sprach ein tibetischer Beamter mit Ngodup Wangmo so lange über ihren Mann, bis sie weinte – das regte sie zusätzlich auf, und sie erkrankte. Man rief chinesische Ärzte herbei, die eine Fehlgeburt befürchteten und uns rieten, in Tschengtu zu bleiben. Wir wollten jedoch nicht allein zurückbleiben und bestanden auf der Weiterreise; nachdem wir noch eine chinesische Ärztin, die im Ort praktizierte, konsultiert hatten, war man schließlich damit einverstanden, daß wir weiterreisten. Man versprach uns einen der besten Jeeps, aber am nächsten Morgen waren alle guten Wagen bereits von jungen Beamten besetzt; nur ein jämmerliches Auto ohne Polster war für uns übriggeblieben. Ich erklärte ihnen, daß meine Tochter sehr krank sei, aber sie schauten sich nur an und rührten sich nicht. Ich war traurig, konnte jedoch nichts tun. Wir fuhren auf einen großen Platz, wo die Chinesen die Autos prüften, und da kam auch schon ein weißer Ambulanzwagen mit zwei Ärzten, die nach der Patientin fragten. (Einer von ihnen sprach gut, der andere mäßig Englisch.) Man brachte Ngodup Wangmo in den Krankenwagen, und ich durfte bei ihr bleiben. Eine Woche lang reisten wir auf der neuen Straße nach Baoji, und trotz der außergewöhnlichen Hitze war die Fahrt sehr interessant. Wir übernachteten in alten Dörfern, und in jedem Rasthaus führte unser chinesischer Begleiter, der recht gut Tibetisch sprach, eine Ärztin aus dem Ort zu uns, außerdem schickte man zwei Frauen, die mir halfen, Ngodup Wangmo, der es täglich besserging, zu pflegen. Die meisten Dorfbewohnerinnen über 40 hatten durch Binden verkrüppelte Füße, und ihre Häuser und die Einrichtung erinnerte mich an Pearl S. Bucks Roman «Die gute Erde».

Manchmal mußten wir mit einem Dampfer über einen Fluß setzen, und einmal kamen wir an eine Brücke, die vom Fluß überspült worden war. Die Dorfbewohner rieten uns zu warten, und so beobachteten wir, wie das Wasser allmählich sank und nach und nach das Geländer der Brücke auftauchte. Währenddessen stand die Tür des Ambulanzwagens offen, und die kühle Brise war sehr erfrischend. Überall hörte man Singen, Tanzen und Rufen, weil junge Beamte und Diener mit uns reisten. Gelegentlich sahen wir sehr merkwürdige Dörfer mit Höhlenbehausungen, deren kleine Fenster man aus dem Fels herausgeschlagen hatte. Die Menschen, die in ihnen wohnten, machten keinen glücklichen Eindruck; aber das Land selbst war fruchtbar. Die Chinesen bauten damals gerade die neue Eisenbahnlinie von Baoji nach Sian mit vielen Tunneln; das war eine großartige Konstruktionsleistung. In Sian wohnten wir eine Woche lang in dem herrlichen Gasthaus. Gleich nach unserer Ankunft kehrten die beiden freundlichen Ärzte nach Tschengtu zurück; Ngodup Wangmo befand sich außer Gefahr, und wir waren den Ärzten sehr dankbar. In dieser Woche zeigte man uns einen Film über Papst Alexander VI. in chinesischer Sprache; es war ein antireligiöser Propagandafilm. Viele russische Ingenieure hielten sich in der Stadt auf, und man hatte einen Teil des Speisesaals im Hotel für uns abgetrennt.

In einem makellos sauberen Nachtzug reisten wir nach Peking. Die Fahrt dauerte etwa zwölf Stunden, und in jedem Wagen befanden sich Lautsprecher, aus denen Musik und Bekanntmachungen dröhnten. Weil unsere Leute soviel Lärm nicht gewöhnt waren, hängten sie einfach Tücher über die Lautsprecher, die den Lärm dämpften. Man reichte uns häufig heißes Wasser und chinesischen Tee.

In Peking trafen wir in einem kleinen, gemütlichen Rasthaus mit Dschigme zusammen; alle drei waren wir froh, wieder vereint zu sein. Dschigme half den Laienbeamten, ihr Haar zu flechten, und auch der Sakya Lama, der langes Haar trägt, kam zu ihm. Dschigme konnte sein Haar selbst flechten.

Peking ist eine alte Stadt, ähnlich wie Lhasa auf einer von Bergen umgebenen Hochebene gelegen. Die Stadt ist sehr sauber, das Klima jedoch extrem, im Winter ist es wesentlich kälter als in Lhasa, es fällt eine Menge Schnee, und die Sommer sind unerträglich heiß – obgleich es keine Moskitos gibt; Herbst und Frühling hingegen sind ausgesprochen angenehm. Wir sahen neben vielen kunstvoll verzierten Palästen aus Holz und Stein auch zahlreiche buddhistische Tempel und Klöster mit vielen hundert Statuen Buddhas und seiner Schüler. Allerdings konnten wir nur wenige Mönche entdecken, und die Tempel waren mehr oder weniger Museen.

Überall schossen neue Gebäude wie Pilze aus dem Boden; sie trugen die traditionellen Dächer und Außendekorationen, innen jedoch waren sie durch und durch modern. Es gab viele Kinos und Theater, aber niemand durfte ein Radio besitzen, mit dem man die Weltnachrichten empfangen konnte.

Die beiden Repräsentanten des Dalai Lama und des Pantschen Lama bewohnten die alten Sommerresidenzen der kaiserlichen Verwandten in Peking, die mit Zentralheizung und den besten sanitären Anlagen ausgestattet waren; aber als wir ankamen, wohnten die beiden hohen Lamas in anderen Häusern und besuchten die Residenzen ihrer Vertreter nur zu Neujahr. Der Pantschen Lama wurde von seiner Mutter, einem stummen Bruder und etwa 200 Gefolgsleuten begleitet.

Die Regierung von Peking hatte alles bestens organisiert. Jedem hohen Lama und *Schap-pē* stellte man ein Auto mit Chauffeur zur Verfügung, die Beamten vom vierten Rang aufwärts teilten sich je zu viert einen Wagen, die jungen Beamten und Diener wurden in Bussen transportiert. Auch auf die Beibehaltung der Essenszubereitung in drei verschiedenen Küchen wurde geachtet. Beamte und Diener erhielten ihrem Rang gemäß ein Taschengeld, und als der Winter hereinbrach, bekam jedermann neue warme Kleidung. Für jeden Tag hatte man ein Programm ausgearbeitet, und man zeigte uns Fabriken und alte Sehenswürdigkeiten.

Abend für Abend unterhielt man uns mit Theater und Tanz. Einige unserer Beamten liebten die klassischen Stücke, andere wiederum, wie zum Beispiel der Surkang *Schap-pē*, tanzten gern, und Dschigme und ich begleiteten ihn oft. Die Hauptentspannung für die Jugend Pekings war das Tanzen; jeden Samstagabend trafen sich alle Studenten und Arbeiter im Großen Hotel Peking und auf vielen anderen Tanzböden. Dschigme und ich besuchten häufig ein Honan-Restaurant, in dem man vorzüglichen süßsauren Fisch essen konnte, außerdem gingen wir oft in die kleinen Restaurants in engen Gassen, wo das Essen gut und billig war. Wir Tibeter sind sehr vergnügte Menschen und versuchen, wenn sich die Gelegenheit bietet, das Beste daraus zu machen; Dschigme und ich unterhielten uns vorzüglich, obgleich wir ständig beobachtet wurden, weil wir eine englische Schule besucht hatten. Stets umgab uns eine Atmosphäre des Mißtrauens, denn alle Tibeter wurden streng bewacht; in den Rasthäusern mußten nette junge Kellner über jeden einzelnen von uns Bericht erstatten. Dies war die erste meiner drei Reisen nach China, und es war die schönste, weil wir noch immer hofften, die Verhältnisse würden sich bessern.

Ich besuchte Kindertagesheime für Arbeiterkinder und

Heime für pensionierte Fabrikarbeiter; diese Menschen waren nicht glücklich – sie hatten keinen Frieden. Selbst die Ältesten mußten einer Organisation beitreten und Versammlungen besuchen, wo sie nach ihrer Meinung gefragt wurden. Wenn sie sich weigerten zu sagen, sie seien glücklich unter der Herrschaft des großen Mao Tse-tung, nahm man eine noch gründlichere Gehirnwäsche vor, bis die Autoritäten zufrieden waren. Die Menschen hatten nicht ausnahmslos denselben Lebensstandard; Rikschaläufer, Fuhrleute, Maurer und andere waren sehr arm. Die ganze Stadt teilte sich in Gruppen, und bei den Versammlungen lag das Hauptgewicht auf gegenseitiger Kritik. Keiner konnte dem anderen trauen – das ist Kommunismus.

Überall in China gibt es öffentliche Badehäuser mit kleinen Erfrischungsräumen, wo man Tee bestellen kann. Männer und Frauen helfen den Badegästen und schrubben sie wie in einem türkischen Bad. Unsere Leute gingen gern in diese Bäder, besonders im kalten Winter.

Zu allen Empfängen, die man Seiner Heiligkeit gab, wurden auch die Beamten eingeladen. Der Dalai Lama hatte in Sian den Pantschen Lama getroffen, und man bewirtete die beiden hohen Lamas stets gemeinsam. Ich bemerkte, daß sie sich sehr gut verstanden. Der Dalai Lama war die einzige Person, mit der sich der Pantschen Lama lächelnd unterhielt. Der Pantschen Lama war ein ungewöhnlich schlanker, hübscher junger Mann von 17 Jahren mit sehr ernstem Gesichtsausdruck, der Dalai Lama hingegen hat ein gewinnendes Lächeln, war zu jedermann freundlich und machte einen entspannten Eindruck.

In jenem Jahr versuchten die Chinesen gerade, eine Konstitution für die Nationalchinesische Volksversammlung zu erstellen, und sie sprachen davon, ein Komitee zu bilden, das zunächst einmal die Verantwortung für das Autonome Gebiet Tibet übernehmen sollte. Unsere Beamten, die damit zu tun hatten, sahen besorgt und müde aus.

Am 1. Oktober feierte China den fünften Jahrestag der

Volksrevolution, und wir alle sahen Mao Tse-tung der Menge zuwinken, als er das Himmelstor passierte. Dann begannen die Vorbereitungen für die Fahrt des Dalai Lama und des Pantschen Lama in den Norden. Dschigme begleitete die Gesellschaft Seiner Heiligkeit, ich kam nur bis Tientsin mit und kehrte dann um, weil Ngodup Wangmo immer fülliger wurde.

Der internationale Hafen Tientsin war im Oktober ziemlich kalt. Dschigme und ich wohnten mit den Beamten des Dalai Lama und des Pantschen Lama in einem Gasthaus, wo wir morgens von einem Xylophon geweckt wurden. Eines Abends gab es ein Bankett in einem exklusiven Klub, den die Engländer eingerichtet hatten und der Schwimmbäder und Sportplätze besaß. Der Dalai Lama und der Pantschen Lama schauten beim Schwimmen zu und versuchten dann zu kegeln. Im Tanzsaal, der herrlich elastische Bretter hatte, forderte mich der chinesische Beamte, der für unsere Gesellschaft verantwortlich war, zum Tanz auf. Während wir tanzten, lachte er unvermittelt und sagte «Dalai Lama!» Als ich mich umschaute, sah ich Seine Heiligkeit, den Dalai Lama, und den Pantschen Lama am Eingang stehen und den Tanzenden zuschauen. Die Mönchsbeamten waren entsetzt und baten die Chinesen, die beiden heiligen Lamas nicht mehr zu Tanzveranstaltungen zu führen. Ich glaube nicht, daß die beiden hohen Lamas noch einmal beim Tanzen zugeschaut haben.

Als die Gesellschaft Seiner Heiligkeit die Reise fortsetzte, kehrte ich nach Peking zurück. Ngodup Wangmo und ich übersiedelten später in den Amtssitz des Dalai Lama, wo man uns einen schönen Raum mit guter Heizung zuwies, in dem man ohne Schwierigkeiten die Windeln trocknen konnte, wenn das Baby da war.

Als ich das Nationalkomitee bat, Ngodup Wangmo zur Untersuchung ins Peking-Hospital bringen zu dürfen, sagte man mir, wir müßten ins Volkskrankenhaus gehen, weil nur die Frauen von *Schap-pēs* und hohen chinesischen Beamten im Peking-Hospital aufgenommen würden. Man versicherte mir jedoch, die Behandlung sei die gleiche, lediglich Unterbringung und Verpflegung seien unterschiedlich.

Als die Wehen einsetzten, brachte ich Ngodup Wangmo bei Tagesanbruch ins Volkskrankenhaus und durfte sie, mit weißer Jacke und Häubchen angetan, in den Entbindungssaal begleiten. Die tüchtige Ärztin sprach fließend Englisch mit amerikanischem Akzent; die arme Ngodup Wangmo schrie sie an, und einmal hätte sie der Schwester um ein Haar die Brille von der Nase getreten. Zwischendurch lachte sie mir zu und sagte: «Mutter, du siehst aus wie die Moslems in Lhasa!» Nach sechs Stunden gebar sie einen hübschen Sohn, der viel Ähnlichkeit mit seinem Vater hatte.

Als das Gefolge Seiner Heiligkeit im Februar nach Peking zurückkehrte, traf man Vorbereitungen für unsere Heimreise. Ich bat das Nationalkomitee um einen Führer, weil ich Schanghai und Yangzhou besuchen wollte. Man gab mir ohne weiteres einen tibetischen Bapa namens Dawala.

Bapa Dawala und ich fuhren zunächst nach Schanghai, und während der Bahnfahrt unterhielten wir uns viel. Ich selbst habe Bapablut in den Adern, weil meine Mutter aus der Familie des 10. Dalai Lama stammt, die aus Lithang in Ba kommt – ich stellte Dawa also viele Fragen über das Leben in Ba, das seit langer Zeit unter chinesischer Herrschaft steht. Dawa erzählte mir, vor den Kommunisten seien viele christliche Missionare dort gewesen; sie seien freundlich und hilfsbereit gewesen und hätten sich besonders gut auf ärztliche Behandlung verstanden. Allerdings wurde nie ein Bapa zum Christentum bekehrt. Die Bapas hielten als Tibeter und Buddhisten fest zusammen und heirateten keine Chinesen. Sie waren sehr sauber (im Gegensatz zu den meisten tibetischen Bauern) und richtige Pferdenarren. Sie aßen und tranken gut, sammelten jedoch niemals Reichtümer an. Wenn gelegentlich Diebe in einer Gemeinschaft auftauchten, taten sich alle zusammen, um sie zu vertreiben. Die Menschen führten im großen und ganzen ein glückliches, freies Leben. Die Tibeter aus dem Osten – Bapas und

Khampas – sind tapfer, gutaussehend, schlank, treu und fromm. Natürlich stehen wir Leute aus Ü-Tsang ihnen in vielerlei Hinsicht in nichts nach, allerdings sind wir nicht so tapfer.

Als die Zeit der Abreise nahte, erhielt Ngodup Wangmo einige Briefe von ihrem Mann aus Lhasa, in denen er sie bat, mit dem Baby zurückzukehren; sie aber wollte in Peking bleiben, bis Tenzin Wangdu etwas größer war und sie gründlich Chinesisch gelernt hatte. Es war sehr traurig, sie mit unserem kleinen Enkel zurücklassen zu müssen, aber zum Glück hatte sie viele tibetische Freunde in Peking. Die Chinesen fanden Ngodup Wangmo wunderschön und nannten mich oft «die Mutter des hübschen tibetischen Mädchens».

Auf der Heimreise begleiteten wir Seine Heiligkeit von Peking aus per Zug nach Yangzhou, von Yangzhou bis Chongqing reisten wir per Schiff. In Yangzhou verließ uns Tsering Dölma.

Auf dem Weg durch Osttibet besuchte Seine Heiligkeit viele Klöster und hielt in jeder größeren Stadt eine Predigt. Überall brachten ihm die Menschen viel Anbetung und Liebe entgegen und waren so glücklich, daß sie sich ihm in die Arme warfen. Als er das große Kloster Taschi Kyil besuchte, kamen Tausende von weither, um ihn zu begrüßen, und unsere Busse mußten halten, weil die Menge durcheinanderwogte; ein oder zwei Menschen mögen im Gedränge zertrampelt worden sein. Im stillen gefiel es den Chinesen überhaupt nicht, daß die Menschen Seine Heiligkeit derart inbrünstig verehrten. Weil er nicht alle Orte selbst besuchen konnte, bevollmächtigte er einige andere hohe Lamas, ihn zu vertreten. Er besuchte seinen Geburtsort und empfing viele Verwandte, denen er Geschenke mitgebracht hatte.

Die neue Autostraße nach Lhasa war inzwischen fertig, und man konnte die Strecke, für die wir ein Jahr zuvor noch 24 Tage gebraucht hatten, in einer Woche zurücklegen. Aber die Fahrt war noch immer sehr gefährlich, und in Thangme hörten wir, in der Nähe würde in Kürze eine Brücke vom Fluß fortgeschwemmt. Stundenlang fuhren wir mit hoher Geschwindigkeit am Fluß entlang, der tiefschwarzes Wasser führte; man hörte nur den brüllenden Lärm des herabstürzenden Wassers, das Geröllbrocken gegeneinandermalmte. Das war am späten Nachmittag. Seine Heiligkeit, seine Familie und einige Beamte überquerten die Brücke zu Fluß. Dschigme und ich folgten ihnen, und alle schauten zu, als eine Anzahl von Lastwagen, der Jeep Seiner Heiligkeit und einige andere Wagen hinüberfuhren. Gerade als der Jeep Kundelings unterwegs war, zerbarst die Brücke – der Chauffeur konnte zum Glück rechtzeitig wenden und erreichte das Ufer. Unser Jeep mit den Mänteln und Decken und die Lastwagen der Diener befanden sich auf der anderen Seite. Inzwischen brach die Dunkelheit herein, es regnete heftig, und alle machten sich Sorgen. Um zwei Uhr nachts war Seine Heiligkeit noch auf der Straße. Gegen vier Uhr erreichten wir Lunang, wo Beamte aus Lhasa mit Kerosinlampen auf uns warteten, um Seine Heiligkeit zu empfangen. Niemand hatte Laken, aber wir hörten, daß man wenigstens den Schal seiner Heiligkeit, den er stets tragen muß und der auch am anderen Ufer zurückgeblieben war, an ein Seil gebunden und über den tobenden Fluß ans andere Ufer geworfen hatte.

Die Einwohner Lhasas atmeten auf, als Seine Heiligkeit zurückkehrte, denn sie hatten befürchtet, man würde ihn womöglich an der Heimkehr hindern. Er hatte ihnen versprochen, in einem Jahr zurückzukehren, und ihr Vertrauen in seine Worte hatte sie während seiner Abwesenheit immer wieder gestärkt.

Während meiner Reise dachte ich häufig darüber nach, daß China alles in allem ein reiches, schönes Land war und Tibet überhaupt nicht brauchte. Aber vom militärischen Standpunkt aus war es für China äußerst wichtig, unser Land zu besitzen – eine Tatsache, die den großen Nationen, die von uns weit entfernt waren, verborgen blieb. Aus diesem Grunde unternahmen sie keinen Versuch, den Tibetern zu helfen. Ich glaube, auch das ist *Karma*.

16 Unser Kampf gegen die Chinesen

Kurz nachdem Seine Heiligkeit im Mai 1955 aus China zurückgekehrt war, trafen die Chinesen in Lhasa alle Vorbereitungen für die Einsetzung des Vorbereitungskomitees für die Autonome Region Tibet. Die Arbeit unserer alten Regierung wurde nicht weiter beeinträchtigt, die von den Chinesen eingerichteten Ausschüsse allerdings, die Verkehrswesen, Finanzen, Bildung, Landwirtschaft und Gesundheitswesen reformieren sollten, wurden direkt dem Vorbereitungskomitee unterstellt. Der Vertreter des chinesischen Premierministers, Abgeordnete aus verschiedenen Autonomen Gebieten Neu-Chinas und viele Pressevertreter wurden zur Feier erwartet; P. F. und P. J. mußten tibetische Trachten zusammenstellen. Der chinesische Verbindungsoffizier und seine Leute waren für die Unterbringung der Gäste verantwortlich, und innerhalb von drei Monaten erbaute man in Lhasa ein riesiges Gästehaus, ein Badehaus und eine Stadthalle. Die Halle, ein zweistöckiges modernes Gebäude mit Wellblechdach, stand direkt vor dem Potala. Etwa 1200 Menschen konnten unterhalb der großen Bühne sitzen, weitere 300 fanden auf der Galerie Platz.

Die Gründungsfeier des Vorbereitungskomitees fand mit großem Pomp und Aufwand statt, und Repräsentanten aus ganz Tibet waren zugegen. Die Stadthalle war mit vielen Flaggen geschmückt, und die höchsten Beamten saßen an einem langen Tisch in der Mitte der Bühne. Eine chinesische Armeekapelle spielte, und man sang die üblichen kommunistischen

Lieder. Ich saß als Beobachterin der P. F. auf der Galerie. Der Dalai Lama, der Pantschen Lama, der Sakya Lama und andere wichtige Lamas, Marschall Tschen Yi, Mitglieder des Komitees und Tsarong, eine berühmte Persönlichkeit Tibets, hielten Ansprachen, in denen klar zum Ausdruck kam, daß die Mehrheit unseres Volkes der Landreform der Chinesen noch immer ablehnend gegenüberstand. Niemand kritisierte die Chinesen offen, aber bis auf den Pantschen Lama sagten alle sehr höflich, daß Reformen im Stile der Kommunisten nicht nach unserem Geschmack seien. Die Rede des Pantschen Lama, der die Reformen begrüßte, war offensichtlich auf die Wünsche der Chinesen abgestimmt.

Als Tsarong das Podium betrat, waren alle gespannt, was er sagen würde; selbst die Chinesen stießen einander an. Er sagte einfach: «Wir Tibeter haben stets Widerstand gegenüber Eindringlingen geleistet und niemandem unser Land überlassen.» Dann verließ er das Rednerpult; wir blickten uns lächelnd an, aber niemand zeigte sich verstimmt, und die Versammlung verlief ohne Zwischenfälle.

Nachdem Tibet nun zur Autonomen Region erklärt worden war, warteten wir ab, ob man unsere Regierung auflösen würde. Aber die Chinesen nahmen überhaupt keine Notiz von ihr, und die Kommission bildete faktisch eine vollständig unabhängige eigenständige Regierung, der Seine Heiligkeit gezwungenermaßen als Präsident vorstand. Der Pantschen Lama war Vizepräsident und Ngawang Dschigme Generalsekretär.

In seiner Autobiographie hat der Dalai Lama diese Situation wie folgt beschrieben: «Zwanzig Mitglieder des Komitees repräsentierten, obgleich sie Tibeter waren, das Befreiungskomitee von Tschamdo und das Komitee, das man im Westdistrikt des Pantschen Lama eingerichtet hatte. Beides waren rein chinesische Einrichtungen. Die Repräsentanten verdankten ihre Stellung hauptsächlich chinesischer Unterstützung, was sie wiederum verpflichtete, jeden chinesischen Antrag zu unterstützen. Allerdings verhielten sich die Tschamdo-Repräsentanten vernünftiger als die Leute des Pantschen Lama. Mit diesem festen Block kontrollierter Stimmen, zu denen noch die fünf chinesischen Mitglieder kamen, war das Komitee machtlos – eine Fassade, die vorgaukelte, hier werde Tibet repräsentiert, und hinter der in Wirklichkeit alle Macht von den Chinesen ausgeübt wurde. Die eigentliche Politik wurde von einer Kommission beschlossen, der kein Tibeter angehörte. Wir durften lediglich die unwichtigeren Punkte diskutieren; es war uns nicht möglich, entscheidend einzugreifen. Obgleich ich dem Namen nach Präsident war, konnte ich nicht viel tun. Gelegentlich war es geradezu lächerlich, mit ansehen zu müssen, in welchem Ausmaß kontrolliert und manipuliert wurde, und daß Pläne, die von den Chinesen bereits verabschiedet worden waren, ziel- und sinnlos diskutiert wurden, bevor auch wir zustimmten. Häufig packte mich bei diesen Versammlungen großer Zorn. Ich wußte, daß die Chinesen mich nur deshalb zum Präsidenten ernannt hatten, damit es so aussah, als würden ihre Pläne auch von einer tibetischen Autorität gebilligt.»

Marschall Tschin Yu und seine Leute mußten schon bald zurück nach China, um der zweiten Zusammenkunft der chinesischen Nationalversammlung beizuwohnen. Tsering Dölma gehörte zu der zehnköpfigen Delegation aus Tibet, die man ausgewählt hatte, ebenfalls daran teilzunehmen, und sie bat mich, als ihre Sekretärin mitzukommen.

Von Lanzhou aus fuhren wir mit dem Zug nach Peking, wo man uns im Peking-Hotel unterbrachte und ein Bündel Marken für Mahlzeiten verteilte.

Tsering Dölma besuchte jeden Tag die Versammlung, sie mußte eine Rede im Rundfunk halten und mit den Nachrichtenreportern sprechen. Ich war tagsüber damit beschäftigt, ihre Reden auszuarbeiten, und begleitete sie nur abends in Konzerte, Theatervorstellungen und Varietévorführungen. Wir wurden zum Essen ins Haus des Marschall Tschen Yi eingeladen, ein riesiges, wunderschönes Haus mit eigenem Kino. Vom Salon holte uns ein Chauffeur ab und brachte uns im Auto über das riesige Gelände zum Speisesaal. Zweifellos ist die chinesische Küche die beste der Welt.

Nachdem wir einen Monat in Peking verbracht hatten, flogen Tsering Dölma und ihre Zofe nach Xining. Weil nur zwei Plätze frei waren, mußte ich eine Woche lang auf das nächste Flugzeug warten, und sah mir in der Zwischenzeit noch einmal Peking an.

In Xinning besuchten Tsering Dölma und ich Nomaden und Klöster, unter anderem auch Kumbum, wo der ältere Bruder Seiner Heiligkeit als inkarnierter Lama lebte. Nur noch wenige Mönche wohnten dort, aber wir trafen den freundlichen, pockennarbigen Onkel Seiner Heiligkeit, der uns in einem typischen Amdo-Haus bewirtete. Später erfuhren wir, daß er unter der Folter gestorben war.

Von Xining fuhren wir zurück nach Lhasa. Die Heimreise dauerte eine Woche, und überall sahen wir neue Gebäude; es gab keine Stadt ohne chinesisches Restaurant und kleine Läden, in denen man Seife, Kerzen und Emaillebecher kaufen konnte. Auf der bitterkalten Hochebene sahen wir einige bedauernswerte Chinesen in dünnen Lumpen, die an der Straße arbeiteten. Man gab ihnen nur *Mo-mo* und heißes Wasser; es waren angeblich Kuomintang-Beamte, die ihre Strafe abbüßten.

Es gab keine guten Gasthäuser, aber gewöhnlich fanden wir eine Hütte oder einen anderen Unterschlupf. Nur einmal mußte ich unter freiem Himmel im Gras schlafen – es war nicht gerade gemütlich, weil der Wind eiskalt über die Hochebene fegte.

Der Regierungspolitik und den Empfehlungen des *Kaschag* gemäß arbeiteten viele Tibeter mit den Chinesen zusammen. Dennoch traute ihnen niemand, denn wir alle wußten, daß sie es auf unsere Religion und diejenigen, die etwas besaßen, abgesehen hatten.

Im August des Jahres 1956 besuchte der jetzige Tschogyal von Sikkim Lhasa in seinem Amt als Präsident der indischen

Mahabodhi-Gesellschaft, um Seine Heiligkeit einzuladen, in Indien am Buddha Jayanti, dem 2500. Jahrestag der Geburt Buddhas, teilzunehmen. Der Tschogyal war zwar Gast der Regierung, aber wir hatten das Vergnügen, ihn einen ganzen Tag in unserem Haus bewirten zu dürfen. Damals hatten sich die Khampas bereits gegen die Chinesen erhoben, und alle tibetischen Beamten und ihre Frauen wurden um ihre Beurteilung der Lage gebeten. Niemand wußte, was er antworten sollte, und die Atmosphäre in Lhasa war bedrückend. Zuerst waren die Chinesen gegen eine Reise des Dalai Lama nach Indien, aber als man auch den Pantschen Lama einlud, gaben sie nach. Alle waren froh über diese Reise – ganz anders als damals, als man Seine Heiligkeit nach China eingeladen hatte.

Hunderte von Tibetern machten sich im November 1956 auf die Pilgerfahrt nach Indien, und viele blieben dort, obgleich die Mehrheit zurückkehrte. Dschigme begleitete Seine Heiligkeit, und da auch Namgyäl, Tsewang, Ngodup Wangmo und Tenzing Dondup nach Indien reisten, mußte ich daheim bleiben und mich um meine Schwiegermutter kümmern. Dschigme schrieb mir, er habe die Reise nicht recht genießen können, weil der Bruder Seiner Heiligkeit, Losang Samten, sich einer Blinddarmoperation hatte unterziehen müssen. Dschigme hatte ihm einen Monat lang in Bombay als Dolmetscher Gesellschaft geleistet.

Damals wurde meine Schwiegermutter sehr krank und wollte sich nicht von chinesischen Ärzten behandeln lassen. Wir holten den sikkimesischen Arzt des indischen Generalkonsuls, und langsam erholte sie sich wieder. Zum Glück war Tschime Dordsche in Lhasa und half mir sehr liebevoll, seine Mutter zu pflegen.

Die meisten tibetischen Pilger waren mit Lastwagen oder Autos auf der neuen chinesischen Autostraße nach Indien gefahren; denn die Reise, für die man früher 24 Tage gebraucht hatte, dauerte nur noch drei Tage; viele Menschen kamen bei Unfällen ums Leben, und ich machte mir große Sorgen um alle, besonders aber um Dschigme. Im März 1957 kehrte er gesund wieder heim.

Bald darauf erkrankte Pema Dolkar ernstlich. Eine freundliche chinesische Ärztin gab ihr Spritzen, hatte jedoch nicht viel Hoffnung. Für eine Operation war Pema Dolkar mit ihren 65 Jahren zu alt. Sie war ihr Leben lang anfällig gewesen, aber Tsarong, der sie sehr liebte und verehrte, war stets gut zu ihr. Besonders im Alter, als sie oft Schmerzen hatte und häufig Pflege brauchte, kümmerte er sich intensiv um sie; er tastete die Gallensteine ab, überwachte ihre Diät, führte Tabellen, maß Temperatur und sagte oft: «Nur ich kenne die wahre Ursache ihrer Krankheit.» (Er pflegte auch die Kinder sehr liebevoll, wenn sie einmal krank waren, und badete und fütterte sie.) Er stellte ihr Topfpflanzen ins Zimmer, damit es gemütlicher wurde, schenkte ihr den schönsten Schmuck und brachte ihr jeden Morgen den Tee ans Bett, den die Dienerin gekocht hatte. Weil er selbst regelmäßig um drei Uhr früh aufstand, hatte er seine Arbeit bereits beendet, wenn andere Menschen frühstückten.

Als Pema Dolkar erkrankte, bereitete die P. F. gerade eine Delegation tibetischer Frauen vor, die der Konferenz der Frauen Chinas beiwohnen sollte. Ngapo Tseten Dolkar erwartete ihr zwölftes Kind, und Surkhang Dekyi war gerade mit ihrem Mann von einer Reise nach China zurückgekehrt; man bat also mich, die Delegation anzuführen. Ich lehnte ab, weil meine Schwiegermutter und Pema Dolkar krank waren, daraufhin schickte die P. F. ein Telegramm an Tsering Dölma, die noch in Indien war, und sie bat mich ebenfalls inständig, mitzureisen. Wiederum weigerte ich mich, aber als man sagte, es werde nur einen Monat dauern und ich könne notfalls jeden Tag zurückfliegen, beschloß ich zu reisen. Niemand in der Familie war damit einverstanden – Dschigme sah es nicht gern, daß ich gleich nach seiner Rückkehr aus Indien abreiste, und seine Mutter war stets traurig, wenn ich lange Zeit auf Reisen war. Aber ich konnte mich dieser Aufgabe nicht entziehen, denn unsere tibetischen Frauen waren froh, daß ich mitkam, weil sie wußten, daß ich stets sagte, was ich dachte, ohne Rücksicht darauf, was die Chinesen davon hielten.

Zwölf Frauen wurden in die P. F.-Delegation gewählt, unsere chinesische Kollegin Shue Turin und die chinesische Sekretärin sollten uns begleiten. Noch vor der Abreise mußte ich meine Rede vor der Versammlung ausarbeiten und sie General Tang Kua San vorlegen, der jedoch keine Korrekturen vornahm. Dennoch wußte ich, daß sie den Chinesen keinesfalls gefiel. Ich brachte es einfach nicht fertig, ihnen allzu offensichtlich nach dem Munde zu reden, natürlich konnte ich mich ihnen auch nicht offen widersetzen, ohne in große Schwierigkeiten zu geraten.

Als ich mich von Pema Dolkar verabschiedete, waren wir beide sehr traurig. Bei der Abschiedszeremonie wünschte uns eine Menge Frauen viel Glück; aber das einzige, worauf ich mich freute, war das Wiedersehen mit unserer jüngsten Tochter Yangdol, die damals die Nationale Schule für Minderheiten in Peking besuchte. Die Chinesen hatten diese Schulen in Peking, Sian und Lanzhou eingerichtet und mehr als 500 Studenten aus Lhasa, Schigatse, Gyantse und Tschamdo dorthin geschickt. Als die erste Gruppe von Beamtenkindern, unter ihnen einige Kinder der Ngapos, im Jahre 1952 nach Peking geschickt wurde, hatte sich Yangdol geweigert, mitzukommen, weil sie wußte, wie gefährlich die Reise war. Professor Liu und seine Frau hatten diese Gruppe begleitet, die viele Unbilden erleiden mußte. Die Packtiere ertranken, als ihr Schiff im Gelben Fluß sank, und obgleich kein Kind verletzt wurde, war alles Gepäck verloren. Yangdol reiste drei Jahre später mit einer anderen Gruppe von 60 Studenten. Unterkunft und Essen waren zunächst gut, wurden jedoch immer schlechter, so daß unsere Kinder schließlich gegen die Schule rebellierten. Viele besorgte Eltern holten ihre Kinder nach Lhasa zurück. Unter ihnen war auch ein intelligenter junger Mann, der gründlich Chinesisch gelernt hatte; er schloß sich unseren

Khampa-Guerillas an und wurde einer ihrer tapfersten Anführer.

Tunhuang war die interessanteste Stadt unserer Reise; das Klima dort ist heiß und trocken, und es gibt in dieser Gegend keine Bäume. Ich hatte schon von den berühmten Höhlen der tausend Buddhas gehört, die etwa 30 Kilometer von der Stadt entfernt sind, und so fragte ich Shue Turin, ob sie damit einverstanden sei, einen Abstecher dorthin zu machen. Sie hatte nichts dagegen einzuwenden, und ein Führer brachte uns an diesen heiligen, friedlichen Ort, der in einem Flußtal zwischen zwei Bergen eingebettet am Rande einer Sandwüste liegt.

Etwa 400 Höhlen gehen ineinander über wie Rattenlöcher. Die Chinesen restaurierten die Wandgemälde gerade, und obgleich überall Leitern herumstanden und Arbeiter am Werk waren, strahlte der Ort eine feierliche Atmosphäre aus. Es war ein Jammer, daß die alten Statuen und Gemälde so schlecht restauriert wurden. Viele tibetische Exemplare der buddhistischen Schriften, mit Gold auf schwarzes Pergament gemalt, lagen achtlos in einer Ecke, wild durcheinandergeworfen. Ich hatte den Eindruck, als solle der ganze Ort ein Museum werden; niemand verbrannte Weihrauch vor den beiden riesigen Buddhas im nahe gelegenen Tempel. Ich und meine älteren tibetischen Kolleginnen verneigten uns vor ihnen, aber einige jüngere Frauen zögerten und verneigten sich dann nicht. Die chinesische Verfassung garantierte zwar allen Menschen freie Ausübung der Religion, in China selbst jedoch besteht diese Freiheit nicht. Unsere chinesischen Begleiterinnen sagten nie ein Wort gegen meine religiösen Vorstellungen; dennoch schienen die jüngeren Tibeterinnen Angst zu haben – sie waren keine Kommunisten, aber dennoch hatte die chinesische Schulung sie bereits beeinflußt.

Im Mai erreichten wir Peking. Wir wohnten im modernen Friedenshotel, das angeblich in 40 Tagen erbaut worden war. Man stellte uns einen kleinen Bus zur Verfügung; frühere tibetische Delegationen hatten Autos bekommen, jetzt jedoch betrachtete man alles vom wirtschaftlichen Standpunkt aus, und wir mußten auf übertriebenen Luxus verzichten. Die Frauenvereinigung gab ein Bankett für uns, bei dem man uns mitteilte, daß unsere Versammlung der Hitze wegen um einen Monat verschoben worden sei. Man bat uns, in Peking zu bleiben und möglichst viele Fabriken zu besichtigen. Weil jedoch viele von uns die Stadt bereits recht gut kannten, bat ich um Erlaubnis, in die Mandschurei und die Innere Mongolei reisen zu dürfen.

Als erstes besuchte ich in Peking unsere jüngste Tochter Yangdol in der Nationalen Schule für Minderheiten. Ich war sehr froh, sie wiederzusehen.

Wenige Tage später fuhren wir mit dem Zug in die Mandschurei, wo wir Mukden und Harbin besuchten und in gemütlichen alten Hotels übernachteten. Die Atmosphäre in diesen Städten war ganz anders als in Lhasa. In der Mandschurei war alles modern, ähnlich wie in Europa, und die Menschen waren nicht so fröhlich wie bei uns daheim in Tibet.

Von Harbin aus reisten wir in die Innere Mongolei, wo ich bei einer Volksversammlung eine Rede halten sollte. Ich sagte, dank der chinesischen Regierung hätten wir ohne Schwierigkeiten in die Mongolei reisen können, und ich erinnerte an die Zeiten, da die Mongolen viele Widrigkeiten auf sich genommen hatten und auf Kamelen über Berge und Hochebenen geritten waren, um die Heilige Stadt zu besuchen. Heute, so fuhr ich fort, könne man die Heilige Stadt schnell und bequem erreichen, und weil die chinesische Verfassung allen Menschen Religionsfreiheit garantiere, hofften wir Tibeter, daß in Zukunft noch viel mehr mongolische Pilger nach Lhasa kämen als früher.

Im Anschluß an eine Sportveranstaltung zeigte man uns eine Fabrik für Bettwäsche und brachte uns dann in einem großen roten Bus zu mongolischen Hirten, die in Zelten wohnten. Man erwartete uns schon; etwa 40 Reiter galoppierten uns entgegen und versuchten, mit dem Bus Schritt zu halten. In der

Siedlung hatte man bereits begonnen, auf genossenschaftlicher Basis Landwirtschaft zu betreiben. In Gruppen aufgeteilt, besuchten wir einige Familien, die so arm waren, daß ihre Zelte fast leer waren. Dennoch waren sie sehr erfreut über unseren Besuch und setzten uns gekochtes Hammelfleisch und *Phing* (Nudeln) vor. Sie mußten uns sagen, daß sie unter der Kommunistenherrschaft glücklicher seien als früher, aber sie hatten Bilder vom Dalai und Pantschen Lama, und die alten Leute hielten Gebetsperlen in den Händen. Die Nahrung bewahrten sie in Pferdewagen mit Deckeln auf, was sehr praktisch war, denn wenn sie zu einem neuen Lager ziehen wollten, brauchten sie nur die Zelte abzubrechen und aufzuladen. Das Gras auf ihren Weiden war hoch und fett, und sie hielten viele Schafe und Pferde.

In dem berühmten Kagvur-Tempel, in dem eigentlich 80 Mönche sein sollten, lebte nur noch etwa ein Dutzend. Man hatte den obersten Mönchen gesagt, daß wir kämen, und sie empfingen uns in ihren gelben Satinroben sehr herzlich. (Die Mongolen übernahmen ihre Religion von uns im 16. Jahrhundert n. Chr.) Die Statuen der Gottheiten und die heiligen Bücher waren unversehrt, dennoch war auch hier nicht zu übersehen, daß die Religion früher oder später verschwinden würde. Als uns die Lamas erzählten, daß sie die meiste Zeit auf dem Felde arbeiteten, konnte ich ihnen nur sagen, daß die chinesische Verfassung die Religion achtete; es sei wichtig, den Buddhismus zu praktizieren, allerdings müsse heute jedermann für seinen Lebensunterhalt arbeiten.

Aus der Inneren Mongolei fuhren wir per Zug und Auto nach Yenpen in Korea. In allen Städten empfingen uns Abgeordnete der Frauenvereinigung, und nach einer Mahlzeit im Gästehaus – die meisten der guten, alten Hotels hatte man in Gästehäuser umgewandelt – führte uns der Gouverneur durch die Stadt, unterrichtete uns über die Einzelheiten wie Bevölkerungszahl, Anzahl der Fabriken und Schulen und den allgemeinen Fortschritt des Ortes. Ich machte mir sorgfältig Notizen, weil ich über jeden Ort, den wir besuchten, für die P. F. in Lhasa einen offiziellen Bericht anfertigen mußte. Die chinesische Sekretärin und unser Dolmetscher machten sich ebenfalls Notizen. Abschließend fand ein Bankett statt, und ich erwiderte im Auftrag der Delegation die Begrüßungsansprache des Gouverneurs. Ich sagte stets, wir seien sehr dankbar für die Gastfreundschaft und glücklich über den rapiden Fortschritt der Stadt, der möglich geworden sei durch die harte Arbeit des Volkes unter der Führung Mao Tse-tungs. Ich sprach davon, daß auch wir tibetischen Frauen Fortschritte machten, daß wir in die Fußstapfen der chinesischen Frauen treten und noch härter arbeiten wollten. Dann zeigte man uns ein klassisches chinesisches Theaterstück oder veranstaltete einen Tanzabend im Saal des Gästehauses.

Korea ist ein schönes, warmes, freundliches Land – sehr grün, wie Irland –, und die Koreaner begrüßten uns sehr herzlich. Die Landwirtschaft war weiter fortgeschritten als in der Mongolei; hier schien man mit der Genossenschaftsarbeit ganz glücklich zu sein, und in den Dörfern tanzten die alten Frauen. Sie hatten kommunistische Führer und sagten uns, sie seien sehr glücklich, aber ich konnte beim besten Willen nicht beurteilen, ob es stimmte. Unterwegs sprachen wir nie über den Kommunismus, weil die Chinesen die ganze Zeit bei uns waren. Manchmal mußten wir uns zusammensetzen, um die Berichte abzufassen, über die Kommunistische Partei wurde jedoch niemals diskutiert, weil die Chinesen meinten, wir hätten noch nicht den erforderlichen loyalen Bewußtseinsstand erreicht. Unsere Delegation war sehr ausgelassen, und ich hatte viel Spaß mit den anderen.

In Yenpen erhielt ich ein Telegramm von Dschigme, in dem stand, Pema Dolkars Zustand habe sich verschlechtert. Wir fuhren in einem bequemen Nachtzug nach Port Arthur, und ich dachte, ich würde gut schlafen, aber im Gegenteil: kaum war ich eingenickt, träumte ich von Lhasa und schrak sofort wieder hoch. Auf dem Bahnhof von Port Arthur erhielt ich ein weiteres Telegramm, das mir die beiden Damen aushändigten, die uns begrüßten. Shue Turin erbot sich, es zu lesen. Ich sagte ihr, ich wisse, welche Nachricht es enthielte, und steckte es ein. Ich dachte: «Zuerst will ich meine Pflicht tun, dann habe ich noch die ganze Nacht für mich allein und kann an meine liebe Schwester denken.» Ich hörte und sah kaum, was um mich vorging, hielt jedoch den Ablauf der üblichen Routine nicht weiter auf. Nur abends weigerte ich mich zu tanzen, indem ich Unwohlsein vorschützte. Als wir in unser hübsches Gasthaus am Hafen zurückgekehrt waren, bat ich Shue Turin, das Telegramm zu lesen, und sie sagte: «Es ist das, was Sie geahnt haben.»

Ich war sehr traurig, daß ich meine liebe Schwester verloren hatte, während ich in der Ferne war. Dschigme sagte mir später, er habe sein Bestes getan und ihr bis zum Schluß beigestanden. Ihr Leichnam wurde nach Rigya gebracht; mit einem Lastwagen fuhr man bis zum Fuß des Berges, dann trugen ihn Diener hinauf. Dschigme hatte den Wagen selbst geputzt und geschmückt und begleitete den Trauerzug bis zum Fuß des Berges. Er sagte, er habe alles getan, was ich getan hätte, um die Freundlichkeit zu erwidern, die sie uns entgegengebracht hatte.

Von Port Arthur aus reisten wir nach Qingdao, wo die Gemeinschaftsfarmen ertragreiche Felder besaßen.

Vierzehn Tage verbrachten wir in Qingdao, wo wir Versammlungen besuchen und unseren Bericht über die Reise fertigstellen mußten. Viele Diskussionen fanden statt. Ich sagte einmal, dem Volk schiene das Genossenschaftssystem nicht sonderlich zu gefallen; 1954 hatte ich erlebt, daß die Händler auf dem Markt von Peking begeistert handelten, inzwischen hatte man den Markt in moderne Genossenschaftsläden umgewandelt, in denen nur wenig Begeisterung zu spüren war. Shue Turin war anderer Meinung, es kam zu einer Auseinandersetzung. Ich sagte, meiner Meinung nach gefalle es den meisten Menschen besser, eigenen Besitz zu haben, und wies darauf hin, daß die Kommunisten keinesfalls samt und sonders denselben Lebensstandard hatten. Shue Turin entgegnete, Menschen müßten einen unterschiedlichen Lebensstandard haben. Es gab etwa 30 verschiedene Gehaltsstufen für die chinesischen Werktätigen, vom Regierungsbeamten bis hinunter zum einfachen Soldaten. Den Lebensstandard der hohen chinesischen Offiziere hatten wir bereits kennengelernt; zu ihren drei üppigen Mahlzeiten wurde stets Wein oder Bier gereicht. Diese Kommunisten besaßen eigene Autos, bauten eigene Häuser und nahmen ihre Frauen mit auf Reisen. (Die Frauen übernahmen häufig Verwaltungsarbeit und wurden von den jüngeren Offizieren sehr geachtet.) Was wir in tibetischer Sprache niederschrieben, wurde sogleich ins Chinesische übersetzt, und wir konnten den Bericht nur unter großen Schwierigkeiten fertigstellen. Den Chinesen gefiel es, daß ich viel arbeitete, meine Denkweise und meine Einstellung hingegen paßten ihnen gar nicht.

Als wir nach Peking zurückkehrten, hatte man das Datum für unsere hinausgeschobene dreitägige Konferenz festgelegt. Etwa 2000 Delegierte erschienen in einer prächtigen Halle; jeder Tisch hatte Kopfhörer: Die Vorträge konnten in acht Sprachen übersetzt werden. Viele Botschafterfrauen waren anwesend, und bei der Eröffnung sangen die Delegierten die Nationalhymne, was uns sehr peinlich war, hieß es doch im Text unter anderem: «Erhebt euch, ihr Völker, die ihr nicht länger Sklaven sein wollt!»

Zu jener Zeit ging eine Welle der Kritik durch China. Mao Tse-tung hatte die Intelligenzija gebeten, ihre Meinung über die kommunistische Verwaltung abzugeben, und als das geschah, stellte sich heraus, daß niemand mit dem Regime einverstanden war. Man nannte sie daraufhin «Reaktionäre» und nahm eine Gehirnwäsche vor. Vier Delegierte unserer Konferenz gehörten angeblich zur Intelligenzija, und die meisten der 200 Redner baten diese Damen, zu bereuen.

Wir Tibeter waren am zweiten Tag an der Reihe. Meine

Rede befaßte sich mit unserer Arbeit seit der Ankunft der Chinesen, und zum Schluß wünschte ich Mao Tse-tung und der Volksregierung Groß-Chinas ein langes Leben. Die Rede der Vertreterin der tibetischen Arbeiterinnen war von unseren chinesischen Kollegen entworfen worden, und am schwersten fiel es, Mao Tse-tung dafür zu danken, daß er ihnen einen gleichen Status und gleiche Rechte garantierte.

Nach der Konferenz wurden wir gemeinsam mit Mao Tse-tung fotografiert; er kam extra für diese Aufnahme in den Garten, begrüßte die Delegierten kurz und verschwand wieder. Dann traf unsere Delegation mit General Tschang Tsching Wu zusammen, der uns fragte, ob wir für eine baldige Landreform seien oder es für besser hielten, wenn sie noch verschoben würde. Wir alle hatten große Angst und sagten, sie müsse so bald wie möglich stattfinden, fügten jedoch hinzu, daß die Mehrheit unseres Volkes dagegen sei. Er sagte: «Macht nichts – die Tibeter schienen bei der Gründung des Vorbereitungskomitees nicht gerade über die Reformen begeistert zu sein, und Mao Tse-tung hat in seiner Güte beschlossen, die Reformen noch sechs Jahre aufzuschieben. Ihr braucht also keine Angst zu haben.»

Bevor ich Peking verließ, sagten Yangdol und ihr Verlobter Kelsang Thubten, sie wollten mit mir nach Hause kommen. Nur widerstrebend erteilte das Nationalkomitee die Erlaubnis, und so kehrten wir gemeinsam nach Lhasa zurück.

Unsere Heimkehr war sehr traurig, weil Pema Dolkar tot war. Tsarong schenkte den größten Teil ihres Schmuckes der Frau ihres Sohnes Dadul Namgyäl; ihre Töchter erhielten einige Andenken von den vielen Juwelen, und ich bekam eine wunderschöne Goldkette, mit Perlen und Jade besetzt, an der Zahnstocher und Ohrreiniger hingen. Ich gab sie einem Ladakhimönch, der sie verkaufen sollte, wenn er seine metaphysische Prüfung ablegte. Aus diesem Anlaß mußte er für die anderen Mönche ein großes Fest ausrichten, und es war schwer für Mönchsgelehrte, genug aus eigener Kraft dafür aufzubringen.

Pema Dolkar hatte alles sehr gut gepflegt, besonders aber Tsarongs Kleider. Er hatte viele Jahre im Regierungsdienst gestanden, und sie hatte aus all seinen alten gelben Satinkleidern Bezüge geschneidert, um das Material nicht zu verschwenden, und darin seine herrlichen Pelz- und Brokatkleider aufbewahrt. Er stattete ihr ein prächtiges Begräbnis aus, das eine Menge kostete, denn er schickte an Klöster in ganz Tibet Geschenke. Aber den größten Verdienst hatten beide bereits erlangt, weil sie sich liebten und achteten, als sie zusammenlebten.

17 Der Aufstand

Bei meiner Rückkehr nach Lhasa im August 1957 erfuhr ich, daß sich die Revolte der Khampas immer mehr ausweitete. Als die Chinesen in Kham, im östlichen Tibet, einmarschiert waren, hatten sie sich zunächst freundlich gegeben. 1956 jedoch forderten sie die Khampas plötzlich auf, ihre Waffen abzuliefern. Die tapferen Khampas lieben Gewehre, Pistolen, Revolver und Dolche – und zwar nicht, um gegen irgendein Land zu kämpfen, sondern um unterwegs ihr eigenes Leben zu schützen, und auch um zu zeigen, wie tapfer sie sind. Sie schätzen gute Reittiere und schöne Sättel und Satteldecken. Um nichts in der Welt würden sie sich freiwillig von ihren Waffen trennen, und deshalb wiegelten die Chinesen einige Gefolgsleute auf, gegen ihre Herren zu revoltieren, sie zu züchtigen und zu demütigen, indem sie ihnen eine Pferdetrense in den Mund schoben und auf ihnen ritten. Die Chinesen zerstörten Klöster, kostbare Bücher und Statuen, um die Religion Buddhas zu schänden. Als die Khampas diese Beleidigungen nicht länger dulden konnten, begannen sie einen Guerillakrieg und kämpften in ganz Kham unter dem Kommando von Asuktsang.

Wiederholt forderten die Chinesen unsere Regierung auf, die tibetische Armee solle sich dem chinesischen Heer anschließen und die Rebellen unterwerfen. Als sich unsere Regierung standhaft weigerte, wurden die Chinesen sehr wütend und beschimpften unsere *Schap-pēs.* General Tang Kua San besuchte eine Versammlung der Patriotischen Frauenvereinigung und sagte: «Die *Schap-pēs* des tibetischen *Kaschag* sind feiger als ihr Weiber.» Unter uns waren einige *Schap-pē*-Frauen, aber niemand von uns hatte den Mut, etwas zu entgegnen. Wir schwiegen, während der General die Faust auf den Tisch hieb und uns zornig anfunkelte. Zu Surkhang *Lhatscham* sagte er: «Der Surkhang-*Schap-pē* ist hirnlos – schlimmer als Sie!» Allerdings trösteten uns die Nachrichten von den Erfolgen der Khampas.

Einmal sollte sich die P. F. um verwundete chinesische Soldaten im Lazarett von Lhasa kümmern, und Tsering Dölma, Kuntschok und ich machten diesen Besuch gemeinsam. Die Soldaten waren sechzehn- bis achtzehnjährige Jungen; einige von ihnen hatten Augen, Beine oder Arme verloren, und viele waren schlohweiß. Wir trösteten die Ärmsten, als wir durch die Säle schritten. Ein trauriger Anblick waren diese halben Kinder, die man gezwungen hatte, in den Krieg zu ziehen; es war nicht ihre Schuld – man hatte sie ihren Eltern so jung fortgenommen.

Im Februar des Jahres 1958 heirateten Yangdol und Kelsang Thubten. Wir statteten ihnen so gut es ging eine Hochzeitsfeier aus, wie wir es auch für unsere älteste Tochter Ngodup Wangmo getan hatten. Ich teilte meinen Schmuck unter unsere beiden Töchter auf.

Im nächsten Jahr dauerte der Krieg weiter an, und das Unglück der Tibeter wuchs. Die Chinesen herrschten in Osttibet derart grausam, daß etwa zehntausend Flüchtlinge aus Kham und Amdo nach Lhasa zogen, wodurch die Nahrungsmittel noch knapper wurden. Das Kampfgebiet dehnte sich bis in die Nähe Lhasas aus, und man befürchtete, stündlich könne der Krieg auch in der Stadt selbst entbrennen. Wir waren derart verängstigt, daß sich niemand richtig zum Essen niedersetzte. Am meisten fürchteten wir um die Sicherheit Seiner Heiligkeit.

Der Dalai-Lama mußte gegen Ende 1958 das wichtige und höchst schwierige Examen in Metaphysik ablegen. Er hatte unter verschiedenen Lehrern viele, viele Bücher studiert, seit er im Alter von fünf Jahren Dalai Lama geworden war. Anläßlich dieser Prüfung mußte er jeweils einen Monat in den drei großen Klöstern verbringen und mit vielen Gelehrten diskutieren. Dschigme begleitete ihn, um die Zeremonien zu fotografieren und zu filmen. Auch die hohen Regierungsbeamten gingen mit und ließen ihre Frauen und Familien angsterfüllt in Lhasa zurück. Die Versammlungen des *Kaschag* wurden in den Klöstern abgehalten. Die Regierung gab eine Menge Geld für die traditionellen Feierlichkeiten und die Tee- und Geldgeschenke aus, die man den Mönchen überreichte.

Obgleich die Situation Tibets sich täglich verschlechterte, konnten die Zeremonien ungehindert stattfinden und waren noch vor *Losar* beendet. Während der Neujahrsfeierlichkeiten erfuhren wir dann, daß Seine Heiligkeit eine Einladung der Chinesen angenommen hatte und ein Theater im Armeehauptquartier der Chinesen besuchen wollte. Jedermann war besorgt, weil die Chinesen immer aggressiver wurden und dem Kommandeur der Leibwache Seiner Heiligkeit gesagt hatten, der Dalai Lama solle diesmal ohne seine Eskorte erscheinen.

Am 8. März 1959, dem Tag der Frauen, wohnte ich, obgleich ich unter heftigen Magenschmerzen litt, einer P. F.-Versammlung in der Stadthalle bei. Außer den Mitgliedern waren mehr als tausend Frauen erschienen, die antichinesische Parolen riefen, und die wir nicht unter Kontrolle bekamen. General Tang Kua San leitete die Versammlung. Mit Stentorstimme brüllte er, die Khampas benähmen sich wirklich unerhört, und es sei den Chinesen ein leichtes, die Klöster zu beschießen und in kürzester Zeit zu zerstören, wenn die Guerillas sich weigerten, sich zu ergeben. Er sah sehr wild aus. Präsidentin und Vizepräsidentin baten mich, die Frauen zu beschwichtigen, und ich forderte sie durch das Mikrofon auf, dem General zuzuhören – aber der war so mißtrauisch, daß er sich durch einen Dolmetscher meine Worte übersetzen ließ. Als die Versammlung beendet war, ging ich direkt nach Hause; ich fühlte mich schwach und hatte Angst.

Am nächsten Tag besuchte ich Tsarong und sagte ihm, die Lage verschlechtere sich stündlich. Er erwiderte, auch er mache sich große Sorgen; aber wir konnten nur kurz miteinander sprechen, denn ein Khampa-Lama kam zu ihm, und ich ging in mein Büro. Das war mein zweiter Besuch im Tsarong-Haus; seit dem Tode Pema Dolkars stimmte mich schon der Anblick des Hauses so traurig, daß ich es kaum betreten konnte. Der arme Tsarong war in einen anderen Flügel übersiedelt, weil er es nicht ertrug, in den Räumen zu leben, die er und Pema Dolkar gemeinsam bewohnt hatten. Ich sah Tsarong niemals wieder.

Daheim hatten Dschigme, meine Schwiegermutter und ich schreckliche Angst, weil wir wußten, daß man die Einwohner Lhasas zur offenen Rebellion gegen die Chinesen trieb – obgleich sie mit bloßen Händen Maschinengewehren gegenübertreten mußten. Als ich zwei Tage später ins P. F.-Büro ging, waren alle meine Kolleginnen bereits versammelt; die tibetische Mannschaft hatte sich seit der Gründung der Frauenvereinigung nicht verändert, gemäß der kommunistischen Politik jedoch wechselte das chinesische Personal häufig. Um zehn Uhr erschien ein Mitglied der Jugendorganisation aus dem Büro nebenan und berichtete, alle Einwohner Lhasas liefen zum Norbu-Lingka-Palast. Er fragte uns, ob wir auch mitkämen. Die Menschen seien verrückt vor Angst, berichtete er, weil Seine Heiligkeit abends ins chinesische Hauptquartier gehen wolle, und sie hätten beschlossen, den Weg zu blockieren. Jedermann wußte, daß die Chinesen bereits einige Lamas in Osttibet in ihre Theater eingeladen und dann entführt hatten. Tausende von Menschen umringten den Norbu-Lingka-Palast und baten Seine Heiligkeit, sich nicht in Gefahr zu begeben. Der junge Mann wollte sich der Menge anschließen, und wir Tibeterinnen sagten den chinesischen Angestellten, wir gingen nach Hause.

Als ich heimkam, diskutierten Dschigme, Schwiegermutter und unsere beiden Töchter die Lage; Ngodup Wangmos Mann war bereits zu seinem Regiment geeilt. Bald darauf hörten wir, daß die Menschen einen Mönchsbeamten, ein Mitglied der Jugendorganisation, vor dem Norbu-Lingka-Palast gesteinigt hatten, weil man ihn verdächtigte, ein chinesischer Spion zu sein. (Sein jüngerer Bruder bekleidete eine hohe Position in der Vorbereitungskommission.) Dschigme sagte, er müsse sich über die Vorgänge informieren, stellte jedoch fest, daß er mit dem Motorrad nicht durch die Menge fahren konnte. Er kehrte erst spät zurück und berichtete, Seine Heiligkeit habe versprochen, nicht ins chinesische Theater zu gehen. Die Menge habe sich daraufhin weitgehend zerstreut, obgleich noch immer viele Menschen am Palasttor stünden. Früh am nächsten Morgen besuchte Dschigme eine Versammlung aller hohen Beamten im Norbu Lingka und blieb zwei Tage dort. Meine Schwiegermutter, die Mädchen und ich wußten nicht, was wir tun sollten.

Inzwischen hatte sich die P. F. vor dem Potala versammelt, und am 12. März rief man auch mich dorthin. Wir Ausschußmitglieder konnten die Frauen von Lhasa nicht anführen, weil wir große Angst vor den Chinesen hatten; die Furcht, daß unsere Männer, Kinder, Väter und Brüder für unsere Taten würden büßen müssen, band uns die Hände. Die tapfere Serong Kunsang – älteste Tochter von Tsarongs Bruder Kyenrab und Mutter von sechs Kindern – übernahm die Führung. Sie war eine tibetische Johanna von Orleans. Im allgemeinen war sie zurückhaltend, achtete uns ältere Frauen sehr und scheute sich, mir gegenüber frei und offen zu sprechen, jetzt aber befahl sie mir, zum indischen Generalkonsul zu gehen und Indien um Hilfe für Tibet zu bitten – was ich auch tat. Sie war eine echte Heldin. Wir hörten, daß man die arme Frau nach dem Aufruhr verhaftet und verhört hatte. Sie übernahm die alleinige Verantwortung für ihre Taten und sagte, niemand außer ihr könne dafür verantwortlich gemacht werden. Sie wurde geschlagen und verlor ein Auge, und vielleicht ist sie noch immer im Gefängnis.

Die Frauen von Lhasa trugen Plakate und Spruchbänder mit antichinesischen Aufschriften, und als ich mich ihnen anschloß, hatten sie sich gerade auf dem *Barkor* aufgestellt und riefen: «Von heute an ist Tibet unabhängig!» und «Chinesen raus aus Tibet!» Unsere Frauen waren mutiger als die Männer. Es war beängstigend, über den *Barkor* zu gehen, denn die chinesischen Soldaten beobachteten uns von den Dächern aus mit Maschinengewehren. Alle Läden waren geschlossen, und außer den aufgebrachten Frauen war niemand auf der Straße.

Die Chinesen bedrohten uns dauernd durch Mikrofone und Lautsprecher, sie sagten, wenn sich nicht alle Tibeter ergäben, beschösse man Lhasa. Ich war verzweifelt. Zwei Monate früher war meine Tochter Tseyang mit ihrem Mann Rigsin Namgyäl nach Indien gereist. Die Regierung hatte ihn gebeten, neue Zelte für den offiziellen Besuch Seiner Heiligkeit am heiligen See von Tschokhorgyal zu kaufen. (Diesen See besuchte jeder Dalai Lama, wenn er im Alter von achtzehn Jahren die Regierung des Landes übernahm.) Sie hatten ihre vier kleinen Kinder von fünf bis elf Jahren in meine Obhut gegeben, obgleich Tseyang eigentlich wenigstens eines hatte mitnehmen wollen. Unglücklicherweise war Rigsin Namgyäl nicht damit einverstanden, was ihnen später viel Kummer brachte. Ich mußte mich also um meine alte Schwiegermutter, vier kleine Enkel, meine beiden anderen Töchter und ihre Babys kümmern. Dschigme verbrachte die meiste Zeit bei Seiner Heiligkeit im Norbu-Lingka-Palast.

Am 16. März rief man mich in den Norbu-Lingka-Palast, der gut zwei Kilometer vor der Stadt liegt, um Tsering Dölma über die Tätigkeit der Frauen zu berichten. Mir bricht es beinahe das Herz, wenn ich heute daran denke, wie mich meine Enkel fragten: «*Mola*, wohin gehst du? Was ist los?» und andere Dinge, die ich einfach nicht niederschreiben kann. Ich bat unseren Diener Taschi, einen sehr kräftigen Mann von etwa 40 Jahren, mich zu begleiten; ich konnte nur einen Diener mitnehmen, weil das Haus und die Familie bewacht werden mußten. Um mich vor verirrten Kugeln zu schützen, nahm ich ein altes Kleid von Lotschen Rimpotsche mit, das ich einige Jahre zuvor gegen ein neues eingetauscht hatte. Ich hatte keine Ahnung, daß dies die letzten Augenblicke in meinem eigenen Haus sein sollten. Als ich in Schwiegermutters Zimmer ging, war sie sehr verzweifelt und verängstigt; wir hatten eine entsetzliche Woche voller Sorgen und Ungewißheit hinter uns, niemand wußte, was das beste war – ob man in Lhasa bleiben oder fliehen sollte –, und wir konnten nicht ahnen, was die Chinesen als nächstes tun würden. Yangdol war bereits am Vortag in ihr eigenes Haus gegangen, aber Ngodup Wangmo war noch mit ihren Kindern im Taring-Haus, und ich bat sie, sich um *Mola* und die übrigen Kinder zu kümmern, solange ich fort war.

Auch Tsering Dölma hatte Angst; sie sagte mir, die Lage sei derart prekär, daß Seine Heiligkeit Lhasa vermutlich für einige Zeit verlassen müsse. Sie fragte, ob ich sie nach Indien begleiten wolle, denn es sei mittlerweile unmöglich geworden, länger im Lande zu bleiben. Ich wußte, daß mir die Chinesen nicht trauten und mich vermutlich über kurz oder lang verhaften und foltern würden. Aber ich sagte: «Was soll aus meinen Kindern und den vier Enkeln werden? Ihre Eltern haben sie in meiner Obhut zurückgelassen. Ich kann sie nicht verlassen, ganz gleich, was geschieht.» Dann kam Dschigme, und wir hatten eine lange Unterredung; niemand wußte einen Ausweg – wir alle waren verzweifelt und konnten nicht vorhersagen, was in der nächsten Stunde, geschweige denn am nächsten Tage geschehen würde. Viele Leute kamen zu Tsering Dölma, deren Mann Kommandant der Leibwache Seiner Heiligkeit war. Als der Abend nahte und ich noch immer entschlossen war, in Lhasa zu bleiben, bat sie mich, den Norbu-Lingka-Palast zu verlassen, weil keine Frau, die nicht zur Familie Seiner Heiligkeit gehörte, über Nacht dort bleiben durfte. Viele Leute warnten mich davor, nach Hause zu gehen, weil in den Straßen geschossen wurde, und ich beschloß, im Norbu-Lingka-Palast zu bleiben, allerdings ohne zu schlafen. Bald darauf kam Dschigmes Neffe Ragaschar *Dapon*, und wir redeten lange miteinander, beratschlagten, was mit den Kindern geschehen solle. Dschigme ging ständig ein und aus, und viele andere taten dasselbe. Man servierte uns Suppe mit *Mo-mo*, und ich sagte zu Dschigme, am nächsten Tag müsse ich unbedingt nach Hause und nach den Kindern schauen. Aber alle Nachrichten, die uns erreichten, besagten nur, daß sich die Lage stündlich verschlechterte. Die Spannung wuchs, und man erwartete jeden Augenblick das Bombardement.

Am nächsten Morgen versuchte ich nach Hause zu gehen, aber es war zu gefährlich, weil hier und dort Schüsse fielen. Auch dieser Tag verging in fürchterlicher Anspannung. Gegen vier Uhr nachmittags bat mich Tsering Dölma, nach Gyatso, ins Sommerhaus der Familie Seiner Heiligkeit zu gehen, das man in etwa fünfzehn Minuten zu Fuß vom Norbu-Lingka-Palast aus erreichen konnte. Sie erlaubte mir, dort alles Nötige zu benutzen. Ich verließ den Palast in Begleitung zweier Leibwächter Seiner Heiligkeit, denen Tsering Dölma befohlen hatte, mich zu schützen. Mein treuer Diener Taschi war auch bei mir.

Als wir nach Gyatso kamen, wo Tsarong und Pema Dolkar früher einmal gewohnt hatten, gaben mir die freundlichen Diener ein Zimmer. Ich wartete, grübelte, überlegte, wie ich nach Hause kommen könnte. Ziemlich spät abends erschien dann Dschigme, und wir unterhielten uns die ganze Nacht ohne zu schlafen. Dschigme sagte mir, wenn Seine Heiligkeit nach Indien ginge, sei es seine Pflicht, ihn zu begleiten, denn er sprach als einziger Englisch. Er mußte also im Norbu-Lingka-Palast bleiben und sagte mir, ich sei nun auf mich selbst gestellt. Das war sehr traurig, aber es ließ sich nicht ändern. Mir blieb nur das Gebet. Ich gab Dschigme meinen Ring als Andenken, falls wir uns nicht wiedersehen würden. Ich sagte, ich wolle ins Drepung-Kloster gehen und dort abwarten, wie sich die Lage weiterentwickele. Aus irgendeinem Grunde hatte ich Vertrauen ins Drepung-Kloster, das größte in Tibet, wo man sich 1912, als die fürchterliche Tragödie über unsere Familie hereingebrochen war, so liebevoll um meine Mutter gekümmert hatte.

Die Morgendämmerung kam, und bei Sonnenaufgang kehrte Dschigme in den Norbu-Lingka-Palast zurück.

Als ich Taschi sagte, wir müßten auf jeden Fall versuchen, nach Hause zu kommen, beharrte er darauf, es sei unmöglich wegen der Schießerei. Ich teilte ihm mit, daß wir zum Drepung-Kloster gehen würden, das nur etwa drei Kilometer vom Norbu Lingka entfernt ist. Die Diener wollten mich begleiten, weil es zu gefährlich sei, nach Lhasa zurückzugehen. Sie wußten nichts von meinem Plan, ins Drepung-Kloster zu gehen. Sie versicherten mir, sie hätten genug Nahrung, um eine Zeitlang durchzuhalten, und es würde mir nicht schlechtgehen. Aber ich hoffte im stillen noch immer, ich könnte irgendwie nach Hause gelangen. Nachdem ich den Dienern gedankt hatte, brachen wir auf. Taschi trug Lotschen Rimpotsches altes Kleid.

Auf der Hauptstraße hörten wir Schüsse, und obgleich ich um jeden Preis nach Hause wollte, hatte ich nicht den Mut, mich ins Gewehrfeuer zu wagen. Statt dessen gingen wir zum Drepung-Kloster. Als wir den Berg erklommen hatten, erblickte ich den Tempel, in den mich mein Vater hatte rufen lassen, einen Tag, bevor man ihn ermordete.

Im Kloster suchte ich zwei Mönche, alte Freunde von uns, aber es fand gerade eine Gebetsversammlung statt, und wir mußten warten. Ich bat Taschi, inzwischen eine Unterkunft für mich zu besorgen, denn in der Schule des Klosters wurden auch Frauen aufgenommen. Wie sich herausstellte, nahm man jedoch in diesen wirren Zeiten keine Frauen auf. Ich schickte Taschi nach Tema, wo das einzige weibliche Staatsorakel lebte; ihr Mann Senangse war mein Vetter. Senangse gab Taschi eine Botschaft mit, in der es hieß, ich sei selbstverständlich in ihrem Hause willkommen. Er bot mir ein Pferd an, falls ich eines brauche.

Während ich noch überlegte, ob ich nach Tema gehen sollte, brachte mir Dschigmes Diener Norbu eine Nachricht, in der Dschigme mir empfahl, sieben Kilometer weiter zum Namka-Gut zu gehen, das Yangdol und ihrem Mann gehörte. Ich bat unsere beiden Mönchsfreunde, mich als Söhne zu begleiten, weil ich einen der vielen chinesischen Wachtposten passieren mußte. Sie waren einverstanden, und im Ort unterhalb des Drepung-Klosters schlüpfte ich in Lotschen Rimpotsches Nonnenkleidung und verbarg mich hinter einigen hohen Felsen, während Taschi mein hübsches neues Sergegewand gegen eine schmierige alte schwarze Woll-*Tschuba* vertauschte. Ich trug ganz neue herrlich bestickte tibetische Stiefel, die ich nicht wechseln konnte. Ich rieb sie mit Schmutz ein, verbarg mein künstliches Gebiß, puderte mein Haar mit *Tsampa* und band ein schmutziges Kopftuch um. Auf der Hauptstraße schickte ich Taschi und Norbu vor und folgte ihnen mit den beiden Mönchen in einem Abstand von etwa 50 Metern. Der Wind blies schon bald den Staub von meinen Stiefeln, und ich wußte nicht, was ich tun sollte; wäre ich barfuß gegangen, hätten die Soldaten sofort etwas gemerkt, also schmierten wir einfach noch mehr Schlamm darauf. Gegen fünf Uhr erreichten wir den chinesischen Posten – es führte kein Weg daran vorbei. Ich lehnte mich einige Minuten lang auf eine Brückenmauer, und ein tibetisches Mädchen mit einem Tablett voller Süßigkeiten und Zigaretten, die an Reisende verkauft wurden, musterte mich eingehend. Vier chinesische Soldaten, die mit schußbereiten Maschinenpistolen in der Hand dastanden, schauten mich eindringlich an, aber ich vertraute darauf, daß mich Dölma beschützte, und ging langsam an ihnen vorbei. Taschi und Norbu waren noch immer etwa 50 Meter vor uns, und niemand wurde angehalten.

Wir gingen querfeldein und fragten uns nach Namka durch, das dicht an der Hauptstraße lag. Wir kamen ziemlich spät auf dem Gut an. Der Verwalter und seine Frau begrüßten uns, man gab uns zu essen und führte mich in den besten Raum. Die

Leute rieten mir, am nächsten Tag in das Haus eines Leibeigenen überzusiedeln, dann könne man abwarten, wie sich die Lage entwickele. Ich wollte lieber weiterziehen, an einen Ort, wo ich Lhasa aus der Ferne sehen konnte, und beschloß, zur Meierei Seiner Heiligkeit bei Maling zu gehen, weil ich den Aufseher gut kannte. Der Verwalter stellte mir ein Pferd zur Verfügung.

Wir alle übernachteten in Namka, und früh am nächsten Morgen kehrten die Mönche zum Drepung-Kloster und Norbu nach Lhasa zurück. Ich bat Norbu, zu versuchen, meinen ältesten Enkel in Maling zu erreichen. Außerdem solle er meine Toilettensachen, eine Dose Kaffee, Zucker und meine beiden Maultiere mitbringen; ich wollte die Reittiere gern haben, weil ich unmöglich einen ganzen Tag auf den Beinen sein konnte und ahnte, daß ich noch einen weiten Weg vor mir hatte.

Bevor Taschi und ich Namka verließen, sagte uns die Frau des Verwalters, sie habe gehört, Seine Heiligkeit sei heimlich aus Lhasa geflohen, und zwar in jener Nacht, als Dschigme und ich in Gyatso miteinander gesprochen hatten.

Es war noch früh, als wir die kleine Meierei bei Maling, fünfzehn Kilometer vor Lhasa, erreichten. Es gab zwar nur eine Hütte, aber ich bat den Melker, mich ein paar Tage zu beherbergen, und sagte, ich würde gern draußen übernachten, denn ich wußte, daß nur er in der Meierei schlafen durfte. Er begrüßte mich herzlich und versicherte mir, ich könne ruhig in der Hütte schlafen. Vier Khampa-Soldaten hatten ihr Lager in der Nähe aufgeschlagen, und ihre 20 Maultiere grasten friedlich. Von hier aus konnte ich den Norbu Lingka und den Potala sehen.

Nachmittags kehrte Norbu allein zurück; er sagte, es sei zu gefährlich, ein Kind aus Lhasa herauszubringen. Er hatte weitere Nachricht von Dschigme, der mir mitteilte, er sei noch im Norbu-Lingka-Palast. Von der Flucht Seiner Heiligkeit erwähnte er nichts, und er verlor auch kein Wort über seine eigenen Pläne für die Zukunft. Ich fragte mich, ob das bedeutete, daß er Seiner Heiligkeit folgen wolle. Weil Norbu sofort zurückkehren mußte, konnte ich nur eines der Reittiere behalten; zu Fuß hätte er keinesfalls vor Einbruch der Dunkelheit den Wachtposten erreicht und konnte in große Schwierigkeiten geraten. Ich ließ ihn also zurückreiten und bat ihn, den anderen Dienern aufzutragen, sie sollten sich gut um meine Schwiegermutter und die Kinder kümmern. Weiterhin solle er ihnen sagen, sobald sich die Lage gebessert habe, würde ich nach Hause kommen. Er verließ mich mit Tränen in den Augen.

Bis nach zehn Uhr unterhielt ich mich mit dem Melker, dann war ich so müde, daß ich etwa fünf Stunden auf der Erde schlief. Wir erwachten, als das Bombardement auf Lhasa einsetzte, das wir so sehr gefürchtet hatten. Zunächst fiel eine Granate, dann folgten weitere, und schließlich waren es so viele, daß man die einzelnen Salven nicht mehr zählen konnte. Die Khampas, die draußen unter dem Fenster geschlafen hatten, erwachten sofort und sagten: «Jetzt hat der eigentliche Kampf begonnen – wir müssen aufbrechen.» Sie galoppierten mit ihren Maultieren fort. Der Melker weinte und warf sich verzweifelt vor seinem Altar auf die Erde: «Mein Gott, die Teufel beschießen den Norbu-Lingka-Palast!» Ich tröstete ihn und sagte, ich hätte schon gehört, Seine Heiligkeit habe Lhasa verlassen und sei in Sicherheit – aber ich wußte, daß Dschigme noch im Norbu Lingka war und daß die ganze Stadt in die Luft gejagt werden würde. Ich glaubte nicht, daß ein einziger Mensch dieses entsetzliche Bombardement überleben würde, und betete zu Dölma und bat sie um Schutz für alle.

Ich konnte nur abwarten und nachdenken. Bei Sonnenaufgang verstummte der entsetzliche Höllenlärm. Ich war zu dem Schluß gekommen, daß Taschi und ich nicht in der Meierei bleiben konnten, weil man uns hier leicht finden und töten konnte. Ich sagte also dem Melker, uns bliebe keine andere Möglichkeit, wir müßten weiter nach Indien. Er bat mich zu bleiben, sagte, die Lage sei überall gleich, und es gäbe für uns nichts Sicheres, als mit ihm abzuwarten, was geschähe. Ich erwiderte, wir müßten fliehen, weil die Chinesen schon bald nach mir suchen würden – und dann gerieten nicht nur Taschi und ich, sondern auch er selbst in höchste Lebensgefahr.

Hastig schrieb ich einige Zettel für Dschigme und unsere Töchter, wobei ich die komplizierte Dichtersprache benutzte und keine Namen nannte, falls sie in falsche Hände geraten sollten. Ich teilte ihnen mit, daß ich fliehen müsse, um der Gefangenschaft zu entgehen, und daß ich, falls ich durchkäme, den Rest meines Lebens der Suche nach der Wahrheit widmen wolle. Meine Gebete und meine Liebe würden stets bei ihnen weilen. Ich schrieb, die Sonne werde die dunklen Wolken vertreiben, und bat sie, niemals den Mut und den Glauben aufzugeben, denn nur durch die Auseinandersetzung mit Schwierigkeiten könne sich unser *Karma* entwickeln. Ich mahnte, niemand von uns könne seinem Schicksal entgehen, und bat meine Lieben, falls sie noch am Leben waren, stets zu beten und daran zu denken, daß unser *Karma* einen tieferen Sinn hat.

Ich übergab die Zettel dem Melker und bat ihn um ein Reittier. Ich bekam sein kleines Pferd, Taschi ritt auf dem Maultier. Der Mann weinte wie ein Kind, als ich ihm dankte und mich verabschiedete. Auch mir war traurig ums Herz, aber ich hielt meine Tränen zurück. Mein treuer Diener Taschi war ruhig und schweigsam wie immer.

18 Meine Flucht nach Indien

Als Taschi und ich gegen acht Uhr Maling verließen, war alles still. Aber noch bevor wir die Hauptstraße erreicht hatten, begann die entsetzliche Schießerei aufs neue.

In der Nähe der Nethang-Klippe sahen wir auf dem hohen Berg oberhalb der Straße etwa 20 Khampas und Einheimische. Taschis Maultier kam ziemlich schnell voran, aber mein kleines Pony setzte nur zögernd einen Fuß vor den anderen, so daß ich ein wenig zurückblieb. Wir wußten, daß einige Khampas sehr ungehobelt und grob waren; Taschi wartete deshalb auf mich, um zu fragen, wie er sich verhalten solle, wenn wir die Männer, die uns nicht aus den Augen ließen, erreichten. Ich riet ihm, einfach weiterzureiten. Als er meinen Rat befolgte, stürzten die Khampas den Berg herab, zerrten den armen Taschi vom Maultier und schlugen mit Dolchen und Stöcken auf ihn ein. Ich sprang vom Pferd, lief auf die Männer zu, warf mich vor ihnen auf die Erde und bat sie, meinen Sohn zu verschonen. Sie sahen sehr grimmig aus und sagten, er sei unverschämt und einfach weitergeritten. Darauf erwiderte ich, wenn ihnen nach Prügeln zumute sei, sollten sie sich lieber mit den Chinesen herumschlagen, anstatt uns arme Landleute zu überfallen. Das machte Eindruck auf sie, und als sie bemerkten, daß ich keine Zähne mehr hatte, hielten sie mich für eine alte Bauernfrau. Wiederum verneigte ich mich und bat sie, uns passieren zu lassen. Sie fragten, wohin wir wollten, und ich antwortete, wir seien nach einem Besuch bei Verwandten im

Drepung-Kloster auf dem Heimweg nach Tschusul. Sie durchsuchten unsere Taschen, und ich bekam einen gehörigen Schrecken, als sie meine Toilettensachen, die Dose Kaffee und den Zucker fanden – Dinge, die Landleute im allgemeinen nicht bei sich haben –, aber sie waren so aufgeregt wegen der Schießerei, die in vollem Gange war, daß sie nicht weiter darauf achteten und uns einfach mit einem Reiter vorausschickten, der uns zu ihrem Anführer im Hauptquartier bei Nethang bringen sollte.

Es dauerte nicht lange, bis wir unser Ziel erreicht hatten, denn unser Begleiter schlug ziemlich derb auf die Reittiere ein. Mein kleines Pferd vergaß vor Schreck, wie wild es trabte. Vor dem Hauptquartier der Khampas kamen wir noch an eine kleine Brücke; hier schlug der Führer erneut auf mein Pony ein, es strauchelte und warf mich ab. Glücklicherweise wurde ich nicht in den Fluß geschleudert und kam mit einigen Kratzern an Wange und Händen davon. Später mußte ich jedoch feststellen, daß ich meine Gebetsperlen bei dem Sturz verloren hatte. Als wir das Hauptquartier, ein zweistöckiges Landhaus, das man beschlagnahmt hatte, erreichten, blieb Taschi draußen bei den Tieren. Mich führte man in einen großen Raum, in dem sechs oder sieben Männer auf Matten saßen. Ich grüßte, nahm meinen Hut ab und beugte mich hinab, um dem Ältesten zu erklären, daß wir aus Lhasa kämen, da erhob er sich, grüßte und sagte: «Oh, gnädige Frau, willkommen! Bitte nehmen Sie Platz und erzählen Sie.» Ich hatte ihn noch nie gesehen, aber als ich ihn verwundert fragte, woher er mich kenne, erwiderte er: «Wir alle kennen Sie selbstverständlich.» Er befahl seinen Leuten, das Zimmer des Anführers zu öffnen, führte mich hinein und reichte mir Tee mit den Worten: «Ich bin Rabge, der Zahlmeister dieser Armee.» Ich sagte ihm, ich wolle mit dem Anführer sprechen, denn mein Diener und ich befänden uns auf der Flucht nach Indien. Ich setzte ihm ausführlich meine Situation auseinander, und er sagte schließlich, ich hätte ohne weiteres die Kinder mitbringen können, wenn ich ein paar Tage früher gekommen wäre, wie die Mutter und die Frau des

Surkhang-*Schap-pē* zum Beispiel. Die Khampas hatten ihnen geholfen, daß sie der Gesellschaft Seiner Heiligkeit hatten folgen können, die von 50 außerordentlich tapferen Soldaten begleitet wurde. «Macht nichts», fügte er hinzu, «es ist wunderbar, daß wenigstens Sie fliehen konnten. Unser Anführer ist ein guter Mensch, der Ihnen gewiß alle erdenkliche Hilfe zuteil werden läßt.» Als er mir erzählte, daß sein Vorgesetzter zur Ramagang-Fähre geritten sei, die ganz in der Nähe des Norbu-Lingka-Palastes war, wollte ich gleich zurückreiten und ihn um eine Eskorte bitten; aber Rabge riet mir, nicht nach Lhasa zurückzukehren, solange es derart gefährlich war, und versprach mir, dafür zu sorgen, daß ich mit dem Hauptmann sprechen konnte, sobald er zurück war. Seine Worte stimmten mich gleichzeitig froh und traurig.

Es waren gegen zehn Uhr morgens. Wir hatten März, und es war ziemlich frisch. Rabge schien großen Einfluß zu besitzen, denn er rief den Vorsteher von Nethang zu sich und befahl ihm, eine Unterkunft für mich zu besorgen. Der Mann sagte, ich könne in Dölma Lhakhang bleiben – einem etwas entlegenen Tempel, den ich kannte –, aber ich bat Rabge, uns lieber im Hauptquartier warten zu lassen; man wies uns einen kleinen leeren Raum im Erdgeschoß zu, dicht neben dem Zimmer des Hauptmanns. An der Wand hing ein Bild Seiner Heiligkeit, das mit einer Schärpe geschmückt war, und weil ich stets auf Hinweise und Vorzeichen achtete, schien mir dies ein Omen dafür zu sein, daß ich Indien erreichen und Seine Heiligkeit wiedersehen würde. Das erfüllte mich mit Zuversicht.

Taschi ging hinaus, um die Tiere zu füttern, holte heißes Wasser und brachte mir *Tsampa*. Wir warteten und warteten. Die Khampas waren sehr geschäftig; ich wußte eigentlich nicht recht, was vor sich ging, denn auch die Leute des Ortes eilten hin und her und brachten Futter für die Tiere der Khampas. Einige Leute steckten den Kopf durch die Tür und schauten in den kleinen Raum, wo Taschi und ich auf der Erde saßen, und wenn sie mich fragten, wer ich sei, erwiderte ich, ich sei die

Frau eines Armeeoffizieres. Es war ein langer Tag, und ich fürchtete, die Chinesen würden auch Nethang beschießen, weil es ja das Khampa-Hauptquartier war. Zweimal schaute Rabge herein und versprach, mich gleich zu benachrichtigen, wenn der Anführer zurückkehrte – aber als schließlich die Dunkelheit hereinbrach, waren weder die Chinesen noch der Anführer der Khampas aufgetaucht.

Um zehn Uhr endlich hörten wir lautes Hufegetrampel, der Anführer kam mit seinen Leuten heim. Man sagte mir, sie seien völlig durchnäßt, weil sie den Kyitschu-Fluß durchschwimmen mußten. Der Hauptmann ließ mir sagen, er habe jetzt keine Zeit, mich zu empfangen, man werde mich jedoch unverzüglich mit 300 Khampas nach Gongar bringen, wo wir uns sehen könnten. Ich sagte Rabge, ich hätte Angst, Taschi und ich könnten zurückbleiben, weil unsere Tiere schwach seien und die Khampas sehr gute, schnelle Pferde hätten. Er versprach, langsam neben uns herzureiten.

Nach einem fünfstündigen Ritt unter funkelndem Sternenhimmel rief uns ein Khampa zu, der Anführer werde seine Reise in Dschangme für eine Weile unterbrechen, die anderen sollten in Dschangto warten. Rabge versprach, eine Unterkunft für mich zu besorgen. Die Dorfbewohner warteten schon auf die Khampas, und man wies mir eine kleine Hütte zu, die eher einem Kuhstall glich, in der ich einige Stunden ausruhte. Ein Dorfbewohner goß mir eine Schöpfkelle Tee in den roten Emaillebecher, den mir die Frau des Verwalters von Namka mitgegeben hatte. (Außer diesem Becher besaß ich nur noch eine Uhr und einen Füllfederhalter.) Ich konnte nicht schlafen; Taschi war draußen und kümmerte sich um die Tiere.

Beim ersten Hahnenschrei ritten wir weiter; es war noch ziemlich dunkel, und die Khampas murmelten Gebete oder unterhielten sich. Einige fragten mich, wer ich sei, und ich sagte ihnen, ich sei die Herrin von Taring, die Tochter Tsarongs. Einer erkundigte sich, wo Tsarong *Dzasa* jetzt sei. Ich erwiderte, soweit ich wisse, befinde er sich in Schol, in der Nähe des Potala.

Bei Sonnenaufgang erreichten wir die kleine Stadt Tschusul, wo man mir Tee und *Tsampa* gab. Ich bat Rabge um Futter für unsere Tiere, und als sie gefressen hatten, ritten wir zur Tschaksam-Fähre weiter, wo Tsarong einst die Chinesen aufgehalten hatte. Weil wir gemeinsam mit dem Zahlmeister der Khampas reisten, konnten wir den Fluß ungehindert überqueren; alle waren ausgesprochen höflich, und man ließ mich ins erste Boot steigen. In jedem Boot befanden sich etwa 20 Männer und Pferde, und innerhalb einer Stunde hatten wir alle das jenseitige Ufer erreicht. Über uns auf dem Berg lag das Tschaksam-Kloster, und ein Khampa rief Rabge mit lauter Stimme zu, ich solle ins Kloster kommen, um mit dem Anführer zu sprechen. Ich kletterte den Berg hinauf und erhielt Tee; eine Stunde später teilte man mir mit, ich solle nach Gongar weiterreiten, weil der Anführer derart beschäftigt sei, daß er keine Zeit für mich habe.

Es war ein herrlicher sonniger Morgen, als Rabge, Taschi und ich mit etwa 60 Khampas weiterritten. Die übrigen hatten sich zerstreut. Ich dachte fortwährend über die Lage in Lhasa nach, fragte mich, ob Dschigme bei dem Bombardement getötet worden war und ob die Kinder und meine Schwiegermutter noch lebten. Ich konnte ihnen nicht helfen, ich konnte nur Dölma um ihren Schutz für meine Lieben anflehen. Aber ich wußte, daß ich durch diesen grausamen Angriff der Chinesen, durch dieses fürchterliche Erlebnis, eine Entwicklung durchgemacht hatte, die es mir ermöglichen würde, Dschigme, meinen Kindern und allen, die ebenso litten wie wir Tibeter, zu helfen. Ich dachte daran, als Einsiedlerin auf den Hochebenen Indiens zu leben, sagte mir, daß ich stets eine gläubige Buddhistin gewesen war und daß ein Schritt hin zur Erleuchtung mit Schmerzen, nicht aber mit Vergnügen verbunden ist.

Als wir auf einem schmalen steinigen Pfad am Kyitschu-Fluß entlangritten, konnte ich noch immer die Berge von Lhasa erkennen, und mein Herz weilte bei den Kindern. Die Khampas erzählten mir, wie sie sich hinter einem Felsen verborgen und vier Lastwagen mit jungen chinesischen Soldaten beschossen hatten, so daß sie gleich in den Fluß stürzten. Die Soldaten hatten sich durch Erheben des Daumens ergeben, aber man hatte sie gnadenlos umgebracht. Als ein Khampa nachsehen wollte, ob auch wirklich alle tot waren, wurde er von einem Überlebenden erschossen.

Sobald die gefährlichen Klippen hinter uns lagen, ritten die Khampas, so schnell ihre Pferde sie trugen, und Taschi und ich blieben zurück; aber Rabge ritt geduldig an unserer Seite. Gegen drei Uhr nachmittags erreichten wir Gongar, wo Rabge mich in einem Haus warten ließ. Er selbst ritt weiter und versicherte mir, man würde mir Bescheid sagen, wenn der Anführer käme. Taschi erhitzte Wasser, wir aßen einige Kartoffeln, und ich trank eine Tasse schwachen Kaffees – ich versuchte, mit dem Inhalt der kleinen Dose so sparsam wie möglich umzugehen.

Während wir warteten, besuchte mich ein höflicher alter Bauer. Ich bat ihn, sich zu setzen, und er sagte: «Eine dunkle Wolke hat sich über uns zusammengeballt.» Er erzählte mir, Seine Heiligkeit sei einige Tage zuvor durch den Ort gezogen, er habe die Dorfbewohner gesegnet und ihnen erklärt, es sei besser für ihn zu fliehen, als von den Chinesen verhaftet zu werden, und er hoffe, schon bald wieder heimkehren zu können. Obgleich ihm die Menschen glaubten, waren sie sehr traurig.

Ich fragte ihn, ob es eine Möglichkeit gäbe, Pede zu erreichen, ohne daß man den Kampala, den hohen Paß in der Nähe von Gongar, überschreiten müsse. Ich hatte diesen Paß viele Male überquert und fürchtete mich; an bestimmten Stellen konnte man nämlich einen Menschen in die Tiefe hinabstürzen, ohne daß es jemand merkte. Er kannte einen anderen Weg, den er selbst immer benutzte, und auf meine Frage, ob er mir einige Maultiere verkaufen wolle, erwiderte er, er habe ein sehr kräftiges Tier, das ich mir anschauen könne, wenn ich abends in seinem Haus Rast machte. Ich nahm seine Einladung an und bat ihn, von meinen Kartoffeln zu nehmen, allerdings ohne Erfolg. Dann erzählte ich ihm von mir und meiner Familie, und er klagte: «All unsere Sorgen wurden durch diese chinesischen Bettler verursacht: Was haben wir getan, daß wir so unter ihnen leiden müssen?» (Die Tibeter nannten die Chinesen hinter ihrem Rücken stets «Bettler».) «Ich weiß, warum Ihr guter Vater und sein Sohn getötet wurden.» Er wiegte den Kopf hin und her und schien großes Mitleid zu haben. Als ich ihm sagte, daß ich all meine Angehörigen in Lhasa zurückgelassen hatte, sagte er: «Ich kann Ihnen keinen Vorwurf machen, *Lhatscham.* Kommen Sie in mein Haus, und wenn Ihnen das Maultier gefällt, können Sie es später bezahlen, wenn Seine Heiligkeit zurückkehrt.»

Gegen sechs Uhr rief mich Rabge zum Anführer Tschangbu Lhagyal, und weil es bei uns Sitte ist, nicht mit leeren Händen zu kommen, brachte ich ihm eine Schärpe, die ich mir geliehen hatte. Rabge ließ mich in der Küche des Hauptquartiers warten, während er in den Raum ging, in dem der Anführer weitere Maßnahmen mit dem *Dzongpon* besprach und seine Männer anwies, hierhin und dorthin zu reiten. Zwar war ich nicht allein in der Küche, aber niemand sprach mich an, weil ich auf einer schmutzigen, schwarzen, fettigen Fellmatte neben dem Wasserbehälter an der Tür saß. Die ganze Zeit über weilten meine Gedanken bei Dschigme und den Kindern, aber ich konnte mit niemandem über meinen Schmerz sprechen. Während ich wartete, kamen viele Khampas und Eseltreiber herein. Sie unterhielten sich über den Krieg, und die Khampas meinten, unsere Soldaten seien nicht stark genug, um den Chinesen auf die Dauer Widerstand leisten zu können. Dennoch machten alle einen gutgelaunten Eindruck – sie unterhielten sich, lachten, gingen ein und aus. Ich verhielt mich ruhig, und nur gelegentlich warfen sie mir einen Blick zu. Der Koch des Hauptmanns kochte einen großen Topf *Thukpa* (*Tsampa* und Gemüsesuppe) und jeder, der hereinkam, brachte einen hölzernen Napf mit und erhielt vier oder fünf Kellen Suppe.

Ich wartete geduldig etwa fünf Stunden. Unterdessen bekam es der arme Taschi mit der Angst, er kam herein, um nach mir zu schauen. Ich sagte ihm, ich müsse weiterhin warten, denn ohne ein Schreiben von Tschangbu Lhagyal würden wir niemals durch das unruhige Gebiet hindurchkommen. Gegen elf Uhr wurde es still in der Küche, aber Rabge war noch immer bei dem Anführer. Schließlich sagte der Koch: «Wenn Sie den Chef noch sehen wollen, gehen Sie lieber gleich hinein, die meisten sind jetzt fort.» Ich bedankte mich, betrat das Zimmer, legte meine Schärpe auf den Tisch, grüßte und sagte dem Anführer, daß mich die Chinesen, wenn ich ihnen in die Hände fiel, zweifellos ins Gefängnis werfen und zu Tode foltern würden. Tschangbu Lhagyal war ein netter, freundlicher Mann Ende 30. Er bat mich, Platz zu nehmen, beglückwünschte mich zu meiner Flucht, bedauerte jedoch, mir mitteilen zu müssen, daß Taring *Dzasa* sich nicht im Gefolge Seiner Heiligkeit befinde: er hatte den Zug begleitet und mußte es wissen. Er fügte hinzu: «Gern will ich Ihnen einen Begleitbrief geben – über welches Land wollen Sie denn nach Indien?» – «Über Bhutan», erwiderte ich, und er versicherte mir, daß auf dieser Route noch keine Chinesen seien. Er fragte jedoch: «Werden die Bhutanesen Sie auch durchlassen?» Noch ehe ich etwas sagen konnte, erwiderte Rabge schon: «Ja, das werden sie. Die Frau ihres Premierministers ist nämlich Tsarongs Tochter, ihre Königin Taring *Dzasas* Cousine.» Als ich um ein Geleit bat, erklärte mir der Anführer, er brauche alle Männer für den Kampf und könne nicht einen einzigen entbehren; er schlug jedoch vor, ich solle mich einigen Khampa-Lamas und ihren Familien anschließen. Das wollte ich auf keinen Fall, weil sie mir viel zu langsam vorankamen. Ich bat ihn, mir einen Einheimischen als Führer mitzugeben, und er befahl dem *Dzongpon*, der sich verhielt, als sei ein *Schap-pē* anwesend, und den Kopf gesenkt hielt, am nächsten Morgen einen Mann zu schicken. Danach schrieb Rabge einen Brief, in dem alle Khampas gebeten wurden, uns zu helfen, und der Anführer sagte mir, ich solle vorsichtig sein.

Es war inzwischen Mitternacht, und Taschi und ich schliefen noch einige Stunden. Der Verwalter in Namka hatte mir einen Wollteppich geschenkt, der arme Taschi jedoch mußte auf der nackten Erde schlafen, dennoch beklagte er sich nie. Vor Tagesanbruch holte er *Tsampa* und heißes Wasser für meinen Kaffee, und bei Sonnenaufgang ritten wir los. Unser Führer war ein netter, einfacher Bauer in weißer *Tschuba* aus selbstgewebtem Wollstoff; er schritt neben mir einher und erzählte eine Menge über die Gegend, durch die wir reisten. Es war ein zauberhafter, windstiller Frühlingsmorgen, und in der Ferne konnte ich die Hügel von Lhasa erkennen. Ich floh aus der Heiligen Stadt, aber meine Gedanken weilten noch immer dort.

Die Nacht verbrachten wir im Haus des freundlichen alten Mannes, der mir ein Maultier verkaufen wollte. Er führte uns in den Gebetsraum, gab uns *Tsampa* mit auf den Weg und bat seine Frau, mir Kartoffeln zu reichen. «Die Dame mag Kartoffeln gern, und das ist etwas, das wir Bauern ihr geben können.»

Der alte Mann bestand darauf, daß ich sein kräftigstes Maultier nahm, das er für etwa fünfzig Pfund Sterling von einem Händler gekauft hatte. (Gute Reittiere waren in Tibet teuer; sie stammten ausnahmslos aus Xining in der Nähe der chinesischen Grenze, denn unsere eigenen Maultiere waren klein und schwach.) Weil ich kein Geld hatte, sagte er: «Geben Sie mir eine Quittung, das ist ebenso gut, als würde man Gold in den Bergen vergraben. Wir können das Geld jederzeit verlangen.» Heute drückt mich diese Schuld, und jedesmal, wenn ich etwas Gutes tue, denke ich an den alten Mann und bete, meine Verdienste möchten auf ihn übergehen.

Als wir aufbrachen, ritt ich auf Taschis Maultier, und Taschi nahm das andere Tier; mein kleines Pony folgte uns mit hängenden Zügeln. Ein älterer Mann auf einem kleinen kastanienbraunen Pferd überholte uns, und ich fragte ihn höflich nach dem Weg zum Khampa-Hauptquartier. Er erwiderte, es befinde sich im Mending-Haus, einem Gut, das die Mending-Familie von der Regierung gepachtet hatte. Wir kannten diese

Familie gut und hatten häufig dort übernachtet, wenn wir auf der Durchreise waren. Weil jedoch der Hauptmann der Khampas in Mending war, beschloß ich, nach Pede Dekhang weiterzureiten, einem Gut, das ebenfalls Bekannten gehörte. Ich hatte Herzklopfen; wir durften so wenig wie möglich auffallen, und so stiegen wir von unseren Maultieren, und Taschi führte sie am Zügel. Unterwegs trafen wir Mending *Pala*, das Oberhaupt der Mending-Familie, der mich sofort erkannte und begrüßte. Ich trug alte Kleider und nahm in der Nähe eines Ortes stets mein Gebiß aus dem Mund; seine Augen füllten sich bei meinem Anblick mit Tränen. Er sagte: «Wie sind Sie hierhergekommen? Was ist mit Ihrer Familie geschehen?» Ich brachte einige Augenblicke kein Wort heraus, weil meine Kehle wie zugeschnürt war. Dann erzählte ich, wie ich zum Fuchs geworden war, den der Jäger hetzte, wie ich versuchte, in jedes Loch zu kriechen, und wie ich schließlich Lhasa hatte verlassen müssen, nach dem entsetzlichen Bombardement, das mir jede Hoffnung genommen hatte, meine Angehörigen je wiederzusehen. Er riet mir, mich sofort bei den Khampas zu melden und eine Unterkunft für die Nacht zu suchen. «Gehen Sie sofort zum Hauptquartier, der Anführer hat nämlich nicht viel Geduld. Gegen Abend hat er keine Lust mehr, noch große Worte zu machen, da schießt er einfach.» Vor dem Hauptquartier hielt ein Khampa Wache; ich zeigte ihm meinen Brief vom Anführer in Gongar und sagte, ich wolle die Nacht in Pede verbringen und mit seinem Hauptmann sprechen. Er nickte.

Es war etwa vier Uhr. In Pede Dekhang wies man mir eine kleine, schwarze, rauchige Hütte zu, und Mending *Pala* brachte einen Topf Tee, *Tsampa*, Gras und Getreide für unsere Tiere. Er riet mir, den Anführer erst am nächsten Morgen aufzusuchen, wenn er bessere Laune hatte. Mending *Pala* erzählte mir, sein Sohn, ein guter Freund von uns und ein Schüler Ani Lotschens, sei Sekretär des Anführers, und während wir uns noch über die Zerstörung Lhasas unterhielten, kam er selbst, um mir zu sagen, der Anführer Godscho Dowa wolle mich sofort sprechen. Ich hatte ein wenig Angst, spürte jedoch, daß Dölma mich beschützen würde. Ich überreichte Godscho Dowa einen geliehenen Schal, begrüßte ihn ehrerbietig, indem ich meinen Hut abnahm, und reichte ihm den Brief. Er begrüßte mich ebenfalls und bat mich, Platz zu nehmen. Man schenkte uns Tee ein, und er sagte: «Haben Sie Ihre Kinder nicht mitgebracht? Wir werden ganz gewiß unser Bestes tun, um allen tibetischen Beamten und ihren Familien zu helfen.» Wie sehr wünschte ich mir in diesem Augenblick, wenigstens einen Enkel mitgebracht zu haben, den ich meiner Tochter in Indien übergeben konnte! Aber das Schicksal wollte es anders. Godscho Dowa schrieb einen zweiten Brief, erkundigte sich, ob ich genug Lebensmittel und Geld hätte, und bot mir beides an. Er fragte auch, wo ich als nächstes Rast machen wolle, und als ich entgegnete «In Nangatse und im Talung-Kloster», sagte er, das sei auch seine Marschroute, und er wolle mich gern wiedersehen.

Am nächsten Morgen ritten wir auf dem Handelsweg weiter und begegneten vielen Khampas und langen Karawanen von Maultieren und Eseln. Wir erreichten Nangatse gegen zehn Uhr und hielten an, um im Hofe eines Hauses zu frühstücken. Kurz darauf kam auch Godscho Dowa an und ließ mich zu sich rufen. Er erkundigte sich noch einmal, ob ich Hilfe brauche, und wünschte mir eine gute Reise. Auf dem Rückweg zu unserem Rastplatz sah ich drei Reiter, die von den aufgeregten Dorfbewohnern freudig begrüßt wurden. Wie sich herausstellte, war einer von ihnen der Abt des Talung-Klosters, Dschigmes Vetter Thubtenla. Er erkannte mich sofort und begrüßte mich höflich, was die Dorfbewohner sehr erstaunte. Sie führten mich daraufhin sofort in das Andachtszimmer. Thubtenla wollte zu den Khampas. Er bat mich, in seinem Kloster, das etwa 20 Kilometer entfernt lag, auf ihn zu warten, bis er am nächsten Tag zurückkam, und schickte einen Diener mit, der uns den Weg zeigte.

Das Talung-Kloster sieht aus wie ein kleiner Potala, weil es ebenfalls auf einem hohen Felsen steht. Thubtenlas Zimmer war ganz oben, und aus seinem Fenster blickte man über das herrliche Land, das so ruhig und friedlich dalag. Am nächsten Tag betete ich vor den Schreinen, machte mir jedoch Sorgen, weil Thubtenla nicht kam. Als er am folgenden Tag schließlich zurückkehrte, nötigte er mich, länger zu bleiben. Ich beharrte jedoch darauf, daß ich unverzüglich weiterreisen müsse, weil jeden Augenblick die Chinesen aus Lhasa oder Schigatse kommen konnten. Ich ermahnte Thubtenla, auf der Hut zu sein, denn wenn sie kamen, mußten die Mönche fliehen.

Bevor ich Abschied nahm, rief mich Godscho Dowa noch einmal zu sich, um zu fragen, ob auch wirklich alles in Ordnung sei. Die Mönche gaben mir Lebensmittel und neue Stiefel für Taschi: Thubtenla lieh mir 600 *Sangs* (etwa sechs Pfund Sterling) und packte Kerzen, Zucker, Tee, Trockenfleisch und *Tsampa* in eine Satteltasche. Er bestand darauf, daß mich Dschigdrol, ein junger Mönch, und ein Pferdeknecht bis zur Grenze nach Bhutan begleiteten. Ich war dagegen, obgleich ich wußte, daß sie nützlich sein würden, aber ich fürchtete, ihnen könne etwas zustoßen. Thubtenla hörte nicht auf meine Einwände und sagte: «Wie kann ich dich in diesem armseligen Zustand weiterreisen lassen, mit nur einem einzigen Diener?»

Im Laufe der nächsten Wochen bat ich Dschigdrol und den Pferdeknecht wiederholt, sie sollten umkehren, aber sie hörten gar nicht zu. Am zweiten Tag nach dem Aufbruch von Talung hielt uns eine Gruppe Khampas an. Sie sagten, sie hätten Befehl, niemanden in Richtung des Fluchtweges Seiner Heiligkeit durchzulassen. Wir gaben nicht auf, und weil Dschigdrol ein Mönch des Talung-Klosters war, ließ man uns schließlich weiterziehen.

Am nächsten Tag trafen wir einige Soldaten der Leibwache Seiner Heiligkeit, und auch sie waren zunächst fest entschlossen, uns zurückzuschicken. Ich fragte, wer ihr Hauptmann sei, und als ich hörte, daß es Gyapon Soté war, sagte ich ihnen, der habe bei meinem Mann gelernt, wie man mit einem Maschinengewehr umgeht, und verlangte ihn zu sehen. (Er war der junge Soldat, der um ein Haar Ngodup Wangmo getötet hatte.) Soté freute sich, mich wiederzusehen, und berichtete, er und seine Leute hätten Seine Heiligkeit sicher nach Indien geleitet und hielten jetzt Ausschau nach den Chinesen. Ich fragte, ob Dschigme bei Seiner Heiligkeit sei; er verneinte, versicherte mir jedoch, der umsichtige, kluge Taring *Dzasa* befinde sich ganz bestimmt in Sicherheit. Er fügte hinzu, er sei besonders glücklich, mich zu sehen, weil man befürchtet hatte, ich sei in Gyatso geblieben, das die Chinesen dem Erdboden gleichgemacht hatten. Auch Soté gab mir einen Brief mit für den Fall, daß sich mir weitere Hindernisse in den Weg stellten, und ich schenkte jedem Soldaten ein Stück von Ani Lotschens Kleid, das vor Kugeln schützen sollte. Einen älteren Soldaten kannte ich sehr gut; er hatte sich früher bei Festen in Lhasa dadurch ausgezeichnet, daß er besonders behutsam mit Glas und Geschirr umging. Bald nach unserer Begegnung führten diese Soldaten bei Lhuntse Dzong einen schweren Kampf gegen die Chinesen und töteten viele Feinde. Nur zwei von unseren Leuten kamen ums Leben; der Rest konnte über Bhutan nach Indien fliehen.

Unterwegs hörten wir, ein chinesisches Flugzeug sei vorbeigekommen, wahrscheinlich auf der Suche nach Seiner Heiligkeit. Alle waren tief betrübt, weil unser Land von diesen finsteren Wolken überschattet wurde.

Nachdem wir sechs Tage geritten waren und etwa neun Pässe überschritten hatten, erreichten wir Lhodak. In dem kleinen Dorf befindet sich der berühmte neunstöckige Tempel, den Milarepa für seinen Lehrer Marpa erbauen mußte. Bevor Marpa bereit war, ihn zu unterrichten, mußte Milarepa dieses Gebäude wieder und wieder abreißen und neu aufbauen, bis sein Rücken wund war vom Steinetragen – denn er war vorher ein sehr sündiger Mensch gewesen. Ich war überglücklich, diesen Tempel sehen zu können, denn ich hatte viele Gedichte Milarepas gelesen und lange und intensiv über seine Lehren nachgedacht. Ich verbrachte eine Stunde im Gebet; dann ritten wir weiter nach Longdong, das am Fuß des Monla Katschang liegt, einem fünfeinhalbtausend Meter hohen Gletscherpaß an der Grenze nach Bhutan. Normalerweise wurde dieser unzugängliche Paß nur im Sommer und im Frühherbst benutzt, aber es war der kürzeste Weg nach Bhutan.

Wir übernachteten in einer Hütte, und eine arme Frau brachte uns drei köstliche Eier. Sie sagte, sie stamme aus Lhasa und kenne meine Familie. Die Dorfbewohner meinten, ich hätte Pech gehabt. Wäre ich nämlich zwei Tage früher gekommen, hätte ich mich dem Zug des Hohen Lama Gyalwa Karmapa anschließen können. Dieser habe etwa 80 Begleiter und 100 Yaks als Packtiere bei sich, die einen festen Pfad durch den tiefen Schnee trampelten, der den Paß blockierte. Man warnte uns vor den gefährlichen Spalten im Schnee, die neun bis zehn Meter tief waren und in die man leicht fallen konnte. Häufig stürzten beladene Yaks hinein, die man samt ihren Lasten erst im Sommer herausholen konnte. Dann ließ man Männer an Seilen in die Spalten hinab und zog den gefrorenen Kadaver – der gegessen wurde – und die wertvolle Salz- oder Reisladung herauf. Als Karmapa den Paß überquert hatte, war gutes Wetter, aber inzwischen hatte ein Schneesturm den Pfad verweht, und alle waren der Meinung, es sei unmöglich, ohne etliche Yaks, die einen Pfad trampelten, hinüberzukommen. Doch ich war fest entschlossen, zu gehen, was immer auch geschehen mochte. Es war zu gefährlich, einen anderen Weg zu suchen, denn überall waren inzwischen Chinesen. Weil Karmapa und sein Gefolge erst vor kurzem hinübergezogen waren, hatte ich mehr Hoffnung auf Erfolg.

Ich bot demjenigen, der uns hinüberführte, 100 *Sangs*, und sofort war ein Dorfbewohner bereit, weil der normale Preis nur bei etwa 20 *Sangs* lag. Erneut bat ich Dschigdrol und seinen Kameraden, nach Talung zurückzukehren, denn ich war sehr besorgt um sie, aber sie sagten Thubtenla habe sie gebeten, mich bis nach Bhutan zu begleiten.

Am nächsten Morgen gegen zwei Uhr verließen wir Langdong; unser freundlicher Führer schritt neben meinem Maultier einher. Es war bitter kalt, und wir ritten über einige Flüsse, die völlig vereist waren. Ich konnte nicht absteigen, um mir beim Gehen die Füße zu wärmen, weil der Pfad zu steil anstieg.

Bei Sonnenaufgang erreichten wir den Fuß des Monla Katschang und rasteten. Wir waren völlig durchgefroren. Taschi und Dschigdrol sammelten trockenes Holz und zündeten ein Feuer an. Der Himmel war strahlend blau und wolkenlos, und wenn man nach Longdong hinunterschaute, erkannte man das Gebüsch an den bräunlich gefärbten Hängen. Zur Linken lag der große Schneeberg, dessen Paß 1200 Meter höher liegt als der höchste Berg Europas, und vom Weg war keine Spur zu entdecken. Dennoch mußten wir hinauf, durften keinen Fehltritt tun, sonst würden wir in die Gletscherspalten stürzen. Wir alle hatten große Angst, daß uns hier die Chinesen überfallen könnten. Dennoch war ich dankbar für die Hilfe, die mir unterwegs zuteil geworden war, und dafür, daß ich diesen Flecken Erde sicher hatte erreichen können.

Während wir am Feuer saßen, hörten wir Glockengeläute und sahen gleich darauf sechs Yaks und zwei Männer den Paß hinunterkommen. Als wir sie nach dem Zustand des Weges fragten, sagten sie, es sei äußerst gefährlich, und sie hätten ganz vorsichtig und langsam absteigen müssen. Ich bat sie, uns mit ihren Yaks zu helfen, aber sie wandten ein, sie hätten gerade Karmapa hinübergebracht, die Yaks seien erschöpft und sie selbst wollten so schnell wie möglich nach Hause. Ich bot ihnen 100 *Sangs*, wenn sie uns bis zur Spitze begleiteten, und schließlich war einer der Männer bereit, mitzukommen; der andere nahm allerdings die Yaks mit ins Tal hinunter.

Als wir den fürchterlichen Aufstieg begannen, erkannte man keinen Pfad. Ich stolperte oft im Neuschnee, der mir bis über die Knie reichte, und einmal stürzte ich in eine hohe Schneewehe, aus der mich die anderen wieder herausziehen mußten. Bald schon glaubte ich, es sei ausgeschlossen, daß ich jemals den Gipfel erreichte, obgleich ich als Tibeterin wenigstens nicht unter der Höhe und der dünnen Luft litt. Das Wetter war herrlich, und zum Glück herrschte Windstille; ein Schneesturm wäre unser Verderben gewesen. Taschi und Dschigdrol zogen und zerrten die Maultiere voran, und unser Begleiter führte mich. Der Yakführer schritt voran und stach mit einem langen Stock in den Schnee, um den steinigen Pfad nicht zu verlieren. Wir kamen uns vor wie in einer Schale, der weiße Schnee zu beiden Seiten traf unsere Augen wie ein Blitz. Sechs Stunden brauchten wir, bis wir den Gipfel erreicht hatten. Ich betete jede einzelne Minute und war sehr dankbar, daß wir soviel Schutz erhielten. Während dieser Stunden dachte ich fortwährend an Dschigme und die Kinder. Schließlich hatten wir den Gipfel erreicht, und ich werde nie vergessen, wie schön es dort oben war. Man blickte auf Bhutan hinunter. Ringsumher lag kilometerweit Schnee. In der Ferne sah man Berge mit weniger Schnee und dichten Wäldern; ein Weg hinunter ins Tal war jedoch nicht zu erkennen.

Hier sagte ich Dschigdrol und dem Pferdeknecht, die Zeit zum Abschiednehmen sei gekommen. Sie kehrten mit dem Yaktreiber um und gingen zurück nach Tibet.

Auf dem Gipfel empfand ich große Erleichterung, weil wir jetzt in Bhutan waren – aber auch tiefe Trauer, weil wir unser Land verlassen hatten.

19 Aufenthalt in Bhutan

Beim Abstieg kümmerte sich Taschi um die Maultiere – mein armes kleines Pony hatten wir in Talung zurückgelassen. Der Führer nahm mich bei der Hand, während wir durch den makellos weißen Schnee stapften. Manchmal stürzte einer von uns in eine Schneewehe, aber wir gaben die Hoffnung nicht auf. Unser Begleiter sagte, wir müßten die Nacht in einer Höhle verbringen, die er kannte, weil schwerer Schneefall eingesetzt hatte und wir vor Einbruch der Dunkelheit kein Haus mehr gefunden hätten. Bei Sonnenuntergang erreichten wir die Höhle, die zwar groß war, aber so niedrig, daß man nicht aufrecht darin stehen konnte. Die Maultiere mußten draußen bleiben im tiefen Schnee. Taschi gab mir meinen Teppich, und ich legte mich gleich nieder, während er und der Bauer fortgingen, um Holz zu sammeln. Später saßen wir am Feuer, und der Rauch biß uns in die vom gleißenden Schnee rotentzündeten Augen, bis sie tränten. Die Nacht war extrem kalt, und die Stunden schlichen träge dahin. Ich richtete mich auf und betete inbrünstig für die sichere Heimkehr Dschigdrols und des Pferdeknechts. (Bald danach flohen Thubtenla und Dschigdrol gemeinsam aus Tibet, und ich war sehr froh, daß sie dadurch, daß sie mir geholfen hatten, nicht getrennt worden waren.) Der arme Taschi hatte nichts Warmes zum Zudecken; gewöhnlich nahmen wir die Satteldecken, aber in dieser Nacht mußten wir die Pferde damit wärmen. Meine Beine waren völlig gefühllos, und Taschis Stiefelsohlen brachen, aber wir saßen wenigstens in der Höhle und hatten ein Dach über dem Kopf. Es tat mir sehr leid, daß die armen Maultiere draußen im Schneetreiben stehen mußten.

Noch vor Sonnenaufgang verließen wir die Höhle, und unser Führer kehrte heim, nachdem er uns noch eingeschärft hatte, wir sollten uns immer links halten. Taschi gab mir einen Stock, auf den ich mich stützen konnte, und ging mit den Maultieren voran. Er blickte sich häufig um und schaute nach, ob mit mir alles in Ordnung war. Ich kann diesem treuen Diener das, was er für mich getan hat, niemals vergelten; er sprach unterwegs kaum ein Wort, fragte nur hin und wieder: «Was mag aus *Kungo* geworden sein?», denn er machte sich große Sorgen um Dschigme. Er hatte Frau und Kinder zurückgelassen, über die er kein Wort verlor. Es ist mein *Karma*, daß mir ein so treuer Freund zur Seite stand.

Je tiefer wir kamen, desto dünner wurde die Schneedecke, hier und dort kam schon der nackte Erdboden zum Vorschein, und wir erreichten die Baumgrenze. Gegen drei Uhr sahen wir Maultiere im Wald vor ein paar leeren Hütten grasen. Ich sagte zu Taschi, hier könnten wir vielleicht die Nacht verbringen, denn ich war sehr müde. Während wir uns ausruhten, kamen zwei Männer mit Yaks den Pfad entlang. Sie waren auf dem Rückweg nach Longdong, nachdem sie Gyalwa Karmapa über den Paß geführt hatten. Wir fragten, wie weit es noch bis zu den Kasernen von Bhutan sei, und erfuhren, daß Tsampa nur noch fünf Kilometer entfernt war. Die grasenden Maultiere gehörten Karmapa, der vorübergehend sein Lager bei der Kaserne aufgeschlagen hatte.

Taschi und ich setzten also den Abstieg fort, wanderten durch ein Tal mit kleinen Bäumen, zwischen denen hier und dort noch etwas Schnee lag, bis wir das kleine zweistöckige Haus entdeckten, wo im Sommer und im Herbst, wenn der Paß geöffnet war, die Grenzwachen wohnten. Wie sich herausstellte, war der Verwalter Tibeter, und einige Diener Karmapas saßen um ein gemütliches Feuer herum. Am anderen Ufer des Flusses standen die zahlreichen Zelte des Lagers, und ich fragte, wann Karmapa nach Bhutan hinabreiten wolle. Ich erfuhr von den Dienern, daß zunächst Soldaten heraufkommen würden, um die Lage zu klären.

Gyalwa Karmapa ist das Oberhaupt der Karmapa-Linie, einer Unterlinie der Kagyüpa, und weil die Sikkimesen und Bhutanesen Kagyüpas sind, achten sie den hohen Lama sehr. Er stammt aus einer Khampa-Familie und kommt gleich nach dem Dalai Lama. Er nimmt den gleichen Rang ein wie der Sakya Lama. Er und seine Gläubigen haben ein Kloster in Sikkim errichtet, und er kommt regelmäßig nach Bhutan.

Vor Einbruch der Dunkelheit kamen 20 bhutanesische Fußsoldaten mit ihrem Hauptmann, der auf einem Maultier ritt. Er ging gleich ins Haus, ich folgte ihm jedoch und bat ihn um Erlaubnis, in der Kaserne schlafen zu dürfen. Als ich ihm erklärte, ich sei die Tante der Frau seines Premierministers, gestattete er mir, daß ich mich in der kleinen Halle aufhielt, bestand jedoch darauf, daß ich am nächsten Tag nach Tibet zurück müsse. Die bhutanesische Regierung lasse gegenwärtig keine Tibeter ins Land, weil man befürchtete, Bhutan könne dadurch ebenfalls in Schwierigkeiten mit den Chinesen geraten. Er und seine Männer sollten die Grenze bewachen und Karmapa bitten, nach Tibet zurückzukehren. Ich setzte ihm auseinander, die Chinesen hätten viele bekannte und Tausende unbekannte Tibeter getötet, wir könnten unmöglich zurück. Auf seine Äußerung, er müsse seine Befehle ausführen und uns abweisen, entgegnete ich, daß ich lieber von den Bhutanesen erschossen würde, als von den Chinesen gefoltert zu werden. Ich sagte: «Wir Tsarongs haben unsere Tochter nach Bhutan gegeben, und als ich ankam, zweifelte ich keinen Augenblick, daß man uns helfen würde.» Nach vielem Hin und Her räumte er ein, er wolle erst mit Karmapa sprechen. Ich setzte mich zu einigen Dienern Karmapas in eine Ecke der dunklen Halle, während Taschi nach draußen ging, um die Maultiere zu versorgen. Er hatte gehört, daß im Wald giftiges Gras wuchs, und wollte die

Tiere nicht zum Grasen losbinden. Wir kauften also von Thubtenlas Geld Reis für die Tiere.

Ich war zwar unruhig, jedoch fest entschlossen, in Bhutan zu bleiben, selbst wenn man mich erschießen würde. Gegen zehn Uhr erschienen noch mehr Diener, und sie unterhielten sich darüber, daß man Karmapa nahegelegt hatte, nach Tibet zurückzukehren. Einer von ihnen sagte: «In Friedenszeiten haben sie unseren Gyalwa oft eingeladen, aber jetzt, in dieser schweren Zeit, sollen wir gehen. Karmapa ist jedoch entschlossen, nach Bhutan hinunterzugehen, mit oder ohne Erlaubnis.» Bei diesen Worten wurde ich noch aufgeregter und tat die ganze Nacht kein Auge zu.

Bei Tagesanbruch ging ich erneut zum Hauptmann und bat ihn um Erlaubnis, mit Karmapas Zug hinunterzusteigen. Er sagte: «Gyalwa ist entschlossen zu gehen, und ich glaube nicht, daß wir ihn aufhalten können. Aber ich habe mit seinem Sekretär über Sie gesprochen, und er hat mir gesagt, auch wenn Sie die Herrin von Taring seien, gehörten Sie nicht zum Gefolge und müßten umkehren.» Ich ließ nicht locker; schließlich gab er nach und sagte, wenn Karmapa damit einverstanden sei, daß ich mit ihm ritte, hätte er auch nichts dagegen einzuwenden. Ich bedankte mich und befahl dann Taschi, die Maultiere zu satteln, sich reisefertig zu machen und am Fluß auf mich zu warten.

Karmapas Zelte waren bereits abgebrochen. Der heilige Lama saß auf der Erde, aber anstatt ihn direkt anzusprechen, wandte ich mich zunächst an seinen Sekretär, der es für ein Wunder hielt, daß ich ganz allein mit einem einzigen Diener hatte entkommen können. Die Tsarong- und Taring-Familien verehrten Karmapa, und wir waren in Peking häufig mit ihm zusammengewesen. Er erkundigte sich nach Dschigme, und ich erzählte ihm die traurige Geschichte, wie ich nach dem fürchterlichen Angriff Lhasa verlassen hatte. Karmapa war aufgebrochen, sobald er von der Flucht des Dalai Lama erfahren hatte.

Als man mich zu Karmapa führte, verneigte ich mich dreimal und empfing seinen Segen; er war ruhig und freundlich wie immer. Mit einem netten Lächeln sagte er, er freue sich, mich zu sehen, und auch er fragte sofort nach Dschigme. Ich erzählte ihm alles. Er war damit einverstanden, daß ich mich seinem Zug anschloß. Wenige Minuten später brachen wir auf, und weil ich neben Karmapas Pferd ging, versuchte niemand, mich aufzuhalten.

Unser Weg war so steil, daß wir nur sehr langsam vorankamen; an einigen Stellen war überhaupt kein Pfad zu sehen, und wir stolperten über den nackten Fels. Diener führten die Reittiere am Zügel, an Reiten war überhaupt nicht zu denken. Manchmal mußten Pferde und Maultiere über meterhohe Felsbrocken springen, und sie stolperten oft. Aber nichts konnte uns aufhalten. Am ersten Tag waren wir 14, am zweiten 16 Stunden auf den Beinen. Weil ich seit der Flucht aus Lhasa 20 Pfund Gewicht verloren hatte, fiel mir das Gehen nicht allzu schwer. In den ersten drei, vier Stunden sahen wir hier und dort noch Schnee im Schatten des dichten Waldes, der uns zu beiden Seiten umgab, und wir kamen hin und wieder an mächtigen Wasserfällen vorbei. Karmapa war außerordentlich freundlich; jedesmal, wenn er rastete, ließ er mich rufen und mir Tee reichen. Am Ende des ersten Tages waren wir nach Einbruch der Dunkelheit noch unterwegs. Wir konnten den Pfad kaum noch erkennen, mußten jedoch noch bis Nangsig weiterreiten.

Am nächsten Abend erreichten wir gegen zehn Uhr Schabdsche Thang (das bedeutet «Ebene der Fußabdrücke»). Hier soll Padmasambava viele Fußabdrücke auf dem Fels hinterlassen haben. Als wir ankamen, zogen uns viele Bhutanesen mit Fackeln entgegen, um Karmapa zu begrüßen. Man hatte ölgetränkte Lappen um Stöcke gewickelt, und diese riesigen Lichter beleuchteten die schlechte Straße. Ich verlor jedoch Gyalwa aus den Augen und tappte hilflos im Dunkeln. In der Ferne ertönten Klostertrompeten, und die Menge strebte eilig vorwärts.

Lange nach den anderen erreichten Taschi und ich den Ort, und wir wußten nicht, wo wir übernachten sollten. Wir klopften an die Tür der Witwe des Dorfältesten, die mir freundlicherweise einen kleinen schmutzigen Raum zuwies, wo ich bleiben konnte. Im Gebetsraum waren Karmapas Leute. In Bhutan gibt es süßlich riechendes öliges Holz, das man anstelle von Kerzen und Lampen verwendet. Man gab mir einen Span davon, um damit mein Zimmer zu erhellen. Taschi wollte draußen bei den Maultieren schlafen, und nachdem ich gebetet hatte, fiel ich in einen tiefen Schlaf.

Am nächsten Morgen sah ich, daß wir uns in einer wunderschönen Gegend befanden. Berge mit ausgedehnten Kiefernwäldern säumten das Tal. Das Haus meiner Gastgeberin hatte einen recht großen Wohnraum, in dem die Familie um den Ofen herum schlief. Das Haus war sehr stabil, denn in Bhutan gibt es Holz in Fülle. Die Einrichtung allerdings war kärglich; im Gebetsraum standen lediglich eine schwarze Truhe, ein hölzerner Altar und einige Statuen. Neben dem Haus lag ein schöner kleiner Tempel, in dem Karmapa eine Woche blieb. Viele Bhutanesen kamen, und auch ich ging zu ihm. Seine Frage, ob ich etwas brauche, verneinte ich.

In meinem schmutzigen, dunklen Kämmerchen standen etwa 20 Reissäcke, auf die ich mich dicht unter das kleine Fenster setzte. Jeden Tag brachte mir Taschi morgens *Tsampa* und einen Becher Tee, mittags bekam ich Reis, und abends aß ich die Reste des Tages. (Karmapa hatte uns einen kleinen Sack Reis geschenkt, und wir besaßen noch tibetischen Tee und etwas Trockenfleisch.) Aus dem Tempel, der viele religiöse Bücher besaß, lieh ich mir ein interessantes Werk mit dem Titel «Das Vermächtnis des Kunsang Lama». Es handelte von der rechten Lebensweise und erklärte, warum jedes Lebewesen leiden muß. Die Lehre basierte auf den vier Wahrheiten: der Existenz des Leides, der Ursache des Leides, der Beendigung des Leides und dem Weg, der zur Beendigung des Leides führt. Ich wurde aufs neue daran gemahnt, daß man seinem Kummer nicht entfliehen kann. «Was entstanden ist, wird auch aufgelöst. Alle Sorgen um das Selbst sind vergebens.»

Ich las und las. Die Tage waren lang, aber meine freundliche Gastgeberin besuchte mich oft. Besaß sie auch wenige irdische Güter, so war sie doch reich an geistigen Gaben. Sie tröstete mich und sagte, ich sei schließlich die Tante der Frau des Premierministers, und es gäbe keinen Grund zur Sorge, ich müsse mich nur in Geduld fassen.

Nach einer Woche erfuhr ich, daß Karmapa eine Einladung der Tante des Königs, einem seiner Anhänger, erhalten hatte. Er sollte sie in ihrem Palast besuchen und durfte dann nach Indien weiterziehen. Ich versuchte, mich ihm anzuschließen, aber die Soldaten blieben unerbittlich. Ich müsse in Schabdsche Thang bleiben und würde vermutlich nach Tibet zurückgeschickt. Ich kümmerte mich nicht weiter um ihre Drohung und fand es ganz angenehm, in diesem gemütlichen Ort bleiben zu können, wo es viele Bücher, genug Nahrung und Futter gab. Jeden Tag ging Taschi in den Wald und holte Gras für die Tiere.

Bevor Karmapa aufbrach, bat ich ihn, die Tante des Königs – oder einen anderen Menschen, der helfen konnte – um Erlaubnis zu bitten, daß ich nach Indien weiterreisen konnte. Er versprach, sein Bestes zu tun, und bedauerte aufrichtig, daß ich seinen Zug nicht weiter begleiten konnte. Drei Tage später schickte er mir einen Brief, in dem er mir mitteilte, die Tante des Königs habe keine Befugnis, mir die Durchreise zu gestatten.

Nachdem ich acht Tage in dem schmutzigen kleinen Zimmer verbracht hatte, erhielt ich den Gebetsraum – der auch schmutzig war, aber Taschi scheuerte ihn gründlich. Es gab keine Matten, und ich mußte auch tagsüber auf meinem kostbaren Wollteppich sitzen. Durch die Fenster blickte ich auf die wunderschöne Landschaft, direkt auf den kleinen Wasserfall, in dem ich mich morgens wusch. Nachdem ich das «Vermächtnis des Kunsang Lama» beendet hatte, lieh ich mir Milarepas

Gedichte, und auch diese waren voller Weisheit. Die Lehren halfen mir weiter. Ein Gedicht lehrt uns zum Beispiel, daß Begegnung und Abschied unvermeidlich sind; ich erkannte, daß die Menschen nicht auf ewig beeinander sein können. So fand ich Trost für einen weiteren Monat des Wartens, obgleich meine Gedanken meistens bei Dschigme und den Kindern weilten.

In jenen Wochen, als ich in Schabdsche Thang wartete, drang ich tief in die Religion ein, weil ich so viele kostbare Bücher las und Zeit hatte, mich voll und ganz auf sie zu konzentrieren. Ich wußte diese großartige Möglichkeit zu schätzen und befaßte mich trotz meines Kummers intensiv mit den Lehren Buddhas. Jetzt erkannte ich, daß alles vergänglich ist. Ich dachte an unsere Besitztümer und daran, wie hart wir gearbeitet hatten, um Schätze anzuhäufen. Und als die Zeit gekommen war, von allem Abschied zu nehmen – wie das *Karma* es wollte –, auch von unseren Kindern, geschah es. Jetzt veranlaßte das Leid, daß ich viel nachdachte und begriff, daß man erst ein bestimmtes Stadium erreichen muß, um erkennen zu können. Obgleich wir die Kinder zur Welt bringen, haben sie ihr eigenes *Karma*, das sie allein tragen müssen. Ich finde, Eltern gleichen Obstbäumen: die Frucht trennt sich von ihnen, wenn sie reif ist.

In meiner Jugend war ich sehr jähzornig. Die Güte meiner Schwägerin Rigsin Tschödon trug zur Besserung bei. Sie riet mir, mein Temperament zu zügeln, und sagte, das erreiche man am besten durch Gebete und Übungen. Als ich Dschigme heiratete, waren alle neuen Verwandten derart sanft und freundlich, daß ich gar keine Veranlassung zu Wutausbrüchen hatte; er selbst ist immer ruhig und gelassen, was mir ebenfalls eine große Hilfe war. In späteren Jahren beschäftigte ich mich intensiv mit den Lehren Buddhas, in denen es heißt, die höchste Tugend sei die Selbstbeherrschung. Innerhalb einer einzigen Sekunde kann ein Wutanfall alle Verdienste eines ganzen Lebens mit einem Schlag zunichte machen.

In Schabdsche Thang erkannte ich das Wesen des Buddhismus, sah ein, daß nur Liebe den Haß überwinden kann, daß man alle Lebewesen lieben und der Religion, der Wahrheit, vertrauen muß – auch wenn es bitter sein mag und wir es nicht verstehen. Ich erkannte, daß das Selbst ein vergänglicher Traum ist, daß der Weg zum wahren Glück der Pfad der Selbstlosigkeit ist. Ich erkannte, daß mein eigenes Leiden gemindert werden konnte, indem ich an die Leiden anderer Menschen dachte.

Während wir in Schabdsche Thang warteten, bauten Ama Dordsche und ihre Schwester ein neues Haus. Die Bhutanesen haben ein praktisches System: die Nachbarn helfen einander. Sie gehen in den Wald, um Holz für den Bau zu beschaffen, und zimmern gemeinsam das Haus. Der Bauherr liefert nur das Essen für die Arbeiter, manchmal finden auch Feste statt, und alle bleiben lange auf, tanzen, singen und trinken am Feuer. Bei diesen Feiern wurden Taschi und ich stets zum Essen eingeladen. Ich vertrug den sehr fetten Curryreis nicht, aber Taschi schmeckte er ausgezeichnet.

Schließlich schrieb ich an Ihre Majestäten und an den Premierminister. Meine Briefe kamen mit dem Vermerk zurück, man lasse keine Post durch. Dann stiegen viele Soldaten zur Grenze hinauf und kehrten bald darauf wieder zurück. Wir hörten, Hunderte von Flüchtlingen seien in Tsampa, und die Regierung habe noch nicht entschieden, ob man sie ins Land lassen solle. Eines Tages erhielt ich einen Brief von Thubtenla, in dem stand, er sei mit einigen Mönchen nach Tsampa gekommen. Man habe Dschigme auf der Flucht irgendwo im Süden gesehen. Ich konnte es einfach nicht fassen.

Tausende von Flüchtlingen hatten sich in Tsampa gestaut; sie waren daran, zu verhungern, bekamen jedoch noch immer keine Erlaubnis, hinunterzukommen. Die bhutanesischen Soldaten fürchteten, die Khampas könnten auf eigene Faust durchbrechen, und obgleich die Dorfbewohner großes Mitleid mit uns hatten, fürchteten sie, von den Khampas ausgeplündert zu werden. Diese armen Menschen besaßen kaum etwas, und es war ein geradezu rührender Anblick, wie sie ihre Habseligkeiten, Aluminiumschalen und Kupferteller, versteckten. Auch der Mönch, der den Tempel hütete, verbarg die kostbaren Bücher unter Felsen. Ich versicherte ihnen, die Khampas würden nicht plündern, selbst wenn sie sich mit Gewalt einen Weg ins Land bahnten, aber niemand glaubte mir – und ich kann es den Leuten nicht übelnehmen. Schließlich waren die Khampas dicht davor, auf eigene Faust ins Land zu kommen, nur der Einfluß des Sakya Lama und einiger hoher Beamter hielt sie zurück. Dann, bevor es zu spät war, erhielten alle Flüchtlinge unvermutet die Erlaubnis, ins Land zu kommen.

Ich schickte sofort einen bhutanesischen Boten nach Kalimpong, der meine Nichte Tsering Yangsom und Rani Dordsche (Dschigmes Tante) bitten sollte, mir dabei zu helfen, möglichst schnell nach Indien weiterzureisen. Ich war sehr schwach, und es ging mir von Tag zu Tag schlechter, weil ich schon vor meiner Flucht aus Lhasa krank gewesen war, obgleich ich das vor lauter Angst und Sorgen unterwegs vergessen hatte. Etwa zwei Wochen später kam ein bhutanesischer Beamter in Ama Dordsches Haus und teilte mir mit, die Regierung werde sich um mich kümmern. Bald schon sollte ich gute Nachrichten erhalten. Ich konnte es kaum glauben, aber nach zwei Tagen schon erhielt ich zu meiner großen Freude einen in englisch abgefaßten Brief vom Premierminister Dschigme Dordsche:

Meine liebe Mary La,
wie ich höre, befindest Du Dich auf bhutanesischem Boden. Es tut mir leid, daß Du soviel erdulden mußtest. Ich werde Dich in einigen Tagen begrüßen und abholen. Inzwischen schicke ich Dir etwas *Tsampa*, Zucker und Tee – es ist allerdings nur sehr wenig, weil ich in Eile bin und meine Packtiere noch nicht angekommen sind. Mach Dir keine Sorgen. Ich hoffe, in drei Tagen bei Dir zu sein.

Dein Dschigme Dordsche

Ich war sehr glücklich; dennoch wünschte ich mehr denn je, ich hätte wenigstens eines der Kinder Tseyangs mitbringen können, um es Dschigme Dordsche zu übergeben. Taschi muß auch sehr glücklich gewesen sein, obgleich er sich wie üblich ruhig und schweigsam verhielt.

Wir warteten auf Dschigme Dordsche. Am nächsten Morgen erschien ein Soldat mit zwei Maultieren und der Nachricht, ich solle nach Bumthang reiten. Der Abschied von Ama Dordsche und ihrer Familie fiel mir schwer. Wir bedankten uns herzlich und schenkten ihnen den Rest unseres tibetischen Tees und des Trockenfleisches. Später schickte ich Ama Dordsche so oft wie möglich Pakete aus Indien. 1966 erhielt ich dann einen Brief, in dem eine ihrer Töchter mir mitteilte, sie sei gestorben. Sie war wirklich eine prächtige Frau gewesen, und ich wußte, daß ich eine wahre Freundin verloren hatte.

Als Taschi und der bhutanesische Soldat Schabdsche Thang verließen, suchte ich noch den Tempel auf und betete; bald schon hatte ich die beiden allerdings wieder eingeholt, weil man mir ein erstklassiges, vorzüglich gesatteltes Maultier geschickt hatte.

20 Unser Leben im Exil

Bei herrlichem Wetter ritten der Soldat, Taschi und ich ins Tal, das sich mit jedem Kilometer, den wir zurücklegten, weiter ausdehnte. Nach einigen Stunden sahen wir in der Ferne plötzlich viele Reiter, die einen steilen Berg hinunterritten. «Das ist der Zug des Premierministers», sagte der Soldat, und als sie näher kamen, winkte mir Dschigme Dordsche mit seinem Hut zu. Wir begrüßten einander bewegt und saßen dann etwa eine halbe Stunde auf Satteldecken und unterhielten uns. Er berichtete, er habe gehört, Dschigme und Tsarong seien irgendwo an der Grenze nach Assam gesehen worden, und seine Frau Tsering Yangsom (Tsarongs Tochter) mache sich große Sorgen und sei drauf und dran, ihren Vater zu suchen. Er sagte, auch Tseyang sei sehr bedrückt, und fügte hinzu, Seine Majestät, der König, habe ihm die Erlaubnis erteilt, sich um mich zu kümmern. Außerdem solle er unserem Oberbefehlshaber Kungsangtse *Dzasa* und Kungsangtse *Tsipon*, dem Schwager des Oberbefehlshabers, die Freunde vom Vater des Königs waren, alle erdenkliche Unterstützung anbieten. Ich solle in dem kleinen Ort Bumthang auf ihn warten und mich um die Kungsangtses kümmern, sobald sie kamen. Dschigme Dordsches lange Maultierkarawane brachte Lebensmittel für die Flüchtlinge, und er selbst ritt hinauf zur Grenze, um sie zu begrüßen und ihnen zu sagen, daß sie nach Indien weiterziehen durften, nach Misamari, wo man ein Lager für sie eingerichtet hatte.

Bumthang liegt in einem weiten, lieblichen Tal; ich wohnte

in einem gemütlichen Rasthaus und erhielt mein Essen aus dem Haus Dascho Ugens, dem Schwager des Königs. Nach fünf Tagen ergoß sich der Flüchtlingsstrom ins Tal; es waren größtenteils arme Bauern aus Gebieten in Grenznähe, unter ihnen befanden sich jedoch auch die Kungsangtses, der Sakya Lama mit seiner Familie, Dordsche Phagmo, die Äbtissin des Samding-Klosters, und andere, für die man im Auftrag des Premierministers Unterkünfte bereitstellte. Die Kungsangtses waren derart abgemagert und verhärmt, daß ich einige Augenblicke nicht sprechen konnte. Auch sie hatten ihre Familien zurückgelassen – Frauen, Kinder und Enkel. Der Oberbefehlshaber sagte mir, er habe aus zuverlässiger Quelle erfahren, daß Dschigme auf der Flucht sei. Ich würde ihn schon bald wiedersehen. Auch die Tochter des *Tsipon* Schakabpa befand sich mit ihren Kindern unter den Flüchtlingen; das Baby hatte sie auf dem Rücken über den gefährlichen Paß getragen. Das Schakabpa-Gut lag zwei Tagesritte von Lhasa entfernt. Ihr Mann, der sich während der Beschießung im Norbu-Lingka-Palast aufgehalten hatte, war durch den Fluß geschwommen, hatte seine Mutter, den jüngeren Bruder, Frau und Kinder geholt und war mit ihnen geflohen. In meinen Augen war er ein richtiger Held.

In einer Bambushütte hatte man eine Funkstation eingerichtet, und am nächsten Tag stürmte Dschigme Dordsche in mein Zimmer und rief: «Mary La, Dschigme ist sicher in Mussoorie angekommen!» Ich stand auf und umarmte ihn. Ich wußte, daß meine Gebete, in denen ich Schutz für Dschigme erfleht hatte, erhört worden waren. Solange wir zusammenlebten, war kein Tag vergangen, an dem ich nicht für ihn gebetet hatte – und auch unsere geliebten Kinder hatten es getan. Dschigme Dordsche und ich setzten uns auf die Erde, während Taschi stehenblieb; er war so glücklich, daß ihm Tränen in den Augen standen, obgleich er weiterhin schwieg. Ich fand keine Tränen.

Dschigme Dordsche und ich unterhielten uns einige Zeit, und trotz der frohen Nachricht war ich traurig, als ich erfuhr, daß niemand etwas über Tsarongs Schicksal wußte. Das Gerücht, er habe Lhasa gemeinsam mit Dschigme verlassen, erwies sich als falsch.

Ich schickte Dschigme ein Telegramm, in dem ich ausdrückte, wie unendlich erleichtert und glücklich ich sei. Ich teilte ihm mit, daß auch ich in Sicherheit war. Nach einigen Stunden kam Dschigme Dordsche mit einem Brief, den Dschigme aus Mussoorie an ihn geschickt hatte und in dem er ihn bat, mich zu suchen. Er befürchtete, ich sei noch in Lhasa oder sei gar bei dem Angriff ums Leben gekommen. Als ich seine Handschrift sah, erfüllte mich ein ebenso starkes Glücksgefühl, als hätte ich in sein Gesicht geblickt. Dennoch hatten die Lehren des Milarepa einen tiefen Eindruck auf mich hinterlassen, und ich dachte noch immer darüber nach, daß der endgültige Abschied früher oder später kommen würde. Ich wußte, daß Dschigme dasselbe empfand. Nach unserem Wiedersehen wollte ich mit seinem Segen und aus eigener Anstrengung die Wahrheit in der Einsamkeit der Hochebene suchen.

Als ich die vielen Flüchtlinge sah, die ihre Kinder mitbrachten, sie oftmals auf dem Rücken trugen, wurde ich schmerzlich an unsere Kinder erinnert, die zurückgeblieben waren. Aber ich konnte nichts mehr tun, ich mußte nur an das *Karma* denken. Später stellte sich heraus, daß die meisten Flüchtlinge von ihren Familien getrennt worden waren.

Während der zehn Tage in Bumthang ergoß sich ein endloser Flüchtlingsstrom nach Misamari. Der Anblick war ergreifend – alte und junge Menschen, Mönche, Nonnen und Laien, sie alle schleppten ihre wenigen Besitztümer, die sie auf dem Rücken über den hohen Paß hatten tragen können. Einige sahen sehr krank und müde aus, andere wiederum waren sehr fröhlich. In Bumthang fütterte man unsere beiden Maultiere gemeinsam mit den Tieren des Premierministers, und als wir am 8. Mai 1959 abreisten, sahen sie schon viel voller aus.

Fünfzehn Tage brauchten wir bis Kalimpong. Wir ritten gemeinsam mit den Kungsangtses, dem Gefolge des Sakya Lama, Dordsche Phagmo und Schakabpas Tochter mit ihrer Familie. Dschigme Dordsche hatte uns einen Führer mitgegeben, und zwei Soldaten trugen die Babys der Schakabpas. Jeden Abend waren wir mit dem Sakya Lama, seiner wunderschönen Frau und ihren entzückenden drei kleinen Söhnen zusammen. Die Dorfbewohner kamen, um den Lama zu verehren, und brachten Reis und Eier, die er mit uns teilte. Er hatte ein Transistorradio bei sich, und ich wurde gebeten, abends die englischen Nachrichten zu hören und zu übersetzen. Der Sakya Lama hatte auch Medikamente bei sich, und wenn er Penizillinspritzen gab, half ich ihm, die Nadeln zu sterilisieren.

Von Schabdsche Thang aus hatte ich einen Boten nach Kalimpong geschickt, und bei Tongsa Dzong traf ich ihn auf seinem Rückweg. Wir hatten die Hauptstraße verlassen, um Karmapa zu besuchen, der sich in der Nähe aufhielt, und als wir zurückritten, trafen wir den Mann an der Kreuzung – eine Minute später hätten wir ihn verpaßt. Er trug eine große Kiste auf dem Rücken, und ich erinnere mich noch deutlich, daß es ein wenig regnete, als ich abstieg und die Briefe entgegennahm, die er mir von Tseyang, Namgyäl, Tsering Yangsom, Rani Dordsche und Dadul Namgyäl brachte. Als ich diese Briefe las, wurde ich so traurig, daß ich eine Weile nicht sprechen konnte. Tsering Yangsom schickte mir Bettlaken, Handtücher, Hosen, Strümpfe, Schuhe, Seife, Tee, Kaffee, Zucker, Kekse, Fisch, Kondensmilch, Suppe, Hafer und neue Kleider für Taschi. Am meisten freute ich mich über Handtücher und Seife; ich ging schnurstracks an den Fluß und nahm ein luxuriöses Bad. Je besser meine Situation wurde, desto mehr vermißte ich die Kinder.

Bis wir Thimbu erreichten, übernachteten wir entweder in Bambushütten oder in Zelten, in Tongsa Dzong jedoch wohnten wir in einem kleinen Gasthaus, das direkt am Fluß stand; es war so klein, daß ich den zehn Männern das Zimmer überließ und in der Veranda schlief. Meine neuen Bettücher benutzte ich als Vorhänge. Durch die Risse in der Wand sah ich nur wenige Meter weiter das gurgelnde, plätschernde Wasser des Flusses.

In Bhutan gibt es nur wenige Dörfer, die Pfade sind sehr steil, und zahllose Parasiten überfallen Mensch und Tier. In den Bergen gibt es mächtige Wasserfälle, die Hügel sind mit Kiefern und herrlichem roten und weißen Rhododendron bedeckt. Wir sahen häufig Rotwild. Es gab einige gute Rasthäuser, und wenn wir an ein Gut kamen, wurden wir von den Adligen zuvorkommend behandelt. Wir überquerten viele kleinere Pässe und schließlich auch einen hohen, einsam gelegenen, den Tala. In der kleinen Grenzstadt Dschaigong kam ein Einheimischer und teilte mir mit, Tseyang und Tsering Yangsom erwarteten mich im Rasthaus.

Als wir uns schließlich sahen, versuchten beide nach besten Kräften, ihre Trauer zu verbergen – und ich brachte es sogar fertig, sie mit einem Lächeln zu begrüßen. Hier trennte ich mich von meinen Freunden, um mit meiner Tochter und meiner Nichte nach Indien zu reisen. Bevor ich Dschaigong verließ, übergab ich dem Stallknecht des Premierministers unsere beiden Maultiere, die bei Dschigme Dordsches Reittieren bleiben sollten.

In der kleinen Stadt Harschimar kannte Tsering Yangsom einen chinesischen Ingenieur, der jahrelang in Indien gelebt hatte und später von der bhutanesischen Regierung eingestellt wurde. In seinem Hause verbrachten wir die Nacht, und ich berichtete den beiden Mädchen die Einzelheiten meiner Flucht. Ich hatte ein sehr merkwürdiges Gefühl dabei – ich konnte einfach nicht weinen. Später erfuhr ich, daß Tseyang kurz vor unserem Wiedersehen fast verrückt geworden war vor Sorge und Angst um ihre Kinder. Als sie erfuhr, daß Dschigme und ich sicher die Grenze erreicht hatten, war sie so dankbar, daß sie beschloß, sich nicht mehr weiter zu quälen. Sie beklagte nie das Schicksal ihrer Kinder, die sie in meiner Obhut zurückgelassen hatte. Die arme Tseyang, sie verbirgt ihren Schmerz in ihrem Herzen.

Mit dem Zug reisten wir weiter nach Siliguri, dann fuhren wir mit dem Auto bis Kalimpong. Dort wohnte ich einen Monat in Tsering Yangsoms zauberhaftem Haus, traf viele Freunde, ruhte mich aus, zerstreute mich mit Spielen und ging durch den Garten – aber dennoch war ich nicht glücklich; weil Dschigme nicht sofort kam. Wie üblich half er Seiner Heiligkeit; er schrieb häufig und berichtete ausführlich über seine Arbeit in Mussoorie. Er verwaltete die Lebensmittelrationen für das gesamte Gefolge des Dalai Lama. Kaum jemand sprach Englisch, und er mußte so lange dort bleiben, bis alles geregelt war.

In Kalimpong sagte Taschi, er müsse nun zurück nach Tibet, er könne seine Frau und die sieben Kinder nicht länger allein lassen. Ich bat ihn, in Indien zu bleiben, versprach, für ihn zu sorgen wie für meinen eigenen Sohn, aber ich konnte ihn nur einen Monat zum Bleiben überreden. Bevor er aufbrach, gab er mir seinen goldenen Ohrring mit der Bitte, ihn zu verkaufen und das Geld für die Flüchtlingshilfe zu verwenden. Später kam sein Bruder nach Indien und erzählte mir, Taschi habe Lhasa unversehrt erreicht; auf dem Heimweg sei er noch in Dopta gewesen, um seine Mutter zu besuchen, die bald darauf starb. Das war das letzte, was wir von ihm hörten.

Während meines Aufenthaltes in Kalimpong erhielt Tsering Yangsom die Nachricht, daß Tsarong am 14. Mai 1959 in Lhasa in einem Gefängnis gestorben war. Nach der Beschießung hatten die Chinesen ihn im Potala verhaftet und mit vielen anderen Beamten ins Gefängnis geworfen. Die Zwangsarbeit fürchtete er nicht, denn er arbeitete gern. Einem Mithäftling, Dromo Gesche Rimpotsche, der ein hoher Lama war, gelang es schließlich, nach Indien zu entkommen, und zwar aufgrund der Bemühungen seiner zahlreichen treuen Anhänger und weil er aus sikkimesischem Adel stammte. Dromo Gesche Rimpotsche erzählte, er habe im Gefängnis Tsarong oft seinen Morgentrank, nämlich heißes Wasser, gegeben, und Tsarong habe ihm stets geraten, hart zu arbeiten. Die Gefängniskost war unglaublich schlecht gewesen, und die Gefangenen mußten den ganzen Tag arbeiten. Eines Tages befahlen die Chinesen Tsarongs Dienern, ihn am nächsten Morgen zu demütigen, aber als es soweit war, erschien Tsarong nicht zur Arbeit – ein hoher Beamter wollte ihn wecken und fand den alten Helden tot im Bett. Man übergab den Leichnam Tsarongs Schwester Tsering Dölma.

Wir waren sehr betrübt über diese Nachricht. Tsarong hatte stets jedem seiner Kinder das Gefühl vermittelt, es ganz besonders gern zu haben. Meiner Tochter Tsering Yangsom brach es fast das Herz, dennoch hielt sie sich sehr tapfer.

Am 13. Juni nahm Dschigme Urlaub, und wir verbrachten einen Monat in Kalimpong. Er sah merkwürdig fremd aus mit seinem kurzen Haar; er gab mir eine lange Haarlocke, die ich noch heute aufbewahre. Als ich fragte, warum er sich das Haar habe schneiden lassen, obgleich er doch immer dagegen gewesen sei, erklärte er mir, im heißen Indien sei es sehr schwierig, langes Haar zu pflegen. (Zwar konnte er sein Haar selbst flechten, doch hatte ich ihm in Lhasa meistens dabei geholfen, denn es war eine umständliche Angelegenheit.) Die Explosion der Geschosse, die dicht beim Norbu-Lingka-Palast eingeschlagen waren, hatten sein Gehör beschädigt. Dennoch spürten wir beide, daß er verschont worden war, weil er ein so selbstloser Mensch war und sein Leben für Seine Heiligkeit und das tibetische Volk hingegeben hätte; er kümmerte sich tatsächlich mehr um sie als um seine Familie. Aber ich wußte um seine selbstlose Ergebenheit und Aufopferung und verstand, daß er stets Seine Heiligkeit über die eigene Frau und seine Kinder stellte. Er sagte mir, auch er habe sich große Sorgen um seine Mutter und die Kinder gemacht, dann habe er gebetet und darauf gebaut, daß der Glaube auch sie beschützen werde.

Dschigme hatte auf seiner Flucht wesentlich mehr erdulden müssen als ich, obgleich er mir sagte, ich sei viel dünner geworden, seitdem er mich zuletzt gesehen hatte. Von Gyatso aus war er zum Norbu-Lingka-Palast zurückgekehrt, wo er einige Tage verbrachte, um den Eindruck zu erwecken, Seine Heiligkeit sei noch immer dort. Als das Bombardement begann, ließ er sich von einem Leibdiener Seiner Heiligkeit die Kamera geben und filmte; leider nahm später ein jüngerer Beamter die Kamera an sich, der nie wieder gesehen wurde. Dschigme erlebte, wie der Stall Seiner Heiligkeit zerschossen wurde. Die Pferde starben unter großen Schmerzen, und selbst die armen Enten auf dem kleinen Teich kamen um. Er versuchte die vielen Verwundeten zu trösten, aber als die Hoffnung auf einen erfolgreichen Widerstand zerstört war, beschloß er zu fliehen. Er tauschte seinen Pelzhut gegen die Wollmütze eines einfachen Soldaten und ließ sich das Gewehr eines jungen Offiziers geben, der nicht damit umgehen konnte. Als er floh, nahm er lediglich eine Kamera, einige Filme, einen Feldstecher und einen Revolver mit. Als er den Norbu-Lingka-Palast durch das Nordtor verließ, wurde die Schießerei immer heftiger. Unmittelbar vor seinem Aufbruch traf er Pasang Dondup, einen Hirten vom Taring-Gut, der zur Armee gegangen war. Dschigme fragte, ob er ihn begleiten wolle. Pasang war einverstanden und erhielt von seinem Hauptmann Urlaub. Er folgte Dschigme in einem Abstand von fünfzehn Metern, und um zu vermeiden, daß sie in die Hände der Chinesen fallen und gefoltert werden konnten, vereinbarten sie, falls einer von ihnen verletzt würde, sollte der andere ihn erschießen. Granaten heulten durch die Luft, und unaufhörlich krachten Schüsse, aber sie mußten es wagen und das 90 Meter breite Sumpfgebiet durchqueren, das sich gleich hinter dem Norbu-Lingka-Palast erstreckt. Das war ein sehr schwieriges Unterfangen, und Dschigmes halblange Stiefel füllten sich mit Schlamm. Auf der anderen Seite mußten sie einen 3900 Meter hohen Paß überwinden. Vom Gipfel aus sah Dschigme durch das Fernglas, wie der Potala getroffen wurde; das Kundeling-Kloster stand in Flammen, und unser eigenes Haus war arg durch Granaten beschädigt. Er wußte, daß die

Schwiegermutter und die Kinder noch dort waren, konnte jedoch nichts tun als beten.

Er und Pasang gingen nach Osten in Richtung Gyama, und eines Nachts trafen sie auf Khampas, die Dschigme für einen chinesischen Spion hielten, weil er eine Kamera bei sich hatte und sein Haar, das ihn als Beamten auswies, ungekämmt war. Sie beschlagnahmten seine Kamera und das Fernglas, brachten ihn in ein Zelt und beratschlagten, wie sie ihn umbringen sollten; einige schlugen vor, ihn in einen Sack zu stecken und zu ertränken. Man quälte ihn im Finstern, um festzustellen, ob er Angst hatte. Er litt große Qualen und beteuerte immer wieder, er sei der Taring-*Dzasa*, und Seine Heiligkeit habe ihn im Norbu-Lingka-Palast zurückgelassen, damit er Fotos machen konnte als Beweis für die Beschießung der Stadt. Er sagte: «Bitte erschießt mich lieber, anstatt mich zu foltern, aber übergebt diese Filme unverzüglich Seiner Heiligkeit.» Schließlich glaubten sie ihm, gaben ihm die Kamera und den Feldstecher zurück und ließen ihn frei.

Während der folgenden sechs Tage waren er und Pasang auf der Flucht, sie hatten kaum etwas zu essen. Viele Menschen flohen, und aus Flugzeugen schossen die Chinesen im Tiefflug mit Maschinengewehren auf die Flüchtenden. Pasang erzählte mir später, Dschigmes Hände seien wegen der mangelhaften Ernährung angeschwollen, und eines Tages war er vor Schwäche und Kummer in Tränen ausgebrochen. Schließlich erreichten sie ein Gut, das zum Namgyäl-Datsang-Kloster gehörte, und fanden dort für die Nacht Unterschlupf. Dschigme schlief sofort auf der nackten Erde ein, und als der oberste Mönch sein Gesicht mit einer Taschenlampe beleuchtete, sagte er zu Pasang: «Da liegt nun der Prinz von Taring», und vergoß viele Tränen. Am nächsten Morgen erhielten sie von den Mönchen Nahrung, Kleidung und Decken für unterwegs. Dschigme riet ihnen, sich unverzüglich auf den Weg nach Indien zu machen und nur das Nötigste mitzunehmen.

In Samya stellte ihm der Khampa-Häuptling Alo Dowa ein

kräftiges Reitpferd und zwei Begleiter zur Verfügung. Dschigme schenkte Alo Dowa als Dank seinen Feldstecher. Die Chinesen hatten sich in einem nahe gelegenen Berg verschanzt, aber es gelang Dschigme und Pasang, nachts unbemerkt vorbeizukommen. Auf ihrem weiteren Weg übernachteten sie bei Samtschok, einem Laienbeamten des vierten Ranges, der Guerillaführer geworden war. Dann trafen sie auf Kundeling, das Verwaltungsoberhaupt des Kundeling-Klosters, und folgten mit ihm Seiner Heiligkeit nach Indien. An der Grenze wurden sie von indischen Offizieren empfangen, die sehr überrascht waren, daß Dschigme fließend Hindi und Englisch sprach. Seine Heiligkeit hatte darum gebeten, man solle Dschigme und Kundeling nach ihrer Ankunft sofort per Zug nach Mussoorie weiterreisen lassen. Dschigme sagte, als er Seine Heiligkeit wiedergesehen habe, seien ihm die Tränen gekommen.

Ich erzählte Dschigme von meinem Wunsch, als Einsiedlerin zu leben, die Wahrheit zu suchen und ein frommes Leben zu führen; ich erklärte, daß ich intensiv darüber nachgedacht hatte, seit ich mich bei meiner Flucht aus Lhasa deutlich an die Worte meiner Mutter erinnert hatte, die häufig sagte, ich würde einmal ein sehr frommes Leben führen. Dschigme verstand alles, riet mir jedoch, noch etwas länger abzuwägen, bevor ich einen derart schwerwiegenden Entschluß faßte. Er sagte, er habe nichts dagegen einzuwenden – er fürchte nur, aufgrund meiner vornehmen Herkunft und Erziehung könne ich die Entbehrungen nicht ertragen. Er erinnerte mich an Lotschen Rimpotsche, die gesagt hatte, jedermann könne überall ein frommes Leben führen, wenn man nur seine Gedanken beobachtete. Seiner Meinung nach könne ich mein Ziel erreichen, indem ich anderen Menschen beistünde. Ich grübelte tagelang, und hatte noch immer keinen Entschluß gefaßt, als Dschigme nach Mussoorie zurückkehrte.

Schon bald nach Dschigmes Abreise hörte ich von Samtschok, die jüngeren Beamten und viele andere Flüchtlinge, die sich in Kalimpong aufhielten, wollten gern Englisch bei mir lernen, weil sie glaubten, es sei schwer, sich ohne Englisch- oder Hindi-Kenntnisse in Indien durchzuschlagen. (Die meisten Flüchtlinge kamen ins Lager von Misamari, diejenigen jedoch, die nachweislich in der Lage waren, sich selbst zu ernähren, durften in Kalimpong bleiben.) Ich sagte, ich sei einverstanden, mit dem Unterricht zu beginnen, sobald man einen Raum gefunden hätte, und es dauerte gar nicht lange, da lernten etwa 20 Studenten von sieben Uhr morgens bis ein Uhr nachmittags bei mir Englisch, und zwar in einem ärmlichen Lagerraum unter der Erde, den wir für ein Pfund Sterling monatlich von einem indischen Händler gemietet hatten. Täglich stieg die Zahl der Schüler, die zwischen zehn und fünfzig Jahre alt waren. Von Seiner Heiligkeit erhielten wir 1000 Rupien für Schreibmaterial, ein Zeichen dafür, daß er die Schule billigte. Nach vier Monaten unterrichtete ich mehr als hundert glückliche Schüler, und auch ich war froh, weil meine Klasse gute Fortschritte machte. Inzwischen war mir klargeworden, daß ich mein religiöses Ziel am besten dadurch erreichen konnte, daß ich den anderen Flüchtlingen half.

Dann rief mich der Dalai Lama nach Mussoorie, wo er eine Schule für 300 Kinder gründen wollte. Dschigme holte mich in Lucknow ab, und nachdem wir zwei Tage und eine Nacht im Zug verbracht hatten, erreichten wir Mussoorie. Wir bewohnten ein recht gut eingerichtetes Zimmer im Kildare-Haus, wo die Schule provisorisch untergebracht worden war. Dieses alte zweistöckige Haus lag in einem herrlichen Tal mit dem Namen Happy Valley – «Glückliches Tal» –, nur wenige Kilometer von Mussoorie entfernt. Es gehörte einem indischen Offizier, der glaubte, es sei verhext. Die indische Regierung erwarb das Haus, und man richtete dort die Schule für die Flüchtlinge ein. Dschigme und ich wohnten in einem Zimmer, das durch einen Vorhang geteilt war. Pasang befand sich bei meiner Ankunft ebenfalls im Kildare-Haus und ist seither als Koch bei uns geblieben. Er ist ein sehr gutmütiger und ungewöhnlich fröhlicher, quicklebendiger Mensch.

Am Morgen nach meiner Ankunft ging ich zum Dalai Lama, der im nahe gelegenen Birla-Haus residierte. Es war Eigentum der reichen Birla-Familie, die es für ein Jahr an die indische Regierung verpachtet hatte, damit Seine Heiligkeit dort wohnen konnte, bis sein gegenwärtiges Haus in Dharamsala fertiggestellt war. Das Wiedersehen mit dem Dalai Lama, seiner Mutter und seiner Schwester Tsering Dölma war eine große Freude für mich. An Seiner Heiligkeit schienen die entsetzlichen Ereignisse spurlos vorübergegangen zu sein. Er bat mich, Dschigme bei der Einrichtung der Schule zu helfen, und als ich mich ans *Kaschag*-Büro wandte, um Einzelheiten zu erfahren, sagte man mir, ich müsse in drei Tagen mit vier anderen Tibetern zu einem Kursus nach Lucknow fahren.

Dort trafen wir Dr. Wealthy Fisher, die amerikanische Missionarin, die den Kursus leitete. Sie sagte, sie hätte schon 1925 in Kalkutta Tibeter kennengelernt, und zwar den Oberbefehlshaber Tsarong und Prinzessin Mary von Tibet. Als ich ihr sagte, ich sei «Prinzessin Mary», zeigte sie mir ein Buch, das sie geschrieben hatte und das Tsarong und ich in tibetischer Schrift signiert hatten.

Während des einen Monats, den wir in Lucknow verbrachten, stellten wir ein Lehrbuch zusammen, mit dem man erwachsenen Tibetern nach den neuesten Methoden Tibetisch lehren konnte. Ich hatte sehr unter den Moskitos zu leiden und vermißte meinen Tee, der uns nur einmal am Nachmittag serviert wurde.

Nach unserer Rückkehr wählte man im Lager von Misarami und unter den Soldaten und Mönchen von Mussoorie insgesamt 50 junge Männer aus – unsere ersten Schüler. Kundeling, Dschigme und ich leiteten die Organisation, Lhadingsey verwaltete die Vorräte, und am 3. März 1960 wurde die Schule von Seiner Heiligkeit eingeweiht. Unsere Schüler, im Alter von 18 bis 25 Jahren, waren in Lumpen gekleidet und besaßen keine Toilettenartikel; wir ernährten sie, konnten ihnen jedoch nicht genug zu essen geben. Obgleich sie ständig Hunger litten, klagten sie nie. Zunächst halfen uns Privatleute und internationale Hilfsorganisationen, nach und nach übernahm dann die indische Regierung die Verantwortung für die Schule, die mittlerweile eine anerkannte Hochschule ist und von Dschigme geleitet wird. Ein Jahr später verließen uns die jungen Männer, 20 der vielversprechendsten gingen nach Dänemark zur Berufsausbildung, die übrigen wurden Lehrer und lehrten unser Volk Tibetisch. Es kamen neue Jungen und Mädchen, und heute haben wir etwa 600 Studenten in Mussoorie. Dschigme ist gleichzeitig Erziehungsminister der tibetischen Exilregierung. Die indische Regierung hat uns sieben große Internate in Indien und eine Anzahl Tagesschulen in Neuansiedlungsgebieten zur Verfügung gestellt, doch können noch immer mehr als zehntausend tibetische Kinder nicht unterrichtet werden, was Seiner Heiligkeit große Sorgen bereitet.

Im Jahre 1960 mußte die Gyälyum, die Mutter Seiner Heiligkeit, nach London fahren, um sich dort in ärztliche Behandlung zu begeben, und man bat mich, sie zu begleiten. In England lernte ich Lady Alexandra Metcalfe vom *Save the Children Fund* kennen. Nach unserer Unterredung sorgte sie dafür, daß in Simla Heime für tibetische Kinder gegründet wurden. Nach einigen Monaten flogen die Gyälyum und ich zurück nach Indien, wobei wir in der Schweiz, den Vereinigten Staaten, Japan und Hongkong zwischenlandeten.

Im August 1962 erfuhr ich von der Absicht Seiner Heiligkeit, Heime für unsere Kinder einzurichten, in denen jeweils 25 Kinder mit einem Heimleiterehepaar wohnen sollten. Die Heime waren gedacht für die vielen Jungen und Mädchen, die man Seiner Heiligkeit anvertraut hatte und die in den Durchgangslagern unter unvorstellbar schlechten Bedingungen leben mußten und zu Dutzenden dahinstarben. Es war sein Wunsch, daß sie nach tibetischer Tradition erzogen und gleichzeitig auf ihr neues Leben vorbereitet wurden – besonders um die Waisen wollte er sich kümmern. Er hatte das Projekt mit der indischen Regierung besprochen, die ihre Hilfe zugesagt hatte, falls wir die Heime zu ihrer Zufriedenheit führen konnten. Er bat mich, einige Modellheime einzurichten.

Ich schickte ein Rundschreiben an Hilfsorganisationen vieler Länder, mietete drei Häuser und wählte sorgfältig drei gebildete tibetische Ehepaare als Hauseltern aus. Sofort erhielten wir Hilfe aus aller Welt, und die ersten 75 Kinder konnten ausgesucht werden. Als sie bei uns ankamen, weinte ich vor Erschütterung – sie waren völlig unterernährt, hatten aufgedunsene Bäuche, litten an verschiedenen Hautkrankheiten und gefährlichen Augeninfektionen.

Nach einiger Zeit inspizierte die indische Regierung diese Modelle, war zufrieden und erteilte Erlaubnis, fünfzehn Heime einzurichten. Inzwischen gibt es 25, von denen einige unter der Aufsicht ausländischer Hilfsorganisationen stehen; all unsere Kinder sind glücklich, gesund und zufrieden. Täglich beten sie morgens und abends für das Wohlergehen unserer Wohltäter.

Etwa zwei Jahre nach dem Aufstand kehrte ein sikkimesischer Lastwagenfahrer, der zur Zeit der Unruhen im Taring-Haus gewohnt hatte, in seine Heimat zurück, nachdem er einige Zeit im Gefängnis verbracht hatte. Von ihm erfuhren wir, daß die Schwiegermutter und die Kinder fürchterliche Angst hatten, als das Haus beschossen wurde. Ein Geschoß traf den Salon, und der Altar brach in Stücke. Alle versteckten sich im dunklen Keller, wo wir unsere Ersatzmöbel aufbewahrten, und als nach zwei Tagen das Bombardement eingestellt wurde, kamen alle ins Gefängnis – bis auf Schwiegermutter und die Säuglinge. Das Tsarong-Haus hatte man in ein Gefängnis verwandelt, und man pferchte über 200 Menschen in der Halle zusammen, die sich kaum rühren, geschweige denn setzen konnten. Die arme Ngodup Wangmo verlor fast den Verstand vor Angst um ihr Baby, und sie weinte so sehr, daß schließlich jemand Erbarmen hatte und sie ins Taring-Haus zurückkehren ließ. Wir wissen nicht, was aus ihr geworden ist. Zur Zeit des Aufstandes war das Baby unserer jüngsten Tochter Yangdol gerade drei Monate alt. Yangdols Mann, Kelsang Thubten, war mit Seiner Heiligkeit nach Indien geflohen. Er vermißte seine Frau, das Kind und seine Mutter so sehr, daß er gemütskrank wurde. Ich werde nie vergessen, wie ich Yangdol und ihr niedliches kleines Mädchen im Hof des Taring-Hauses zum letztenmal sah; ich denke täglich an die letzten Küsse, die ich den beiden gab. Jetzt leistet Yangdol angeblich Zwangsarbeit in einem Steinbruch und wohnt in einem zerschlissenen Zelt.

1960 hörten wir, Schwiegermutter sei in Lhasa gestorben, nachdem sie Schweres durchgemacht hatte. Die Chinesen hatten sie aus ihren gemütlichen Räumen im Taring-Haus gerissen, und sie mußte in einem schlechten Haus ohne einen einzigen Diener leben; keines ihrer Enkelkinder konnte ihr helfen, und man sagte uns, sie sei an den Folgen eines Sturzes gestorben.

Sechs von Tsarongs zehn Kindern blieben in Tibet. In Indien leben Dadul Namgyäl, sein Sohn mit Pema Dolkar, Tsering Yangsom und Tsering Dölma, die älteste und die zweitjüngste Tochter mit Tseten Dolkar, und Tseyang, meine älteste Tochter. Sein Sohn mit Tseten Dolkar hatte zur Zeit des Aufstandes gerade die Schule verlassen, und wir hörten, er befände sich noch immer in einem chinesischen Gefängnis in Lhasa. Ein Beamter, der 1964 fliehen konnte, erzählte mir, Norbu Yudon, meine einzige überlebende Schwester, sei ein Jahr nach dem Aufstand im Gefängnis gewesen. Er hatte sie dort getroffen, wo sie bei schlechter Kost Schwerarbeit verrichten mußte.

Wir erhalten nur noch spärliche Nachrichten aus Tibet, immer jedoch ist es schlimme Kunde. Um der Folter zu entgehen, begingen viele unserer Freunde Selbstmord, indem sie sich in den Kyitschu-Fluß stürzten. Schließlich stellten die Chinesen Wachen am Ufer auf. Niemand weiß genau, was heute in Tibet geschieht, aber es heißt, die Chinesen planten, die Heilige Stadt

Lhasa sterben zu lassen. Man baut in den Randbezirken neue Häuser und Straßen, die alten Gebäude jedoch dürfen nicht gekalkt oder repariert werden, und das Hissen von Gebetsflaggen auf den Dächern ist verboten. In unserem Haus hat man eine Ausländermeldestelle eingerichtet, die Räume der Dienerschaft dienen als Gefängnis für tibetische Frauen.

Etwa 80 000 Tibeter sind nach Indien, Nepal, Sikkim und Bhutan geflohen; die meisten von ihnen waren Leibeigene auf Gütern, die der Regierung, den Klöstern oder dem Adel gehörten und in der Nähe der Grenze lagen. Als die Chinesen unmittelbar nach der Flucht des Dalai Lama in diese Gebiete einmarschierten, wurde jeder, der auch nur ein winziges Stückchen Land besaß, als Großgrundbesitzer bezeichnet und grausam gefoltert. Viele Flüchtlinge verließen ihr Land, weil sie nicht wollten, daß ihre Kinder kommunistisch geschult würden. Die meisten sind beim Straßenbau im indischen Himalaja beschäftigt, weil es keine andere Möglichkeit für sie gibt, ihren Lebensunterhalt zu verdienen. Dennoch sind sie glücklich, daß sie in einem freien Land leben, wo sie ihre eigene Religion ausüben und das, was sie besitzen, mit ihrer Familie teilen dürfen. Durch die großzügige Hilfe der indischen Regierung und anderer Nationen können einige unserer Kinder heute bereits ihre armen Eltern unterstützen.

Einige Leibeigene helfen noch heute ihren Herren, indem sie ihnen Geld geben, um, wie sie sagen, die Güte der Vergangenheit zu vergelten. Taschis Bruder, dem es in Indien recht gut geht, bringt uns stets Obst und Eier mit, wenn er nach Mussoorie kommt. Die Tibeter in der Schweiz, die sehr gut verdienen, schicken häufig Geld an Seine Heiligkeit, um ihren Brüdern zu helfen.

Manchmal schienen meine Träume Vorahnungen zu sein. Bevor wir Lhasa verließen, träumte ich wiederholt, unser Haus habe sich verändert, es sei unansehnlich und ungemütlich geworden. Und oftmals, wenn ich in Indien keinen Pfennig in der Tasche hatte, fiel mir dieser Traum wieder ein. Als wir 1954 in

China waren, träumte ich, der Dschokhang läge im Dunkeln, die Statuen Buddhas seien von den Sockeln verschwunden. Damals wunderte ich mich, heute weiß ich, daß es ein Hinweis darauf war, daß die chinesischen Roten Garden den Dschokhang zerstören würden. Ich will allerdings nicht abergläubisch sein, weil sich das für eine Buddhistin nicht geziemt.

Die Nachricht vom Angriff der Roten Garde auf unseren geliebten Dschokhang brach uns das Herz. Später brachten Flüchtlinge die Reliquien von Tschenrezig nach Indien und übergaben sie Seiner Heiligkeit; in Dharamsala zeigte man sie der Menge, die sich segnen lassen wollte.

Anstelle der Verstorbenen tritt eine neue Generation, wird jedoch eine ganze Kultur zerstört, kann sie nicht mehr ersetzt werden. Tibet war in Religion, Kultur und Sprache stets unabhängig von China. Wir haben ein Recht auf Freiheit und hoffen zuversichtlich, daß wir in unser Land zurückkehren werden – vielleicht erst in vielen Jahren. Einstweilen halten wir es für unsere Pflicht, unsere Kultur im Exil zu wahren. Buddhas Lehre vom Frieden und von der Liebe wird in aller Welt geachtet, und diese Lehre hat die tibetische Kultur geprägt. Tibet muß bleiben, was es einmal war, und wenn so viele andere Völker in ihre zerstörte Heimat zurückkehren können, müssen auch die Tibeter ihr Land zurückbekommen.

In Indien gibt es inzwischen einige buddhistische Tempel, und unser Volk sorgt dafür, daß Kultur und Religion erhalten bleiben.

Jahrelang schon versuche ich Buddhas Lehre zu beherzigen: «Heilige Gesellschaft führt zu Wunschlosigkeit, Wunschlosigkeit führt zu Frieden des Geistes, Frieden des Geistes führt zu Freiheit von Täuschungen, Freiheit von Täuschungen führt zur unmittelbaren Befreiung.» Diese Lehre läßt sich nur schwer in die Praxis umsetzen, aber man findet wirkliches Glück nur dann, wenn man Begierde und Haß meidet. Wenn ich unglücklich oder besorgt bin, forsche ich in mir und suche die Wurzel meines Unglücks, die in einer dunklen Ecke der Selbstsucht verborgen ist. Milarepa lehrt, daß man sich durch Täuschung und Arglist nur selbst betrügt und in die Irre führt; also beobachtete ich meine Gedanken unaufhörlich. Die Ausübung meiner Religion gibt mir mehr und mehr Vertrauen in mich selbst, und ich bitte Dölma, mir zu helfen, meine Schwäche zu überwinden. Bis das geschehen ist, müssen wir wieder und wieder ins Leiden hineingeboren werden; nur die Erleuchtung befreit uns von der Wiedergeburt, und um das Nirwana erreichen zu können, muß man versuchen, in jedem Leben die Erkenntnis zu vertiefen.

Ich versuche nach besten Kräften, nicht egoistisch zu sein, aber wie jede Mutter liebe auch ich meine eigenen Kinder und sehne mich nach ihnen. Ich vermisse sie, wenn ich genug zu essen habe, ich vermisse sie, wenn ich genug Kleidung habe – und besonders vermisse ich sie, wenn ich den bleichen Mond betrachte, denn wir alle sehen den Mond und können doch nicht zueinanderkommen.

Wenn wir in unser Land zurückkehren, wird Tibet nicht mehr so sein wie früher. Die junge Generation wird sich nicht von Aberglauben und Täuschungen blenden lassen; sie wird aufgeklärter sein, und wenn wir unsere Religion und Kultur hüten, können wir dafür sorgen, daß in Zukunft alle Tibeter die Wahrheit erkennen. Buddha selbst hat einmal gesagt, ob wir große Lehrer haben oder nicht – die Wahrheit existiert, und niemand kann sie verändern, niemand kann sie verbessern. Alle Menschen auf der Welt suchen heute diese Wahrheit, die Buddha predigte, und wenn man die Religionen miteinander vergleicht, erkennt man, daß das Prinzip der Wahrheit in allen das gleiche ist. Alle Religionen fordern uns auf, Gutes zu tun, und indem wir unsere Religion befolgen, können wir dazu beitragen, daß wir alle glücklich werden.

Epilog

Als ich 1970 meine Autobiographie veröffentlichte, wußte ich nicht, was zu dieser Zeit in Tibet vorging und was aus meinen Kindern geworden war. Mein Mann und ich waren mit der Arbeit in der tibetischen Schule und in den Kinderheimen von Mussoorie voll ausgelastet.

Es hat mir sehr geholfen, daß ich meinem Land in dieser Weise helfen und für die Waisenkinder sorgen konnte, die ich wie eigene Kinder aufzog. Diese armen Kinder wurden mir zu einem Ersatz für meine eigenen, und fast 20 Jahre lang habe ich mich um sie gekümmert. Inzwischen gehören der Tibetan Homes Foundation 27 Wohnheime, und mehr als tausend Kinder besuchen die Schule.

20 Jahre lang erfuhren wir nichts über unsere Kinder. 1979 war dann plötzlich die Stimme unseres Enkels Dschigme Wangtschuk in einer Radiosendung aus Lhasa zu hören. Er sagte, daß sie alle am Leben seien und es ihnen gutgehe. Mir wurde klar, daß ich mich sehr glücklich schätzen konnte. Bald darauf erfuhren wir aus dem chinesischen Rundfunk, daß Tibetflüchtlinge nun ihre Verwandten in Tibet besuchen dürften und auch wieder zurückkehren konnten, wenn sie wollten. Tibeter durften auch nach Indien reisen. Obwohl wir diese guten Neuigkeiten kaum glauben konnten, schrieben wir an Dschigme Wangtschuk und luden ihn, seinen Bruder und seine beiden Schwestern – die Kinder von Tseyang – ein, uns in Indien zu besuchen. Bald darauf kam Dschigme mit seiner jünge-

ren Schwester Kunsang aus Tibet. Beide waren inzwischen verheiratet und hatten Kinder. Kunsang brachte ihren jüngsten Sohn mit und erzählte, daß es unseren beiden anderen Enkelkindern gutginge, sie aber erst kommen dürften, wenn sie und Dschigme wieder zurückgekehrt seien. Die beiden blieben neun Monate in Indien; kurz vor ihrer Abreise kam die traurige Nachricht, daß unsere älteste Enkeltochter Nordon im Kindbett gestorben war.

Danach schickten wir unseren Töchtern Ngodup Wangmo und Yangdol eine Einladung. Sie schrieben uns zurück, daß sie sich an die chinesischen Behörden wenden wollten, um die erforderliche Erlaubnis zu erhalten, aber das dauere mindestens ein Jahr. Wir waren sehr besorgt und beteten viel, daß unser Wunsch erfüllt werde; einige Zeit später hörten wir, daß die Behörden zugestimmt hatten.

Damals, 1979, war Tensin Dhondup, der Ehemann von Ngodup Wangmo, noch in Lhasa im Gefängnis. Er war 1959 eingesperrt worden und 1961 wieder freigekommen. Er verdiente sich daraufhin seinen Lebensunterhalt, indem er mit einem Pferdekarren Steine aus den Steinbrüchen abtransportierte. Sein ältester Sohn, der zwölfjährige Tensin Wangdup, half ihm dabei. Sie mußten in einem dunklen, stickigen Raum leben. Während der Kulturrevolution kam Tensin Dhondup dann wieder ins Gefängnis. Eine Gruppe von Menschen mit Trommeln und Blasinstrumenten eilte zu dem Haus der Familie, warf alle Sachen auf die Straße, zerrte Tensin Dhondup von Ngodup Wangmo und den Kindern weg und warf ihn wieder ins Gefängnis. Diesmal war es für dreizehn Jahre. Einige Jahre lang durfte ihn niemand von der Familie besuchen, erst in den 70ern erlaubten die Chinesen seiner Frau und seinen Kindern, ihm einmal im Monat Essen zu bringen, bis er schließlich am 18. Dezember 1979 endgültig freigelassen wurde. Ngodup Wangmo und die Kinder waren außer sich vor Freude über seine Heimkehr, doch er hatte in der Haft fast alle Zähne und auf einem Auge die Sehkraft verloren, außerdem litt er an

Asthma. Bald nach seiner Entlassung luden ihn die Chinesen ein, an einer Kulturreise nach China teilzunehmen, und er nahm das Angebot an. Während er unterwegs war, erhielt Ngodup Wangmo die Erlaubnis, mit zweien ihrer Söhne zu uns nach Indien zu kommen. Tensin Dhondup durfte zwar ebenfalls mitfahren, nicht aber Tensin Wangdu, der älteste Sohn. Nach dem Tod von Mao Tse-tung und dem Ende der Viererbande erkannten die Chinesen das Ausmaß ihrer Grausamkeiten gegenüber den Tibetern. Die erlittenen Leiden der Tibeter waren unglaublich. Ngodup Wangmo und ihre Kinder beispielsweise hatten jahrelang nichts Richtiges zu essen, monatelang gab es keine Butter und kein Fleisch. Die Mutter tat oft so, als ob sie schon gegessen habe, und überließ das Wenige ihren Söhnen.

Auch unsere jüngste Tochter Yangdol kam 1980 mit ihrer Tochter Tsering Tschödon, die zum Zeitpunkt des Aufstandes in Lhasa im Jahr 1959 erst drei Jahre alt gewesen war. Ihr Mann, Kelsang Thubten, war damals mit dem Dalai Lama nach Indien gegangen und Yangdol mit dem Baby allein geblieben. Die Chinesen vertrieben sie aus ihrem Haus und konfiszierten ihre gesamte Habe, außer einigen Kleidern und Vorräten. Sie mußte in einer Lehmhütte leben, deren eine Außenwand an eine öffentliche Toilette stieß. Yangdol lebte sehr ärmlich, sie wurde gezwungen, nachts an Selbstkritiksitzungen teilzunehmen, und mußte tagsüber ohne Essen und Bezahlung auf Baustellen arbeiten. Sie hatte viel auszustehen, und als ihre Tochter sieben oder acht Jahre alt war, konnte sie sie nicht mehr ernähren und mußte sie bei einer chinesischen Familie lassen. Tsering Tschödon erzählte uns, daß ihre Mutter gern Essensreste aß, die sie während der Woche in einer Blechdose sammelte und ihr dann am Wochenende brachte. Mit vierzehn ging Tsering Tschödon wieder zu ihrer Mutter, jetzt arbeiteten sie zusammen auf den Baustellen. Sie waren so arm und hatten so wenig anzuziehen und zu essen, daß Yangdol oft Tsering Tschödon losschicken mußte, um *Tsampa* oder

Geld von Menschen zu borgen, denen es etwas besser als ihnen selbst erging. Tsering Tschödon berichtete, daß das immer am schwierigsten war – *Tsampa* oder Geld von anderen Leuten zu leihen. Im Winter besaßen sie nur ein paar alte Decken, Tsering Tschödon fungierte dann als Wärmflasche für ihre Mutter.

Die arme Yangdol mußte sehr hart arbeiten, Lehm und schwere Steine auf dem Rücken schleppen. Besonders anstrengend wurden die Befestigungsarbeiten an den Ufern des Lhasa-Flusses; als Yangdol dort einmal einen sehr schweren Stein tragen mußte, fiel sie hin und brach sich das Bein. Tsering Tschödon arbeitete auf derselben Baustelle und mietete schnell einen Karren, um ihre Mutter ins Krankenhaus zu fahren – doch das wurde ihr nicht gestattet, weil es im Krankenhaus keine Betten für die Kinder von Adeligen gab. Tsering Tschödon mußte ihre Mutter nach Hause fahren und Essen für sie zusammenbetteln.

Nach und nach wurde Yangdol wieder so gesund, daß sie arbeiten konnte, und da sie als tüchtige Arbeiterin bekannt war, wählte der Vorarbeiter für schwere Tätigkeiten immer sie aus. Schließlich wurde sie wegen Unterernährung und Überarbeitung wieder sehr krank und erfuhr, daß ihre Gedärme austrockneten. Da sie kein Geld hatte, konnte sie kein Essen und keine Medizin kaufen. Ngodup Wangmo kam so oft wie möglich und teilte ihr Essen mit Yangdol, doch sie war ebenso arm wie Yangdol und Tsering Tschödon. Kate Schata, eine meiner Nichten, schlug vor, daß Yangdol etwas Terramycin einnehmen sollte, das Ngodup Wangmo von den nepalesischen Händlern kaufen konnte. Das wirkte, und Yangdol erholte sich wunderbar schnell. Schließlich erhielten Yangdol und ihre Tochter auch die Erlaubnis, uns zu besuchen.

Yangdols Ehemann, Kelsang Thubten, ist in Seattle in einer Nervenheilanstalt. Er ist ein sehr netter Mann, doch die ständigen Probleme haben ihn krank gemacht. Er will in den USA bleiben. 1983 konnte Yangdol zu ihm ziehen, sie ist glücklich dort und hat eine feste Arbeit in einem Hotel. Ihre Tochter

Tsering Tschödon heiratete vor ihrem Besuch in Indien. Sie wurde schwanger, und ihr Sohn kam in Dehra Dun auf die Welt. Tsering Chophel, ihr Mann, kam später aus Lhasa zu ihr, bald darauf bekamen sie dann noch eine kleine Tochter. Tsering Tschödon konnte nicht lesen, als sie das erstemal hierherkam. Sie lernte es jedoch sehr schnell, und inzwischen spricht sie ziemlich gut Tibetisch und Englisch.

Unsere drei Töchter, vier Enkelsöhne, eine Enkeltochter und sechs Urgroßenkel leben jetzt bei uns. Wir sind der indischen Regierung sehr dankbar dafür, daß sie uns Asyl gewährt. Viele Freunde haben uns geholfen, in Radschipur ein Haus zu bauen und einen finanziellen Grundstock zu legen. Von Virginia Judkins aus England erhalten wir eine regelmäßige Rente, seit wir uns 1975 zur Ruhe gesetzt haben. All unseren Freunden, die uns mit ihrer Liebe und Sympathie unterstützt haben, sind wir zu großem Dank verpflichtet.

Wir kümmern uns jetzt um das tibetische Altersheim in Radschipur, in dem 52 Menschen leben. Diese Arbeit füllt uns ganz aus; es ist schön, daß diese alten Menschen, wie wir, in Frieden in einem Heim fern der Heimat leben können.

Kashgar
TAKLA MAKAN WÜSTE
CHINESISCH TURKESTAN
KASHMIR
LADAKH
Gartok
Simla
Mussoorie
Mt. Kang Rimpoche (Kailas)
Manasarowar L.
Tsangpo
TARING
Delhi
Kyirong
Kathmandu
Mt. Everest
Gangtok
SIKKIM
Darjeeling
Lucknow
N E P A L
I N D I E N

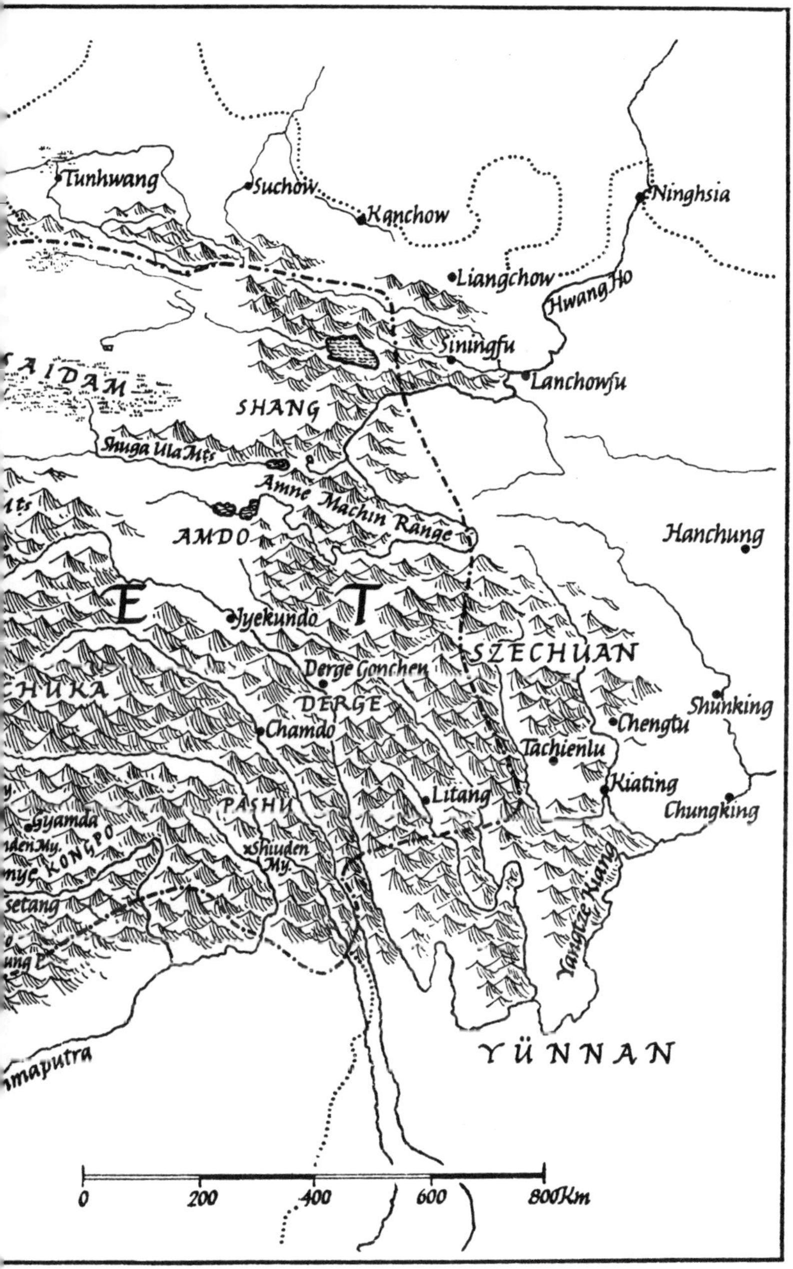
Tunhwang
Suchow
Kanchow
Ninghsia
Liangchow
Hwang Ho
Siningfu
Lanchowfu
SHANG
Shuga Ula Mts
Amne Machin Range
AMDO
Hanchung
Jyekundo
SZECHUAN
Derge Gonchen
DERGE
Chamdo
Shunking
Chengtu
Tachienlu
Kiating
Litang
Chungking
PASHU
Gyamda
KONGPO
Shiuden My.
Yangtze Kiang
YÜNNAN
0
200
400
600
800Km

①

④

⑦